权威·前沿·原创

皮书系列为
"十二五""十三五""十四五"时期国家重点出版物出版专项规划项目

BLUE BOOK

智库成果出版与传播平台

陕西蓝皮书
BLUE BOOK OF SHAANXI

陕西经济发展报告（2023）

REPORT ON ECONOMIC DEVELOPMENT IN SHAANXI (2023)

组织编写／陕西省社会科学院
主　编／程宁博　王　飞　王建康　裴成荣

社会科学文献出版社
SOCIAL SCIENCES ACADEMIC PRESS (CHINA)

图书在版编目（CIP）数据

陕西经济发展报告. 2023／程宁博等主编. --北京：
社会科学文献出版社，2023.3
　（陕西蓝皮书）
　ISBN 978-7-5228-1382-0

Ⅰ.①陕…　Ⅱ.①程…　Ⅲ.①区域经济发展-研究报
告-陕西-2023　Ⅳ.①F127.41

中国版本图书馆 CIP 数据核字（2022）第 256459 号

陕西蓝皮书

陕西经济发展报告（2023）

主　　编／程宁博　王　飞　王建康　裴成荣

出 版 人／王利民
组稿编辑／邓泳红
责任编辑／宋　静
责任印制／王京美

出　　　版／社会科学文献出版社·皮书出版分社（010）59367127
　　　　　　地址：北京市北三环中路甲 29 号院华龙大厦　邮编：100029
　　　　　　网址：www.ssap.com.cn
发　　　行／社会科学文献出版社（010）59367028
印　　　装／天津千鹤文化传播有限公司

规　　　格／开　本：787mm×1092mm　1/16
　　　　　　印　张：23　字　数：345 千字
版　　　次／2023 年 3 月第 1 版　2023 年 3 月第 1 次印刷
书　　　号／ISBN 978-7-5228-1382-0
定　　　价／158.00 元

读者服务电话：4008918866

陕西蓝皮书编委会

主编简介

程宁博　陕西省社会科学院党组书记，陕西省第十四次党代会代表，院学术委员会主任。长期从事理论研究、政策宣讲、出版管理、社科研究与管理等工作，主要研究领域为马克思主义中国化时代化、思想政治教育、宣传思想文化等，对习近平新时代中国特色社会主义思想、党的路线方针政策、新型智库建设与管理等研究深入。多次参与省党代会报告等重要书籍编写和重要文件、重要文稿起草工作，多项研究成果在中央和省级主流媒体刊发。

王　飞　管理学博士，陕西省社会科学院党组副书记、院长。长期从事哲学社会科学研究工作，研究方向为应用经济学、区域经济、资源环境与可持续发展、对外开放和公共管理等，对习近平新时代中国特色社会主义思想、县城商业体系建设、生态文明保护与高质量发展、基层社会治理等领域开展专题研究。获第十二届孙冶方经济科学论文奖；获国务院研究室优秀调研成果奖二等奖3次、三等奖4次；获陕西党政领导干部优秀调研成果奖一等奖2次、二等奖1次。并先后在《人民日报》《学习时报》等期刊报纸上发表理论文章10余篇，撰写的文章多次刊登在国家发改委《中国经贸导刊》、国务院发展研究中心《经济要参》和《陕西工作交流》。其主持完成的系列送阅件《常态化疫情防控背景下促消费稳经济系列对策研究》、《谱写高质量发展新篇章保障粮食安全系列对策建议》和《2022年上半年陕西经济形势分析及稳大盘对策建议》荣获多位中央和省级领导同志肯定性批示。

王建康 陕西省社会科学院党组成员、副院长、研究员，主要从事农村发展、区域经济研究。先后主持完成国家和省级社科基金项目 5 项，主持完成休闲农业、应急体系建设、现代果业等 6 项省级规划，富平、临潼、府谷等区县 20 余项发展规划编制，承担国家发改委、农业农村部、国务院扶贫办等部门招标或委托的各类研究课题 16 项；出版著作 10 部，发表论文和调研报告 60 余篇；研究成果先后获得省哲学社会科学优秀成果奖二等奖 2 项、三等奖 1 项。兼任省决策咨询委员会委员、省青联常委、省委理论讲师团特聘专家，西安、宝鸡、榆林、长武、大荔等地政府决策咨询专家或顾问。省第十二次党代会代表，省第十三次党代会报告起草组成员，十二届全国青联委员，陕西青年五四奖章获得者，陕西省优秀共产党员。

裴成荣 工学博士，二级研究员。陕西省社会科学院学术委员会副主任、经济研究所所长，陕西省"特支计划"哲学社会科学和文化艺术领域领军人才。主要研究方向为区域经济、城市经济、产业经济。出版《国有企业改革与产权市场建设》《区域发展与产业培育》《国际化大都市特色研究》《文化繁荣背景下遗址保护与都市圈和谐共生机制研究》《陕西同步够格全面建成小康社会研究》等专著 6 部。1999 年以来主编年度出版物《陕西经济发展报告》（蓝皮书系列）等 20 余部。主持完成国家级及省部级课题 20 余项，完成厅局级各类课题 50 余项，发表研究论文 100 余篇。科研成果获省部级奖项 20 项，其中，获哲学社会科学优秀成果奖一等奖 3 项、二等奖 5 项。

摘　要

2022 年是党和国家历史上极为重要的一年。受复杂严峻的国际环境和国内疫情散发等多重超预期因素影响，陕西省委省政府以习近平新时代中国特色社会主义思想为指导，坚持稳中求进工作总基调，完整、准确、全面贯彻新发展理念，全面落实"疫情要防住、经济要稳住、发展要安全"重要要求，加快落实稳经济一揽子政策和接续政策措施，奋力谱写陕西高质量发展新篇章。全省经济运行呈现恢复向好、稳中加固、后劲增强的良好态势。

2023 年，陕西要坚持以习近平新时代中国特色社会主义思想为指导，全面贯彻落实党的二十大精神，认真贯彻落实习近平总书记来陕考察重要讲话重要指示，坚持以高质量发展为主题，建议继续推动以下重点工作：一是加快建设现代化产业体系，推动经济发展提质增效；二是强化创新驱动，塑造发展新动能新优势；三是积极扩大有效投资，增强发展内生动力；四是推进高水平对外开放，开拓合作共赢新局面；五是推动消费持续恢复和升级，增强内循环韧性；六是促进区域协调发展，扎实推动共同富裕；七是紧紧围绕"双碳"目标，推动经济绿色低碳转型；八是加快政策落地见效，提高要素保障水平。

关键词： 经济形势　产业经济　区域经济　高质量发展　陕西

Abstract

2022 is an extremely important year in the history of our Party and Country. Facing the complex and severe international environment and the spread of domestic epidemics and other unexpected factors, the Shaanxi Provincial Party Committee and Provincial Government, guided by Xi Jinping Thought on Socialism with Chinese Characteristics for a New Era, adhered to the general tone of the work of seeking progress while maintaining stability, and implemented it completely, accurately and comprehensively. The new development concept fully implements the important requirements of "preventing the epidemic, stabilizing the economy, and ensuring safe development", accelerates the implementation of a package of policies to stabilize the economy and subsequent policy measures, and writes a new chapter in the high-quality development of Shaanxi. The province's economic operation has shown a good trend of recovery, stability and reinforcement, and increased stamina.

In 2023, Shaanxi will be guided by Xi Jinping Thought on Socialism with Chinese Characteristics for a New Era, and fully implement the spirit of the 20th CPC National Congress, and seriously implement president Xi Jinping's important speeches and important instructions in Shaanxi, and adhere to the theme of high-quality development. It is recommended to continue to promote the following key tasks: first, accelerate the construction of a modern industrial system, and promote economic development to improve quality and efficiency; second, strengthen innovation The third is to actively expand effective investment and enhance the endogenous power of development; the fourth is to promote high-level opening up to the outside world and open up a new situation of win-win cooperation; the fifth is to promote the continuous recovery and upgrading of consumption and enhance the resilience of the internal cycle The sixth is to promote coordinated regional development and solidly promote common prosperity; the seventh is to closely focus on the "dual carbon" goal and promote economic green and low‐carbon transformation; the eighth is to accelerate the implementation of policies and improve the level of factor protection.

Keywords: Economic Situation; Industrial Economy; Regional Economy; High‐Quality Development; Shaanxi

目 录 ❄

Ⅰ 总报告

Ⅱ 分报告

V 产业篇

皮书数据库阅读**使用指南**

CONTENTS ⤶

I General Report

Ⅱ   Sub-Reports

Ⅲ   Comprehensive Study

Ⅳ　Regional Economy

Ⅴ　Industry Economy

CONTENTS

总 报 告

General Report

B.1

2022年陕西经济形势分析
与2023年预测[*]

陕西省社会科学院经济研究所课题组^{**}

摘　要： 2022 年是党和国家历史上极为重要的一年。面对复杂严峻的国
际环境和国内疫情散发等多重超预期因素，陕西省委省政府以习
近平新时代中国特色社会主义思想为指导，坚持稳中求进工作总
基调，完整、准确、全面贯彻新发展理念，全面落实"疫情要
防住、经济要稳住、发展要安全"重要要求，加快落实稳经济
一揽子政策和接续政策措施，奋力谱写陕西高质量发展新篇章。
前三季度，陕西经济运行呈现恢复向好、稳中加固、后劲增强的
良好态势。2023 年，陕西要坚持以习近平新时代中国特色社会

* 本报告中未注明来源的数据均来源于国家统计局网站、陕西统计局网站和国家统计局陕西调
查总队网站。
** 课题组组长：裴成荣，陕西省社会科学院经济研究所所长，二级研究员，研究方向为区域经
济。课题组成员：张馨、顾菁、宫汝娜、赖作莲。执笔人：张馨，陕西省社会科学院经济研
究所副研究员，研究方向为区域经济与可持续发展。

主义思想为指导，全面贯彻落实党的二十大精神，认真贯彻落实习近平总书记来陕考察重要讲话重要指示，坚持以高质量发展为主题，继续推动建设现代化产业体系，强化创新驱动，积极扩大有效投资，推进高水平对外开放，推动消费持续恢复和升级，促进区域协调发展，推动经济绿色低碳转型，加快政策落地见效等工作。

关键词： 经济形势　稳增长　陕西

一　2022年陕西宏观经济运行分析

1. 经济持续稳定恢复

2022年前三季度，全省实现生产总值23501.97亿元，同比增长4.8%，增速高于全国水平1.8个百分点（见图1）。其中，第一产业增加值为1316.86亿元，同比增长4.5%；第二产业增加值为11751.22亿元，同比增长6.7%；第三产业增加值为10433.89亿元，同比增长3.1%。陕西前三季度生产总值在全国列第14位，与上年持平，在西部12个省（区、市）中排名第二，仅次于四川。总体来看，全省经济运行呈现恢复向好、稳中加固、后劲增强的良好态势。

从各市（区）来看，2022年前三季度生产总值同比增速高于全省平均水平的有6个市（区），依次是榆林、咸阳、杨凌、汉中、延安、铜川，其增速分别为7.6%、6.0%、5.8%、5.5%、5.0%、4.9%。增速排全省后五位的依次是宝鸡、安康、商洛、西安、渭南，其增速分别为2.5%、3.1%、3.6%、4.0%、4.2%（见图2）。

2. 农业生产保持稳定

2022年前三季度，农业生产保持稳定，产值同比增长3.5%。全省夏粮生产实现了面积、总产、单产"三增"，粮食生产形势向好。夏粮播种面积

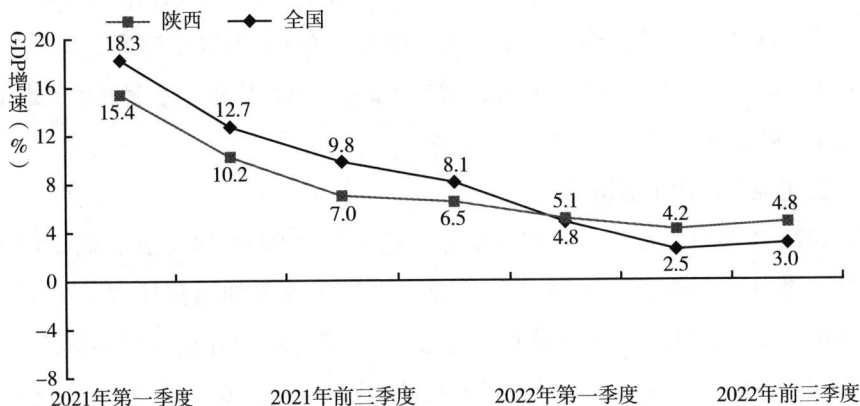

图1 2021年与2022年前三季度陕西与全国GDP增速比较

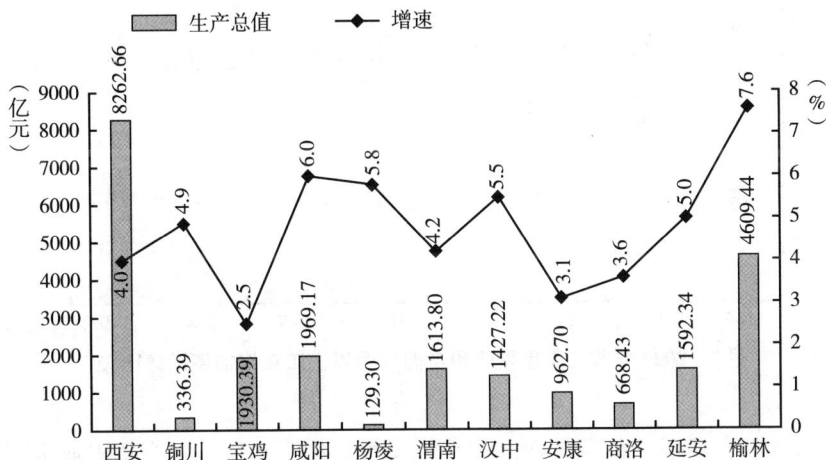

图2 2022年前三季度陕西各市（区）生产总值和增速

1657.65万亩，增长0.04%；夏粮产量再创新高，总产量475.9万吨，同比增长1.1%；亩产287.09公斤，增长1.4%。

2022年陕西持续推进果业、蔬菜产业高质量发展。前三季度，蔬菜及食用菌产量1570.13万吨，增长2.9%；园林水果产量635.46万吨，增长5.3%。

畜牧业支撑有力,产值同比增长 7.5%。其中,猪牛羊禽肉产量 88.1 万吨,增长 3.7%;牛奶产量 82.8 万吨,增长 2.6%。生猪存栏 873.1 万头,增长 1.2%;生猪出栏 843.9 万头,增长 5.5%。羊存栏数、牛存栏数分别增长 1.1% 和 0.7%。

3. 工业运行稳中提质

2022 年前三季度,全省实现全部工业增加值 9784.54 亿元,同比增长 6.7%,其中,规模以上(也简称"规上")工业增加值同比增长 8.7%,比全国平均水平快 4.8 个百分点(见图 3),累计增速在全国排名第 6 位,稳居第一方阵。从三大门类看,规上采矿业同比增长 10.8%,电力、热力、燃气及水生产和供应业增长 10.1%,制造业增长 6.6%。

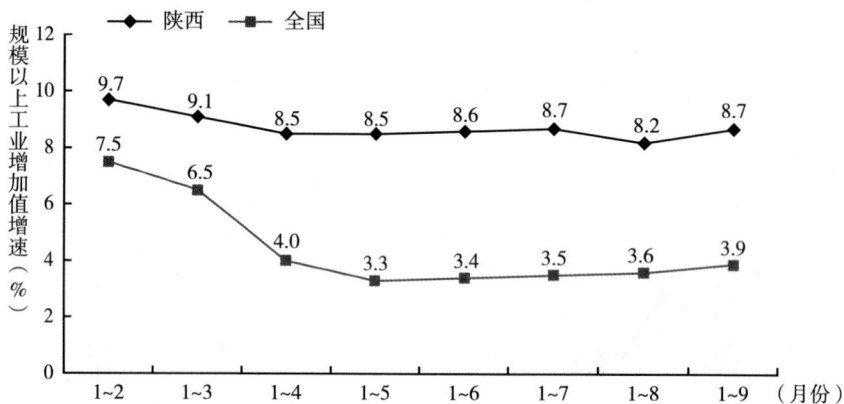

图 3　2022 年前三季度陕西和全国规模以上工业增加值增速比较

从主要行业看,能源工业高位平稳运行,稳中加快,对全省工业生产稳健运行提供了强劲支撑。前三季度,能源工业增加值同比增长 10.0%,拉动规上工业增加值累计增长 5.3 个百分点,增加值占比为 58.5%。其中,煤炭开采和洗选业增长 13.2%,石油和天然气开采业增长 3.7%,石油、煤炭及其他燃料加工业增长 3.0%。非能源工业运行速度高位回落,同比增长 7.1%,拉动规上工业增加值累计增长 3.3 个百分点,增加值占比为 41.5%。其中,装备制造业增长 14.0%,高于规上工业增速 5.3 个百分点。装备制造业中,电气机械和器材制造业增长 33.0%,汽车制造业增长 15.4%,专用设备制造业增长 15.0%，均高于规上工业增速。

从产品产量看，2022 年前三季度，原煤产量同比增长 7.1%，天然原油产量同比下降 0.2%，天然气产量同比增长 0.9%。在非能源产品中，汽车、发动机、铝材、化学药品原药、光缆等产品产量增长较快，增速均超过 15%。汽车产量同比增长 62.8%，其中新能源汽车产量同比增长 3.3 倍；发动机产量同比增长 69.8%；铝材产量同比增长 37.9%；化学药品原药产量同比增长 23.5%；光缆产量同比增长 15.4%。

从经营效益看，企业利润增速放缓。2022 年前三季度，全省规模以上工业企业实现营业收入 25207.2 亿元，同比增长 20.6%，较上半年回落 1.6 个百分点；实现利润总额 3489.2 亿元，同比增长 43.6%，较上半年回落 15.4 个百分点；营业收入利润率为 13.8%，较上半年下降 0.5 个百分点。全省规模以上工业亏损企业 1678 家，亏损面为 22.1%，较上半年下降 0.2 个百分点。亏损企业亏损总额累计 214.8 亿元，同比增长 14.1%，较上半年回落 21.5 个百分点。

2022 年前三季度，陕西各市（区）规模以上工业增加值增速高于全省平均水平的有 4 个，依次为杨凌、西安、榆林、咸阳，其增速分别为 20.0%、13.4%、9.8%、9.4%。其余市（区）都低于全省平均水平，商洛、安康、宝鸡列后三位，增速分别为 2.3%、3.0% 和 4.0%（见图 4）。

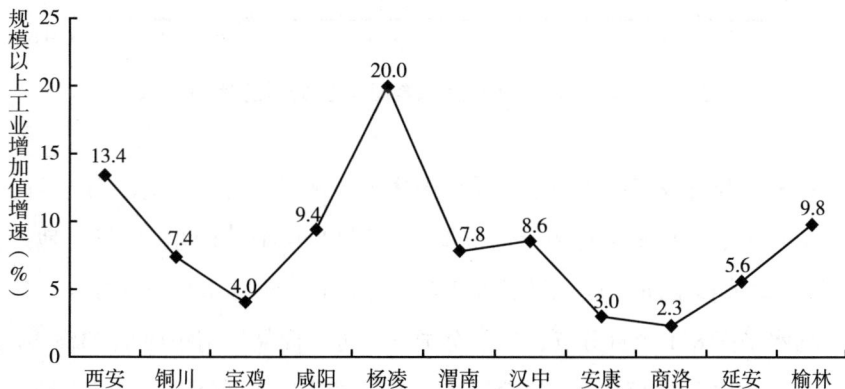

图 4　2022 年前三季度陕西各市（区）规模以上工业增加值增速

4. 固定资产投资稳中向好

2022年前三季度，全省固定资产投资同比增长9.8%，增速较上半年加快0.4个百分点，高于全国3.9个百分点（见图5）。从三次产业看，第一产业投资同比增长5.1%，拉动全省投资增长0.3个百分点；第二产业投资增长10.2%，拉动全省投资增长2.6个百分点；第三产业投资增长10.1%，拉动全省投资增长6.8个百分点。工业投资增势良好，增长10.5%，较上半年加快3个百分点；其中，制造业投资增长8.9%，加快6.3个百分点。

分投资主体看，前三季度，国有控股投资同比增长22.1%；民间投资同比增长2.7%。分投资领域看，基础设施投资保持较高增速，同比增长16.7%，其中，水利、环境和公共设施管理业增长15.0%，交通运输、仓储和邮政业增长27.5%。

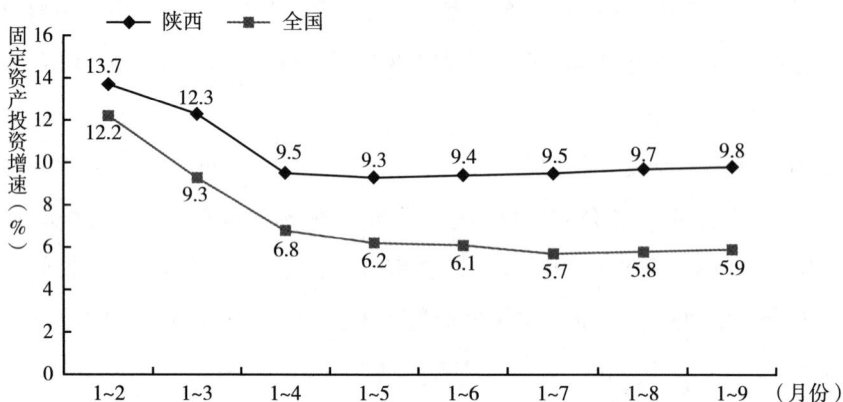

图5 2022年前三季度陕西和全国固定资产投资增速比较

房地产开发投资增速回落。受全国房地产市场下行大环境影响，近一年来，全省房地产开发投资保持低位增长。2022年前三季度，全省房地产开发投资3249.19亿元，同比增长0.1%，比上半年回落4.5个百分点，比全国平均水平高8.1个百分点，位居全国第6位。商品房销售面积2358.97万平方米，同比下降15.0%，比全国平均水平高7.2个百分点。商品房销售额2315.99亿元，同比下降15.9%。截至9月末，商品房待售面积655.83万平方米，同比增长 16.3%。

前三季度，关中地区投资增速加快，同比增长 8.9%，占比较高的西安、宝鸡投资增速分别为 8.8%、10.3%，而渭南同比下降 2.3%，位列全省最后。陕南地区投资持续高位增长，增速为 16%，汉中、商洛、安康投资增速均高于全省平均水平，分别增长 20.1%、16.9%、10.3%。陕北地区投资增长 9.1%，延安投资增速转正，增长 1.2%，榆林增长 13.6%。

5. 消费市场加快回暖

2022 年前三季度，全省实现社会消费品零售总额 7557.42 亿元，同比增长 1.9%，高于全国平均水平 1.2 个百分点（见图 6）。与 2021 年对比来看，陕西与全国趋势相同，增速都呈下降态势。其中，限额以上单位消费品零售额 3853.14 亿元，同比增长 4.1%。按消费形态分，餐饮收入 785.30 亿元，同比增长 0.1%；商品零售 6772.13 亿元，同比增长 2.1%。按经营单位所在地分，城镇消费品零售额 6657.54 亿元，同比增长 1.1%；乡村 899.89 亿元，同比增长 8.2%。

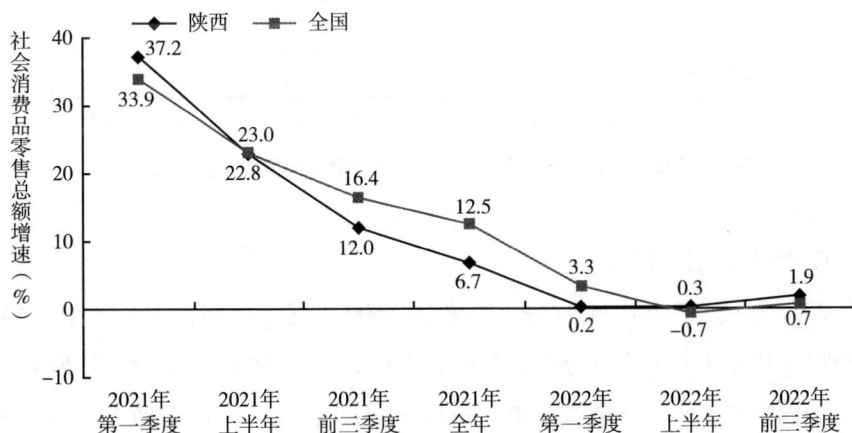

图 6 2021 年与 2022 年前三季度陕西和全国社会消费品零售总额增速比较

前三季度，全省限额以上单位实现商品零售额 3624.46 亿元，同比增长 4.3%。在 23 个零售大类中，14 类保持正增长。其中，石油及制品类增长 19.2%，煤炭及制品类增长 13.0%，粮油食品类增长 15.0%。

新兴消费加快增长。前三季度，限额以上单位通过公共网络实现商品销售 669.59 亿元，同比增长 8.8%，增速较上半年加快 2.9 个百分点，拉动限额以上企业（单位）消费品零售额增长 1.4 个百分点，拉动率较上半年提高 0.4 个百分点。

前三季度，陕西 11 个市（区）中只有西安社会消费品零售总额增速为负，其余市（区）均为正增长且增速均高于全省平均水平。咸阳、安康、铜川列前三位，分别增长 13.1%、12.1% 和 11.5%，西安、宝鸡和延安以 -6.3%、6.7% 和 8.1% 的增速列后三位（见图 7）。

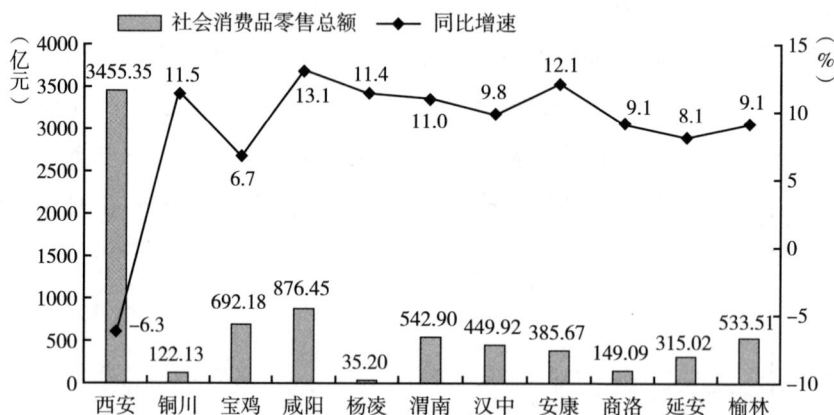

图 7　2022 年前三季度各市（区）社会消费品零售总额与增速

6. 对外贸易持续增长

2022 年前三季度，全省进出口总额 3606.4 亿元，同比增长 3.1%，低于全国平均水平 6.8 个百分点。其中，出口 2240.5 亿元，同比增长 20.8%，高于全国平均水平 7.0 个百分点；进口 1365.9 亿元，同比下降 16.8%（见图 8），低于全国平均水平 22.0 个百分点。累计实现贸易顺差 874.6 亿元，外贸进出口依存度为 15.3%。

贸易结构持续优化。前三季度，一般贸易实现进出口总额 1258.79 亿元，同比增长 31.3%，占全省进出口总额的 34.9%，占比较上半年提高 1.3 个百分点。民营企业发展向好，累计实现进出口总额 1337.27 亿元，同比增

长 20.8%，占全省进出口总额的 37.1%。国有企业累计实现进出口总额
224.74 亿元，同比下降 14.8%，占全省进出口总额的 6.2%。

前三季度，外商投资企业累计实现进出口总额 2038.53 亿元，同比下降
3.8%，占全省进出口总额的 56.5%。其中，出口 1268.01 亿元，同比增长
20.8%；进口 770.52 亿元，同比下降 27.9%；实现贸易顺差 497.49 亿元。

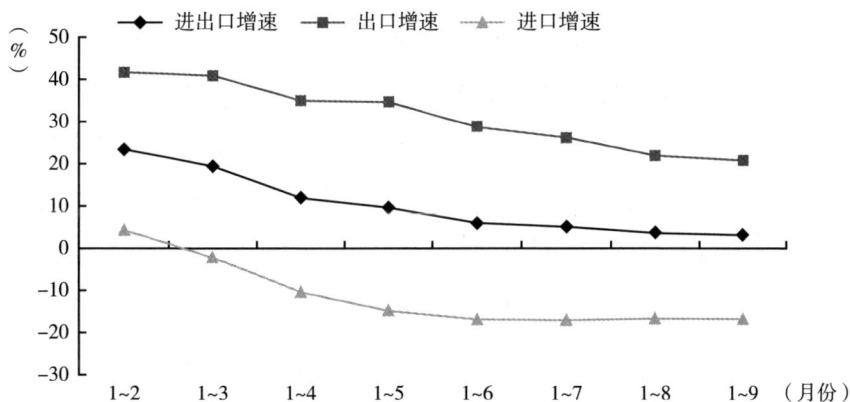

图 8　2022 年前三季度陕西进出口同比增速

7. 财政收支稳定增长

2022 年前三季度，全省一般公共预算收入 2511.92 亿元，扣除留抵退
税因素后同口径增长 26.3%。其中，各项税收收入 1993.02 亿元，同口径增
长 27.9%，占一般公共预算收入的 79.3%；非税收入 518.90 亿元，增长
19.5%。全省一般公共预算支出 5106.51 亿元，同比增长 13.9%。其中，节
能环保支出、社会保障和就业支出、卫生健康支出、教育支出分别增长
39.3%、15.0%、12.8%、3.5%。

从前三季度各市（区）财政收入累计增速来看，榆林、延安和杨凌分别
以 67.2%、10.9% 和 10.1% 的增速列前三位，汉中、商洛和铜川分别以
−6.4%、−2.0% 和−1.6% 的增速列后三位。从前三季度各市（区）财政支出
累计增速来看，榆林、咸阳和西安分别以 45.8%、17.4% 和 14.8% 的增速列前
三位，杨凌、汉中和延安分别以−7.7%、1.7% 和 4.8% 的增速列后三位。

8. 居民消费价格平稳运行

2022年前三季度，陕西居民消费价格总水平比上年同期上涨2.3%，比全国高0.3个百分点（见图9），涨幅较上年同期扩大1.2个百分点。在全国31个省（区、市）中，按CPI涨幅由高到低排序，陕西居第4位；在西部12个省（区、市）中，陕西居第3位。9月，食品价格同比上涨1.5%，非食品价格同比持平；消费品价格上涨0.5%，服务价格下降0.2%。

9月，居民消费八大类商品和服务价格七涨一平。其中，食品烟酒类价格上涨6.1%，影响居民消费价格指数上涨约1.63个百分点；交通通信、其他用品及服务、生活用品及服务、医疗保健、教育文化娱乐和居住类分别上涨3.8%、2.2%、1.2%、1.2%、0.7%和0.4%，共影响居民消费价格指数上涨约1个百分点；衣着价格持平。

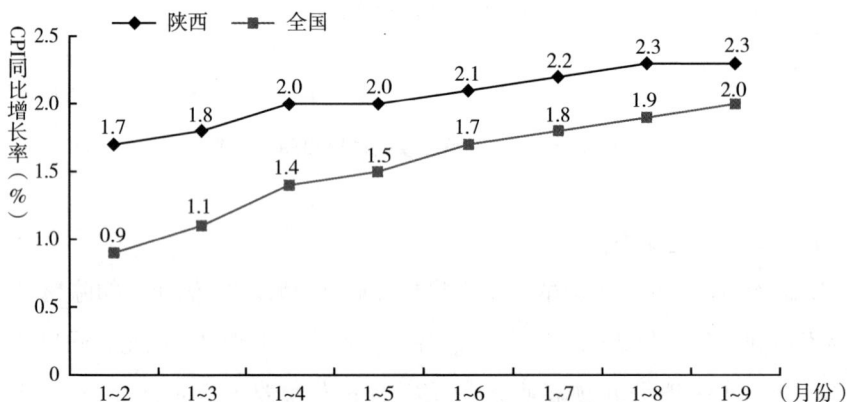

图9　2022年前三季度陕西和全国CPI同比增长率比较

9. 城乡居民收入稳定恢复

2022年前三季度，全省居民人均可支配收入22806元，同比名义增长5.3%，与全国平均水平持平；扣除价格因素，实际增长2.9%，低于全国平均水平0.3个百分点。陕西居民收入水平在全国31个省（区、市）中居第18位，与上年同期持平。

从可支配收入构成看，四项收入全面增长。工资性收入仍是占比最高的，人均工资性收入 12012 元，同比增长 4.7%，占可支配收入的比重为 52.7%；人均经营净收入 2670 元，同比增长 5.4%，占可支配收入的比重为 11.7%；人均财产净收入 1607 元，同比增长 4.7%，占可支配收入的比重为 7.0%；人均转移净收入 6517 元，同比增长 6.4%，占可支配收入的比重为 28.6%。

分城乡看，全省城镇居民人均可支配收入 32312 元，在全国 31 个省（区、市）中居第 16 位，位次与上年同期持平，同比名义增长 4.1%，增速低于全国平均水平 0.2 个百分点。农村居民人均可支配收入 11776 元，在全国 31 个省（区、市）中居第 21 位，较上年同期提高一个位次，同比名义增长 6.4%，与全国平均水平持平。

前三季度，陕西农村居民人均可支配收入增速高于城镇 2.3 个百分点，城乡居民人均可支配收入比值为 2.74，较上年同期缩小 0.07。

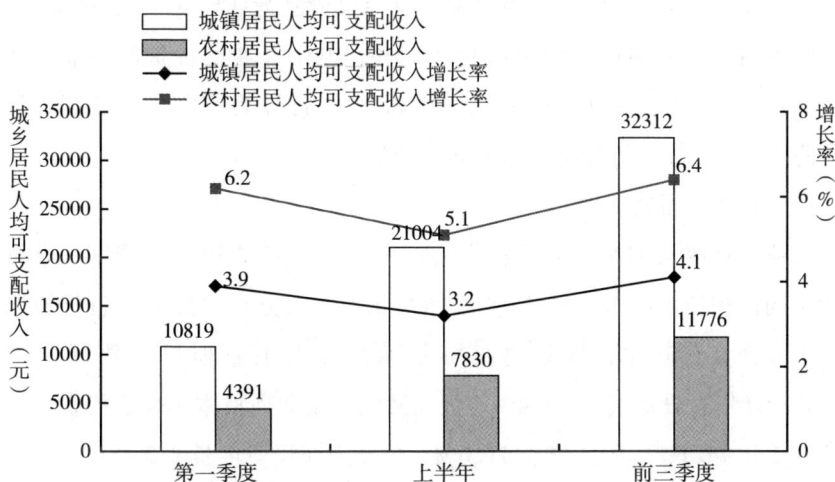

图 10　2022 年前三季度陕西城乡居民人均可支配收入比较

二　2022年陕西经济运行的特点

当前，面对百年变局和世纪疫情，国内经济恢复基础尚不牢固，陕西经济持续稳定增长还将面临多重挑战。2022 年，陕西加快落实稳经济一揽子政策和接续政策措施，持续用力稳工业、扩投资、促消费、拓外贸，着力保市场主体稳就业稳物价，效果逐步显现，但陕西还需进一步夯实稳经济大盘的基础，确保经济高质量发展行稳致远。

1. 装备制造业和高技术制造业快速增长

2022年前三季度，装备制造业高位运行、表现亮眼，对规上工业运行拉动有力。装备制造业增加值同比增长14.0%，比非能源工业快6.9个百分点，比全部规上工业快5.3个百分点；从拉动率看，装备制造业拉动规上工业累计增长2.3个百分点，虽比上半年回落0.2个百分点，但以15.5%的增加值占比贡献了26.4%的拉动作用。

前三季度，高技术制造业增加值同比增长9.9%，比非能源工业快2.8个百分点，比全部规上工业快1.2个百分点。分行业看，高技术制造业的6个行业"四升两降"，医疗仪器设备及仪器仪表制造业同比增长40.7%，航空、航天器及设备制造业同比增长24.5%，电子及通信设备制造业同比增长9.8%，信息化学品制造业同比增长2.7%，计算机及办公设备制造业同比下降7.3%，医药制造业同比下降2.9%。

2. 重点领域投资加快

工业投资增长加快，大项目带动作用凸显。2022年前三季度，全省工业投资同比增长10.5%，较1~8月加快2.1个百分点，拉动全省投资增长2.7个百分点。其中，计划总投资亿元及以上工业项目个数同比增长15.9%，计划总投资增长13.4%。亿元及以上工业项目本年完成投资占工业投资比重达74.1%，同比增长11.6%，拉动工业投资增长8.5个百分点，是拉动工业投资增长的主力军。

制造业投资大幅回升，重点产业链投资加强。前三季度，全省制造业投资同比增长8.9%，较1~8月加快3.1个百分点，拉动全省投资增长1.5个百分点。高技术制造业投资降幅收窄，同比下降6.9%，降幅较1~8月收窄3.1个百分点。新能源汽车、电池制造、光伏产业等重点产业链投资加大，带动汽车制造业投资同比增长51.7%，电气机械和器材制造业投资增长95%，通用设备制造业投资增长37.9%，专用设备制造业投资增长39.1%。

基础设施投资支撑有力，重大项目加快实施。前三季度，全省基础设施投资同比增长16.7%，较1~8月加快0.3个百分点，拉动全省投资增长4.8个百分点。能源、水利、交通等领域一批重大项目加快推进，铁路运输业投资同比增长1.4倍，航空运输业投资增长97.7%，道路运输业投资增长13.1%，公共设施管理业投资增长14.6%。

3. 对外贸易多点发力

"一带一路"在陕西发展成果显著。2022年前三季度，陕西与共建"一带一路"国家（64国）实现进出口总额772.31亿元，同比增长33.7%，占全省进出口总额的21.4%。其中，对蒙俄及中亚等7国实现进出口总额111.03亿元，同比增长1.5倍；对西亚北非16国实现进出口总额64.15亿元，同比增长55.8%；对东南亚11国实现进出口总额450.17亿元，同比增长37.0%。

高新技术产品出口稳步前行。前三季度，全省出口高新技术产品1717.12亿元，同比增长18.5%，占全省出口总额的76.6%。其中，出口材料技术26.60亿元，同比增长1.3倍；出口计算机集成制造技术13.17亿元，同比增长33.2%；出口电子技术1206.78亿元，同比增长20.5%；出口生命科学技术13.31亿元，同比增长17.8%；出口计算机与通信技术416.81亿元，同比增长16.2%。

4. 服务业利润持续下降

2022年前三季度，规模以上服务业实现营业利润133.62亿元，同比下降10.6%；利润总额140.82亿元，同比下降14.3%。从平均水平来看，1~9月平均每家企业每月实现营业利润37.61万元，实现利润总额39.64万元，比1~8月的平均水平分别低3.68万元和3.59万元。

前三季度，伴随成本上涨，规模以上服务业企业盈利水平持续回落。从亏损面来看，规模以上服务业企业亏损面为41.7%，比1~8月扩大1个百分点，亏损企业主要分布在租赁和商务服务业，文化、体育和娱乐业，交通运输、仓储和邮政业，科学研究和技术服务业等4个门类中。从利润率来看，规模以上服务业企业收入利润率回落至3.7%，降至近年来的最低水平，其中文化、体育和娱乐业部分企业亏损严重，面临较大生存危机。

5.非公经济内生动能持续释放

非公工业支撑作用明显。随着发展环境和政策措施的不断优化，全省非公有制经济形成向各行各业多元化发展的趋势，呈现多领域涉足、多行业发展的良好局面。2022年，省委省政府高度重视实体经济发展，有效实施一系列稳增长和助企纾困政策措施，非公工业发展加快。前三季度，全省非公工业增加值5882.48亿元，占全省非公增加值比重达到48.5%，几乎占据非公经济半壁江山，占比较上半年和上年同期分别提高0.7个和7.8个百分点。从行业内部看，非公工业增加值占全省工业增加值的比重达到60.1%，分别较上半年和上年同期大幅提高3.3个和5.8个百分点，在所有行业中提升最多。非公工业成为全省工业经济发展的主动力。

民营企业为稳外贸发挥出更大力量。前三季度全省民营企业进出口快速增长，据西安海关统计，全省民营企业实现进出口总额1337.27亿元，同比增长20.8%，高于全省进出口增速17.7个百分点，快于外商投资企业进出口增速24.6个百分点，民营企业继续领跑，成为外贸增长主要的拉动力量。民营进出口中，出口872.42亿元，增长26.0%；进口464.84亿元，增长12.0%，实现贸易顺差407.58亿元。陕西民营企业克服外部环境复杂严峻、国内疫情反复冲击等压力，呈现较强发展活力和韧性。

三　2022年陕西经济发展面临的国内外环境分析

（一）国际经济发展环境分析

1. 国际大事件

（1）《区域全面经济伙伴关系协定》正式生效

2022年1月1日，《区域全面经济伙伴关系协定》（RCEP）正式生效。首批生效的国家包括文莱、柬埔寨、老挝、新加坡、泰国、越南等东盟6国和中国、日本、新西兰、澳大利亚等非东盟4国。2022年2月1日起RCEP对韩国生效，2022年3月18日起对马来西亚生效。RCEP的生效实施，标志着全球人口最多、经贸规模最大、最具发展潜力的自由贸易区正式落地，充分体现了各方共同维护多边主义和自由贸易、促进区域经济一体化的信心和决心，将为区域乃至全球贸易投资增长、经济复苏和繁荣发展作出重要贡献。中国将与 RCEP 成员方一道，积极参与和支持 RCEP 机制建设，为 RCEP 经济技术合作作出贡献，共同推动提高协定的整体实施水平，持续提升区域贸易投资自由化便利化，将 RCEP 打造成东亚经贸合作主平台。

（2）俄乌冲突

俄乌冲突外溢效应引发全球粮食、能源等多重危机，严重破坏了全球产业链供应链稳定，导致全球金融市场持续动荡。乌克兰作为全球农业出口大国，俄乌冲突将推升国际农产品价格，但受益于国内防通胀政策，粮食 CPI 并未出现大幅上涨。全球能源大变局，但受益于中俄良好的双边关系，中国在能源领域受到的影响较弱。然而，全球大宗商品涨价带动了中下游产品乃至全球通胀的提升，由此导致外需下降，将对中国出口产生影响。

（3）G20 峰会

2022 年 11 月 15~16 日，G20 峰会在印度尼西亚巴厘岛举行，峰会主题为"共同复苏、强劲复苏"，聚焦全球卫生基础设施、数字化转型和可持续的能源转型三大议题。国家主席习近平发表题为《共迎时代挑战 共建美好未来》的重要讲话，再次提及两个全球倡议——全球发展倡议和全球安全倡议，为推动世界经济复苏凝聚新共识、指明新路径。中方呼吁各国树立人类命运共同体意识，倡导和平、发展、合作、共赢，让团结代替分裂、合作代替对抗、包容代替排他，推动更加包容、更加普惠、更加有韧性的全球发展，受到国际社会的广泛支持。此次峰会，见证新时代中国促进世界经济复苏、引领全球发展方向的大国担当。

2. 主要经济体经济形势[①]

（1）美国

2022 年初，美国通货膨胀率飙升至 40 年来最高水平，GDP 在连续两个

---

① 此节未标明来源数据来源于新华财经中国金融信息网。

季度出现负增长后，在第三季度重新正增长，实际 GDP 按年率计算增长 2.9%。物价高企和就业市场紧张等因素继续令美国经济承压，预计经济增长前景总体偏弱，通胀压力持续，需求进一步走软，仍面临较大衰退风险。

（2）欧元区

欧元区国家第三季度 GDP 增长 0.3%，受不确定性增加、能源价格高企、家庭购买力承压、融资条件收紧等因素影响，欧盟、欧元区和大多数成员国经济将继续陷入衰退。

（3）英国

第三季度，英国 GDP 环比下降 0.3%，这是英国 GDP 自 2021 年以来首次转负。目前，英国面临严重的生活成本危机，能源和商品价格飙升挤压实际收入，能源价格高企和利率上升或导致经济步入持久的衰退。

（4）日本

第三季度，日本实际 GDP 较上年同期增长 1.53%，三年平均下降 0.66%，发展动能衰减巨大。全球经济放缓对于出口导向型国家的影响逐步显现导致了日本经济恶化。

（5）金砖国家

第三季度以来，以金砖国家为代表的新兴市场经济体经济有所恢复。中国前三季度国内生产总值同比增长 3.0%，经济恢复向好，发展韧性持续显现。俄罗斯第三季度 GDP 同比下降 3.7%，批发和零售贸易大幅下滑，制造业等行业也出现下滑，俄乌冲突使俄罗斯经济陷入衰退。印度第三季度 GDP 增速达到 7.5%，位列全球主要经济体第一，依靠投资、消费和外贸"三驾马车"实现国内经济的飞跃式发展。巴西第三季度 GDP 同比增长 3.6%，达到 1996 年以来的历史最高水平。南非第三季度 GDP 同比增长 4.1%，达到有史以来最高水平。

2022 年，全球经济活动普遍放缓且比预期更为严重，经济前景存在多种下行风险，包括地缘政治紧张局势加剧、通胀压力持续存在且不断扩大、金融不稳定上升、供给持续紧张以及粮食不安全状况恶化。这些风险凸显了在全球和国家层面作出强有力的宏观经济和结构性政策响应的重要性。结构性改革能够提高生产率和缓解供给约束，从而为抗击通胀提供进一步的支持，而多边合作对于加快绿色能源转型和防止分裂至关重要。

（二）国内经济发展环境分析

2022年，我国经济发展环境的复杂性、严峻性、不确定性上升，稳增长、稳就业、稳物价面临新的挑战，需求收缩、供给冲击、预期转弱"三重压力"持续显现。党中央明确提出"疫情要防住、经济要稳住、发展要安全"的要求，以习近平同志为核心的党中央引领亿万人民勠力同心，坚持稳字当头、稳中求进，高效统筹疫情防控和经济社会发展工作，统筹发展和安全，疫情防控取得积极成效，经济社会发展取得新成绩，在高质量发展中赢得历史主动。

2022年10月，中国共产党第二十次全国代表大会召开，这是在全党全国各族人民迈上全面建设社会主义现代化国家新征程、向第二个百年奋斗目标进军的关键时刻召开的一次十分重要的大会，是一次高举旗帜、凝聚力量、团结奋进的大会。党的二十大报告回顾总结了过去5年的工作和新时代10年的伟大变革，阐述了开辟马克思主义中国化时代化新境界、中国式现代化的中国特色和本质要求等重大问题，对全面建设社会主义现代化国家、全面推进中华民族伟大复兴进行了战略谋划，对统筹推进"五位一体"总体布局、协调推进"四个全面"战略布局作出了全面部署，为新时代新征程党和国家事业发展、实现第二个百年奋斗目标指明了前进方向、确立了行动指南，是党和人民智慧的结晶，是党团结带领全国各族人民夺取中国特色社会主义新胜利的政治宣言和行动纲领。

当前，百年未有之大变局加速演进，世纪疫情影响深远，世界进入新的动荡变革期。我国发展进入战略机遇和风险挑战并存、不确定难预料因素增多的时期，要主动识变应变求变，主动防范化解风险，不断夺取全面建设社会主义现代化国家新胜利。党的二十大确立了高质量发展是全面建设社会主义现代化国家的首要任务。必须完整、准确、全面贯彻新发展理念，坚持社会主义市场经济改革方向，坚持高水平对外开放，加快构建以国内大循环为主体、国内国际双循环相互促进的新发展格局。一是构建高水平社会主义市场经济体制。深化国资国企改革，优化民营企业发展环境，健全宏观经济治理体系，深化金融体制改革。二是建设现代化产业体系。把发展经济的着力点放在实体经济上，推进新型工业化，推动制造业高端化、智能化、绿色化发展。推动战略性新兴产业融合集群发展，推动现代服务业同先进制造业、现代农业深度融合，加快发展数字经济，促进数字经济和实体经济深度融合。三是全面推进乡村振兴。全方位夯实粮食安全根基，牢牢守住十八亿亩耕地红线。发展乡村特色产业，拓宽农民增收致富渠道。统筹乡村基础设施和公共服务布局，建设宜居宜业和美乡村。四是促进区域协调发展。推动西部大开发形成新格局，推动东北全面振兴取得新突破，促进中部地区加快崛起，鼓励东部地区加快推进现代化。以城市群、都市圈为依托构建大中小城市协调发展格局，推进以县城为重要载体的城镇化建设。五是推进高水平对外开放。推动货物贸易优化升级，创新服务贸易发展机制，发展数字贸易，加快建设贸易强国。推动共建"一带一路"高质量发展，加快建设西部陆海新通道，实施自由贸易试验区提升战略，深度参与全球产业分工和合作。

（三）陕西省内经济发展环境分析

陕西是共建"一带一路"的重要节点和向西开放的前沿，是构建新发展格局和服务国家科技自立自强的重要力量，是实施黄河流域生态保护和高质量发展、新时代推进西部大开发形成新格局等国家战略的重要省份，《西安都市圈发展规划》于2022年正式获批，多个国家战略优势叠加、同频共振，为新时代陕西高质量发展提供了重大历史性机遇。

陕西省第十四次党代会对陕西坚决贯彻落实习近平总书记重要讲话重要指示和党中央决策部署作了进一步实化细化具体化，提出谱写陕西高质量发展新篇章，今后五年要努力实现"六个更高"奋斗目标——经济发展质效更高、人民生活水平更高、生态环境品质更高、社会文明程度更高、治理体系效能更高、党的建设质量更高，为全面建设社会主义现代化国家作出陕西更大贡献。

省第十四次党代会报告指出，优化经济结构、提升经济质量、做大经济总量是陕西高质量发展的关键任务。要以供给侧结构性改革为主线，建设现代化经济体系，实现经济质的稳步提升和量的合理增长。推动创新驱动发展做实成势，构建现代产业体系，深入实施扩大内需战略，构建区域协调发展新格局，加快以人为核心的新型城镇化，提升县域经济发展水平。要打造内陆改革开放高地，激发高质量发展活力动力。加快重要领域和关键环节改革攻坚突破，推动改革任务落地见效，加大对内对外开放力度、补齐开放不足短板，促进各类生产要素在陕西自由流动、高效聚集。要全面推进乡村振兴，加快农业农村现代化。坚决守住不发生规模性返贫底线，保障粮食安全和重要农产品供给，发展特色现代农业，扎实稳妥推进乡村建设。

四 2023年陕西宏观经济发展基本面预测

2022年，国际环境复杂严峻，国内经济顶住压力持续恢复，陕西经济也呈恢复向好、稳中加固态势，发展动能持续增强。2022年前三季度，陕西加快落实稳经济一揽子政策和接续政策措施，生产总值增速为4.8%。2023年陕西持续巩固高质量发展良好态势，预计增速将在5.5%左右。

1. 规模以上工业增加值

2022年前三季度，陕西规模以上工业增加值同比增长8.7%。随着陕西一系列工业稳增长措施和经济稳增长督导服务的持续跟进，预计2023年全省规模以上工业增加值增速在8.5%左右。

2. 全社会固定资产投资

2022年前三季度，陕西固定资产投资同比增长9.8%。陕西积极扩大有效投资，狠抓高质量项目建设，出台了《全省抓项目稳投资促增长若干措施》《关于进一步盘活存量资产扩大有效投资的实施意见》等一系列政策措施，预计全省2023年全社会固定资产投资增速在10%左右。

3. 社会消费品零售总额

2022年前三季度，陕西社会消费品零售总额同比增长1.9%。随着促消费政策措施持续出台，积极效应逐渐显现，预计全省 2023 年社会消费品零售总额增速在 3.5% 左右。

4. 外贸进出口总额

2022 年前三季度，陕西外贸进出口总额增速为 3.1%。在构建以国内大循环为主体、国内国际双循环相互促进的新发展格局下，陕西扎实推进稳外贸外资工作，预计全省 2023 年外贸进出口总额增速将为 6% 左右。

5. 地方财政收入

2022 年前三季度，陕西地方财政收入同比增长 26.3%。预计全省 2023 年地方财政收入增速将在 28% 左右。

6. 居民消费价格指数

2022 年前三季度，陕西居民消费价格指数（CPI）增速为 2.3%。预计全省 2023 年 CPI 增速将在 3.0% 左右。

7. 城乡居民人均可支配收入

2022 年前三季度，陕西城乡居民人均可支配收入分别增长 4.1% 和 6.4%。在《"十四五"促进全省城乡居民增收推动富民惠民的意见》《陕西省关于促进城乡居民收入稳定增长的若干措施》等政策推动下，陕西力促各项政策措施落地见效，预计全省 2023 年城乡居民人均可支配收入增速将分别为 6.5% 和 7.0% 左右。

五 2023年促进陕西经济发展的对策建议

2022 年，面对复杂严峻的国际环境和国内疫情散发等多重超预期因素影响，陕西省委、省政府以习近平新时代中国特色社会主义思想为指导，坚持稳中求进工作总基调，完整、准确、全面贯彻新发展理念，全面落实"疫情要防住、经济要稳住、发展要安全"重要要求，加快落实稳经济一揽子政策和接续政策措施，奋力谱写陕西高质量发展新篇章。2023 年，陕西要坚持以习近平新时代中国特色社会主义思想为指导，全面贯彻落实党的二十大精神，认真贯彻落实习近平总书记来陕考察重要讲话重要指示，坚持以高质量发展为主题，继续推动建设现代化产业体系，强化创新驱动，积极扩大有效投资，推进高水平对外开放，推动消费持续恢复和升级，促进区域协调发展，推动经济绿色低碳转型，加快政策落地见效等工作。

1. 加快建设现代化产业体系，推动经济发展提质增效

一是推动制造业高端化、智能化、绿色化发展。围绕高端产业和产业高端，完善产业链，高质量建设工业"特色小镇"。培育壮大节能与新能源汽车、航空航天、高端装备制造等先进制造业集群，形成产业集聚发展新动能。聚焦智能制造核心关键环节瓶颈，加速自主化突破和产业化发展。做大做强数控机床产业链，推进工业机器人和高端数控机床等智能制造装备集成应用。支持企业开展生产换线等智能化改造提升，建设智能化工厂和车间，实施智能化改造项目。推动绿色制造升级，打造绿色低碳工业体系。以创建绿色园区、绿色工厂、绿色设计产品为重点，实施区域、行业绿色制造示范工程，建设绿色制造公共服务平台。加强绿色制造人才培养和产业联盟建设，形成绿色供应链的完整体系。

二是培育壮大战略性新兴产业。聚焦国家重大战略需求，融入国家战略性新兴产业集群发展工程体系，充分发挥陕西科技资源优势，推动资金、技术、人才等生产要素向硬科技产业和新兴产业领域聚集，推动航空航天、信息技术、新能源、新材料、高端装备等具备特色优势的战略性新兴产业发展壮大，加快形成一批新兴产业集群，打造一批龙头领军企业，培育壮大"专精特新"、小巨人、单项冠军中小企业队伍，帮助企业积极争取省级"揭榜挂帅"项目，加快推进企业"小升规""规做强"，形成经济发展新动能。

三是推进产业数字化转型。深化数字赋能传统产业转型升级，加快数字化生产线、数字化车间及智能工厂建设，树立一批行业数字化转型标杆，以点带面、整体推进、全域覆盖，带动行业企业对标提升数字化水平。加强工业互联网建设，促进5G与工业互联网推广应用，打造跨行业、跨地域的工业互联网生态创新环境，实现生产和服务高效、精准优化配置。促进行业龙头企业与供应链上下游企业之间的数字化连接和数据共享，构建以数字技术为支撑的商业生态。

2. 强化创新驱动，塑造发展新动能新优势

一是加速创新平台建设，持续引育创新领军企业。抢抓新一轮科技革命机遇，深化军民融合、部省融合、央地融合，打造丝路科创中心和西部创新高地。以秦创原创新驱动平台为引领，加速释放陕西创新驱动发展活力。支持和鼓励创新型企业建设，聚焦关键创新环节，不断提升原始创新策源能力。积极引进国内外领军企业、科研院所、科创团队、研发机构等创新主体，鼓励在陕设立区域总部、孵化基地或研发中心，形成辐射性和共享率高的创新体系。高能级培育本土创新领军企业和"专精特新"企业，以大企业带动中小企业、上下游企业协同发展，完善产业创新生态。加强与国内外高能级创新平台交流合作，按照"引进+共建+协同"的思路强化国内外创新主体和平台的协作。

二是推进产学研深度融合，加快科技成果转化。鼓励高校、科研院所和企业在基础理论研究、核心技术攻关、产品研发应用、人才引流等方面协同联动，组建创新联合体，构建全链条创新体系。强化企业科技创新主体地位，以国家重大需求为导向，在重点领域、关键环节与高校、科研院所开展长期稳定合作，促进产业链和创新链精准对接和深度融合，提升对科技成果的吸收和转化能力。开展高校、科研院所改革，积极建设产学研合作创新平台，强调以市场需求为导向，重点关注企业实践中的核心技术难题，发挥基础研究的"灯塔效应"，打通科研成果到产业应用的通道，共建科研成果转化示范应用基地。促进技术、资本、市场等创新要素在不同主体和环节中自由流动，建立产学研链条的良性循环，提升科技成果转化效率。

三是强化创新人才支撑，充分激发创新活力。引进能够突破关键核心技术、带动传统优势产业升级和促进产业链高端化的人才，强化对关键领域、关键环节、关键产品的支撑保障能力。依托秦创原人才大市场，建设省级人才发展改革试验区。建设创新人才库，加大人才吸引力，形成人才合作的多样化合作机制，为高级人才与产业互联创造条件，对行业顶尖人才和领军人才实行带项目落户，建立"一事一议"机制，开通高端人才项目落地"绿色通道"，加大陕西创新发展智力支持力度。

3. 积极扩大有效投资，增强发展内生动力

一是围绕重点领域，加大项目谋划力度。围绕提升区域能级、优化产业结构、补齐民生短板的要求，精心精准超前谋划一批含金量、含绿量、含新量高的产业项目和基础设施建设项目。充分发挥关中平原城市群、西安都市圈、国家中心城市等政策资源和区位优势，做好梯次合理的项目储备和新型基础设施建设布局规划。聚焦国家政策导向、资金投向，策划、储备项目，重点储备交通基础设施、民生保障、生态环保、新能源和新型基础设施等优质项目。围绕重点产业链加大投资，提升制造业核心竞争力，推进关键核心技术攻关，实施重点行业节能降碳改造。

二是聚焦重点产业，优化投资结构。进一步优化全省的投资结构，加快传统工业技术改造和高新技术产业的投资。积极争取国家重大专项及战略性新兴产业重大项目，推动战略性新兴产业快速发展，不断提高战略性新兴产业占工业投资的比重、生产性服务业占服务业投资的比重，更好地发挥政府的财政补贴、税费减免等政策杠杆作用。统筹安排工业领域有关专项资金，重点支持先进制造业和战略性新兴产业，实施技术改造奖补政策，发挥省产业投资基金的引导作用，吸引金融资本、产业资本、民间资本投向工业。

三是紧盯重点项目，吸引社会投资。通过做好秦创原平台、"链长制"和重点项目观摩等，进一步明确全省投资重点、拓展投资渠道、提高投资实效。在"十四五"规划102项重大工程和国家重点建设领域，选择一批示范项目吸引民间投资。鼓励金融机构采用续贷等支持民间投资，对符合条件的项目提供政府性融资担保。加大对新基建发展的政策和财政支持，对新基建相关产业进行税收减免、低息贷款等政策扶持，发挥好政府在关键领域的主导作用，健全新基建投融资体系，降低民营经济参与门槛，激发民营经济进入新基建领域的积极性。鼓励通过REITs、PPP等方式，盘活国有存量资产，稳定和促进民间投资。

4. 推进高水平对外开放，开拓合作共赢新局面

一是激发双循环战略支点效能。以现有平台和通道为重点，持续拓展平台功能，强化通道的连通性，释放"枢纽+通道"的开放综合效能。发挥中

国（陕西）自由贸易试验区对外开放示范引领作用，整合西安国际航空枢纽、中欧班列（西安）集结中心以及海关特殊监管区体系功能，推动自贸试验区、综合保税区、开发区等政策叠加、功能互补，促进开放平台融合发展，实现内外联动和助力经济双循环。构建面向双循环新发展格局的货运网络。提升陆港、空港枢纽能级，加密货运航班频次、开辟新航线，发挥第五航权政策优势，不断拓展国际贸易航线。加快亚欧陆海贸易大通道建设。围绕中欧班列西安集结中心建设，优化中欧班列运营组织新模式，实现长安号与公路、铁路、海运、空运运输方式的高效联动。优化中欧班列线路，培育东向南向贸易通道，拓展对外开放的深度和广度。推进"一带一路"建设，让陕西成为对外开放的前沿和中国走向世界的重要门户。

二是释放跨境电商的发展潜力。进一步探索省市公共海外仓的建立，支持和鼓励外贸企业建设海外仓，打通国际物流的末端环节。引进和培育跨境电商龙头骨干企业，推进企业"内育外引"，助推本土企业"上线触网"，建设跨境电商产业园和跨境电商创新创业孵化基地，形成一批集孵化、研发、运营、客服、设计等于一体的综合配套服务载体。依托陕西高校院所、科研机构、专家资源优势，组建"跨境电商产业智库"，联合高校共同建立实施"跨境电商人才保障计划"，通过人才"培养+实训+输送"，为跨境电商行业发展提供人才保障。

三是利用RCEP新机遇，扩展贸易合作通道。增强企业积极开拓RCEP市场动力，打造对外开放新名片。组建适应RCEP国家的涉外法律服务人才库，建设RCEP企业服务中心，在各地市、自贸区、跨境电子商务综合试验区等地设立RCEP企业服务咨询站，为外贸企业开辟专门服务通道，指导企业用好原产地自主声明便利化措施，借助RCEP自贸协定不断提升自身产品竞争力。

5. 推动消费持续恢复和升级，增强内循环韧性

一是加快服务消费提质扩容。挖掘服务消费市场潜力，扩大中等收入群体，发挥中等收入群体引领服务消费升级的中坚作用，使其成为教育医疗、休闲旅游等中高端服务消费主力军。扩大服务业供给，鼓励社会资本参与发展服务业。健全服务业标准体系，推进国内标准与国际标准对标，提升服务消费质量。积极培育创建西安国际消费中心城市，营造一流国际消费环境，提升城市消费能级。围绕商业、文化、旅游、体育等主题有序建设一批设施完善、业态丰富、健康绿色的消费集聚区。统筹发展高端核心商圈和社区便民商业，以"一刻钟便民生活圈"试点城市为带动，优化配置社区生活消费服务综合体。加快释放重点领域消费潜力，继续通过汽车消费补贴拉动消费增长，同时推进新能源乘用车市场普及。

二是推动消费结构优化升级。不断释放新的消费活力，形成多元化的消费市场，从而满足消费者多层次消费需求和娱乐体验。创新消费业态和模式，推动实体零售创新转型，加快实现线上和线下服务消费的深度融合，培育网上零售、在线教育、智慧旅游、互联网医疗等消费新模式新业态。通过双线融合，打破渠道边界，全渠道吸引消费者，延长消费链条，满足不同类型消费者的多元化需求。积极开发沉浸式、体验式、互动式消费新场景，通过加大5G网络商业应用覆盖面，培育壮大智慧超市、智慧商店、智慧餐厅、智慧商圈等无接触式商业模式和业态。培育一批信息消费示范城市和示范项目，加快5G技术与能源、教育、文旅等垂直行业融合应用，大力挖掘消费潜力。

三是催生县乡消费新增长点。深入实施"数商兴农"、"快递进村"和"互联网+"农产品出村进城等工程，推动电商进农村示范县建设，扶持县、乡镇农村电商产业园建设，加快培育农民网络销售和购物习惯，促进电商新模式向农村普及。鼓励和帮助农户采用直接入驻电商平台、产地直播带货、社区微信群团购等多种方式，进行农产品线上销售。释放乡村振兴发力带动乡村旅游的潜力，促进县乡文旅消费。围绕乡村地方特色资源，设计康养、体育、研学、红色、民俗、艺术等不同主题的旅游产品，发展沉浸式文化旅游，支持打造一批硬件条件更好、软件服务更具特色的品质民宿。

6. 促进区域协调发展，扎实推动共同富裕

一是推动区域一体化发展。发挥西安都市圈、关中平原城市群的核心引领作用，缩小区域发展差距，实现区域发展协同均衡化。优化核心区不同等级市镇间相互关系，以西安都市圈为主体构建大中小城市和小城镇协调发展的城镇化格局。加快区域内部产业转移和产业整合，加强产业合作配套，构建区域一体化现代产业体系。增强区域发展的协调性、联动性、整体性，促进关中平原城市群形成优势互补、竞合有序、协同发展新格局，积极推动基础设施互联互通、产业分工协同合作、公共服务共享共建、生态环境共保共治，建立健全一体化协同发展机制和成本共担利益共享机制，提升对西北地区发展的辐射带动能力。

二是推进城乡协调均衡发展。全面推进乡村振兴战略，推动以县城为重要载体的城镇化和城乡融合发展。缩小城乡收入差距，不断拓宽农村居民的财产性收入渠道，支持农村非农产业的投资经营从而增加农民财产性收入的机会。积极促进创新创业带动就业，加快发展特色现代农业，吸引更多的投资者来促进就地就近就业，从而夯实农民稳定增收的基础。促进公共服务均等化，提高数字赋能水平，推动城乡要素流动，促进城乡之间医疗、教育等公共资源合理均衡的配置。加强农村基础设施建设，尤其是偏远农村等相对贫困地区的基础设施建设。

三是推动三大区域协调发展。完善区域政策体系，推动三大区域形成各有特色、互为支撑的区域经济布局。关中地区主要是推动关中平原城市群加快发展，西安都市圈稳步建设，以及西咸一体化、富阎一体化建设。陕北地区主要是创建榆林国家级能源革命创新示范区，推动能化产业转型升级。陕南地区着力实现生态经济化和经济生态化，推动生物医药、富硒食品、生态康养等全产业链建设。确立各市区在基础设施、产业布局、城乡统筹、公共服务、生态环保等方面协调发展的主要目标和路径，推动关中、陕北、陕南良性互动、竞相发展。

7. 紧紧围绕"双碳"目标，推动经济绿色低碳转型

一是推动重点产业、重点领域绿色低碳转型。工业领域，加快淘汰落后产能，严控重化工业新增产能，改造升级传统优势产能，加速绿色制造发展，打造更多的绿色园区、绿色工厂、绿色供应链等示范工程。交通运输领域，推进清洁燃料替代，完善充换电、加氢、加气（LNG）站点布局及服务设施，基于物联网技术应用提高交通运输效率，加快发展绿色、循环、低碳交通运输体系。调整交通运输结构，大力发展多式联运，增加铁路运输量，加快发展集装箱海铁联运。建筑领域，大力发展绿色建筑，推广新型绿色建造方式，提高绿色建材应用比例。提高新建建筑能效水平，推广被动式低能耗建筑。

二是加大绿色低碳技术研发应用。大力发展超低排放、资源循环利用、传统能源清洁高效利用等绿色低碳技术。加快绿色低碳领域的技术创新、产品创新和商业模式创新，实现多点突破、系统集成，推动以化石能源为主的产业技术系统向以绿色低碳智慧能源系统为基础的新生产系统转换，实现经济社会发展全面绿色转型。

三是强化绿色低碳转型的融资支持。支持金融机构建立绿色企业和项目精准识别机制，为绿色企业和项目提供全方位金融服务。支持关中平原城市群申请国家气候投融资试点，积极培育区域气候投融资项目，打造气候项目和资金的信息对接平台，引导和支持先进低碳技术发展。引导驻地金融机构开展碳基金、碳资产质押贷款、碳保险等碳金融服务，推动碳金融体系创新发展。

8.加快政策落地见效，提高要素保障水平

一是畅通政策执行路径。狠抓政策落地实效，加大宣传解读力度，提高公众知晓度，积极兑现已出台的各项惠企措施承诺。通过多种政策传播途径实现信息的共享和协同发布，使政策的制定和传播公开透明。以各区县为主体，根据区域行业特点，制定更有针对性、创新性、前瞻性的惠企政策文件，并在一定时期保证政策落实的连续性、长效性。

二是提高政策和资金实施效率。加快促进部门之间政策措施形成合力，提高政策落实效率，从政策和资金层面"直达"企业，有效降低企业成本，增强企业发展信心，推动经济平稳健康发展。综合运用各种强制执行措施，确保民营企业债权及时兑现。提高政府购买服务项目的支付效率，简化审批流程，尊重合同约定与市场机制。合理制定各类扶持资金落实到企期限，将其纳入相关单位考核任务，提高政策落地时效及政府公信力。

三是完善创新政策体系。大力支持研发创新，持续提升新领域、新业态、新模式的知识产权创造、运用、保护、管理和服务能力。健全区域创新体系、科技成果转化机制、技术转移转化保障支撑体系，提升企业的创新主体作用。对接秦创原打造中小企业创新联合体、中试基地，提升核心技术成果应用转化能力。

分 报 告
Sub-Reports

B.2
2022年陕西农业农村经济形势
分析与2023年预测

赖作莲*

摘　要： 2022年，陕西全面推进乡村振兴，加快农业农村现代化步伐，全省农业农村经济呈平稳增长态势。粮油丰收，果、蔬、畜、禽产量平稳增长，农产品价格总体趋于上涨，农村居民收入稳定增长，脱贫攻坚成果持续巩固拓展，乡村数字经济、农村集体经济发展取得明显成效。但也面临疫情的不利影响，龙头企业经营出现困难，农民增收空间被挤压，农业自然灾害频发，部分县域财政困难等问题。展望2023年，粮食产量可能稳中略增，畜、禽产品可能保持稳定，蔬菜可能实现量质提升，水果可能稳产提质。2023年，加快农业强省建设，要持续推进高标准农田建设，推动特色产业发展，培育壮大"链主"农业龙头企业，加强农业防灾减灾。

＊ 赖作莲，博士，陕西省社会科学院农村发展研究所副研究员。

关键词： 农业经济 农村经济 陕西

2022 年，面对复杂严峻的国内外环境和疫情散发的冲击，全省上下统筹疫情防控和经济社会发展，认真贯彻落实中央和省委省政府关于"三农"工作的部署要求，全面推进乡村振兴，加快农业农村现代化步伐，全省农业农村经济呈平稳增长态势，农业生产保持稳定。根据地区生产总值统一核算结果，前三季度，全省实现地区生产总值 23501.97 亿元，按可比价格计算，同比增长 4.8%。第一产业增加值 1316.86 亿元，同比增长 4.5%；全省农林牧渔业增加值同比增长 4.6%[①]。

一 2022年农业农村经济运行的总体情况

（一）粮油丰收基础不断夯实

全省上下把保障粮食安全作为"国之大者"，全面落实各项惠农政策，确保粮食面积产量"只增不减"，粮食生产形势向好。粮食总产 1297.9 万吨，较上年增长 2.2%，实现"十九连丰"。夏粮生产实现了面积、总产、单产"三增"，加大撂荒地整治力度，推动被占用耕地逐步还田种粮，夏粮种植面积 1657.65 万亩，同比增长 0.04%；克服头年秋淋天气等不利因素的影响，夏粮产量再创新高，夏粮总产量 475.9 万吨，同比增长 1.1%；单产 287.09 公斤，同比增长 1.4%。其中小麦收获 1440.04 万亩，总产量 475.9 万吨，同比增长 1.1%。扩大大豆种植面积，鼓励支持大豆玉米带状复合种植，因地制宜推广果树幼园套种、宽幅间作等种植新模式，全省完成大豆播种面积 240.66 万亩。

---

① 《前三季度陕西 GDP 超 23501 亿元，同比增长 4.8%》，https：//shaanxi. china. com/news/20000876/20221102/25683063_ 2. html，最后访问时间：2022 年 11 月 2 日。

（二）果蔬产业高质量发展持续推进

2022 年，陕西持续推进果业、蔬菜产业高质量发展。果业发展重点由规模扩张向提质增效转变。统筹苹果发展与粮食生产，发展陕北山地苹果，加快更新改造渭北北部果园，逐步淘汰渭北南部低质低效果园。分区域、分类型创建高质高效示范果园，推进以有机肥替代化肥，发展"绿色、有机"的高品质果，提高单产水平和优果率。加快品牌建设，截至 2022 年 6 月底，陕西已形成 42 个水果区域公用品牌，区域公用品牌网络零售额累计实现 50.27 亿元，同比增长 24.02%。前三季度，全省园林水果产量 635.46 万吨，增长 5.3%①。

各地严格落实"菜篮子"市长负责制，大力推进蔬菜全产业链发展。坚持绿色发展、质量兴农，推行良种良法、药肥减量化、绿色防控，推进蔬菜产业集群发展，促进产业提档升级和综合效益提升。前三季度，全省蔬菜及食用菌产量 1570.13 万吨，增长 2.9%。

（三）畜牧业生产保持平稳增长

2022 年，为实现"稳猪、扩禽、大力发展牛羊"的目标，推动畜牧业高质量发展，持续推进生猪、家禽、乳制品、肉牛肉羊等全产业链建设，强化生猪产能调控和非洲猪瘟等重大动物疫病防控，促进畜牧业持续发展。上半年，猪肉产量 48.85 万吨，同比增长 9.9%；牛肉产量 3.79 万吨，同比减少 3.32%；羊肉产量 4.79 万吨，同比减少 4.68%；禽肉产量 3.43 万吨，同比减少 5.75%；禽蛋产量 26.61 万吨，同比增加 0.05%②。截至第三季度末，生猪存栏 873.1 万头，增长 1.2%；生猪出栏 843.9 万头，增长 5.5%；主要畜禽肉类产量 88.1 万吨，增长 3.7%。

---

① 《前三季度陕西 GDP 超 23501 亿元，同比增长 4.8%》，https：//shaanxi.china.com/news/20000876/20221102/25683063_ 2.html，最后访问时间：2022 年 11 月 2 日。

② 《2022 年上半年陕西畜禽生产保持稳定》，https：//baijiahao.baidu.com/s? id = 1745338 941852167742&wfr＝spider&for＝pc，最后访问时间：2022 年 10 月 11 日。

（四）农产品价格总体趋于上涨

2022 年，农产品价格涨跌不一，总体趋于上涨。陕西面粉、大米价格保持基本稳定，受国际经济环境复杂多变、国内疫情反复多发及成本增加等因素影响，与上年同期相比出现小幅上涨。前三季度，大米（粳米）全省平均零售价同比上涨 2.8%，面粉同比上涨 8.7%。生猪、猪肉价格先降后涨，涨幅较大。生猪价格第一季度连续下降，4~9 月连续上涨，累计上涨 74.3%，9 月，生猪价格为 11.59 元/斤，同比上涨 88.8%，是前 9 个月的最高价。猪肉价格 1~4 月持续下降，5~9 月连续上涨，9 月猪肉价格为 18.53 元/斤，同比上涨 48.2%，为前三季度的最高价。牛肉价格平稳，羊肉、鸡肉价格小幅上涨，鸡蛋价格上涨幅度较大。蔬菜价格季节性波动，总体先涨后降，整体高于上年同期，全省 23 种蔬菜平均价格 3.50 元/斤，同比上涨 12.9%。

（五）农村居民人均可支配收入稳定增长

得益于稳就业的政策支持，农村劳动力较好地实现返岗就业，农村居民工资性收入较快增长。得益于基础养老金标准和离退休人员工资标准的上调，住院报销、大病保险报销范围扩大，比例调高，以及农村居民外出务工寄/带回收入增加，农村居民转移净收入增幅较大，2022 年第一季度，同比增长 12%。前三季度陕西农村居民人均可支配收入 11776 元，同比增长 6.4%，扣除价格因素，实际增长 4.1%[①]。陕西农村居民人均可支配收入增速快于城镇 2.5 个百分点，城乡收入比为 2.74∶1，较上年同期缩小 0.06。前三季度农村居民人均生活消费支出 10284 元，同比增加 417 元，增长 4.2%。

---

① 《前三季度 陕西居民人均可支配收入增长 5.3%》，http://news.hsw.cn/system/2022/1028/1539618.shtml，最后访问时间：2022 年 10 月 29 日。

二 2022年农业农村经济发展的新亮点

（一）脱贫攻坚成果持续巩固拓展

陕西坚持把巩固拓展脱贫攻坚成果同乡村振兴有效衔接作为"三农"工作的重中之重，制定《关于巩固拓展脱贫攻坚成果同乡村振兴有效衔接的实施意见》，建立"2531"动态监测和帮扶机制。健全镇、村、组全覆盖的三级"网格化"管理体系，全省设有基层"网格员"31万人。全省已有6.35万户19.35万人被纳入监测对象，落实了精准帮扶措施，返贫致贫风险得到有效化解。组织对口帮扶，由省内20个经济强区（开发区）向11个国家重点帮扶县进行对口帮扶，累计向国家和省级重点帮扶县投入中央和省级衔接资金48.7亿元。加大产业帮扶力度，支持8万余户脱贫户发展产业，全省累计投放小额信贷55.35亿元。做好稳岗就业帮扶，截至2022年7月，全省脱贫劳动力外出务工219.07万人[1]，完成全年目标任务的104.2%，群众幸福指数持续提升。

（二）现代农业全产业链加快建设

陕西将全产业链建设作为促进乡村产业融合发展的有效抓手。用全产业链思维推动特色现代农业发展，围绕生猪、乳制品、茶叶、蔬菜、苹果等九大重点产业链，转变发展方式，创建示范县区，育强"链主"企业。生猪产业是陕西畜牧业体量最大、产值最高、链条最完整的产业。通过引进牧原、温氏、新希望、东方希望、海大等行业巨头，支持陕西正大、石羊、正能、阳晨等本省企业布局生猪全产业链，形成了八大"链主"企业，陕西生猪全产业链生产格局已逐步形成。持续推进特色产业集群建设和发展，在

---

[1] 程伟：《让群众稳稳地收获幸福——陕西持续巩固拓展脱贫攻坚成果助力乡村振兴》，《陕西日报》2022年10月17日。

黄土高原苹果、关中奶山羊、秦岭猕猴桃和陕茶等 4 个产业集群入选国家级优势特色产业集群后，陕北肉羊产业集群入选 2022 年优势特色产业集群建设名单。

（三）乡村数字经济蓬勃发展

农村电商为农业增效、农民增收注入强大新动能。2022 年，国家实施"数商兴农"工程，推动农村电商高质量发展。2022 年 1~6 月，陕西实现水果网络零售额 75.55 亿元，同比增长 17.90%，销售额位居全国第三[①]。仅在"6·18"期间，通过发挥各大电商平台的优势，采用农产品源头直供、直采直销供应等方式，拓宽农产品上行渠道，陕西实现农产品网络零售额 17.08 亿元，同比增长 18.31%，其中，实现水果网络零售额 8.67 亿元，同比增长 19.41%。

县域电商加快发展。2022 年上半年，蓝田县新增电商主体 44 家，培育发展电商企业 144 家、物流企业 53 家，在各电商平台累计开设的网店达 2100 余家[②]。县电商公共服务中心快递集散中心日处理快递 15 万单，月单量达 380 万单，月发件超过 140 万单，同比增长 20%。洛川县有苹果销售电商企业 115 家、各种微小店 5000 家，日均发货达 4 万~5 万单。

（四）农业绿色发展取得新进展

2022 年，陕西大力推动农业绿色发展，着力建设绿色低碳循环发展的农业产业体系，构建人与自然和谐共生的农业发展新格局，推动形成绿色生产生活方式。实施绿色高质高效行动，聚焦小麦、玉米等粮食作物，兼顾果菜等经济作物，在全省范围内打造 24 个粮油绿色高质高效行动示范县、4 个经济作物绿色高质高效行动示范县，建设绿色高质高效技术集成试验基地。延安市富县的苹果产业绿色标准化生产和宝鸡市眉县猕猴桃产业全域全链绿

[①] 《2022 上半年陕西水果网络零售额达到 75 亿元》，http://xczxrmt.cnwest.com/yccp/p/1886.html，最后访问时间：2022 年 9 月 10 日。

[②] 张佳：《"数商兴农"蓝田破解高质量发展"流量密码"》，《西安日报》2022 年 10 月 10 日。

色发展案例，入选 2021 年全国农业绿色发展典型案例。2022 年国家发改委投资 2.63 亿元支持陕西农业绿色发展，包括洛南县、汉阴县、旬邑县、白水县和定边县的畜禽粪污资源化利用整县推进项目建设和韩城市、礼泉县、大荔县、黄龙县、府谷县和岐山县的黄河流域农业面源污染治理项目建设，将进一步促进畜禽养殖业转型升级，提升黄河流域农业面源污染治理成效。

（五）农村集体经济发展取得明显成效

陕西加大财政投入，稳步推动村集体经济发展。自 2016 年以来，全省累计投入财政资金 61.8 亿元。2016~2018 年，支持 301 个村优先开展试点，每村补助 200 万~300 万元，起到了良好的示范带头作用。2019~2022 年，采取"省上选县、县上定村"的思路，按照每村补助 50 万元的标准，共支持 74 个县 2956 个行政村开展试点，带动了村级集体经济的全面发展。2021 年以来，采取"以奖代补、先建后补"的思路，按照单个村 50 万元、多个村"抱团"发展 200 万元的标准，对 165 个村进行了奖补，通过政策引领，促进集体经济组织独立自主发展。2021 年，全省将近 98% 的行政村（社区）实现集体经济经营收益"破零"；实现分红的村级集体经济组织达到 5150 个，分红总额达到 11.6 亿元。

三　2022年陕西农业农村经济发展存在的主要问题

（一）疫情对乡村旅游和农产品销售造成不利影响

阶段性、局部性发生的疫情对乡村造成了较严重的影响。乡村旅游遭受重创，且恢复缓慢。常态化疫情防控下民宿、农家乐只有不足一半的经营户恢复了营业，作为乡村旅游典型案例的袁家村的游客人数也尚未恢复到疫情前一半的水平。农产品电商销售和旅游带动的农产品销售受阻。疫情导致农产品无法发货，或者发货后无法接收而退件，洛川顶端果业电商销售的苹果在疫情期间出现大面积退件。退单时，卖家不仅需要支付来回的运费，而且农产品也被损耗。因游客人数锐减，原来依靠游客购买的农特产品的销售量也随之锐减。岚皋南宫山景区周边的农特产品销售量大幅下降。

（二）农业龙头企业经营面临困难，带动能力削弱

疫情导致正常生产经营受阻，农业龙头企业长期存在的技术设施落后、农产品以初级加工为主、附加值低、企业用地受限、经营管理人才缺乏等问题和困难被放大。融资难、融资贵问题尤为突出。农业企业有效抵押物少、生产周期长、效益波动较大，银行信贷资产风险较高，多数金融部门不愿意为其贷款。洛川苹果经销企业在收购苹果时需要大量资金，但难以获得银行贷款，即使贷到了款，流动资金贷款使用时间也很短，因而往往只能使用高利息的民间融资。在资金短缺、市场竞争激烈等困境下，洛川县苹果经销企业半数面临倒闭风险。龙头企业经营困难直接影响其带动农民作用的发挥。

（三）农民经营性收入增长放缓，增收空间被挤压

2022年第一季度农村居民经营净收入996元，增长-1.4%。虽然第二季度在稳经济一揽子政策的支持下，农民经营净收入有所增长，但农民增收空间仍受多重挤压。农资价格上涨过快。化肥价格一路高企，已达近10年新高。据测算，由于化肥、农药、汽油等普遍上涨，农民种地成本每亩至少增加50元。年初生猪价格低位运行，养殖户亏损严重。个别县市遭受疫情，对农业增收造成毁灭性打击。作为茶叶大县的紫阳县在春茶采收季节遭受新冠疫情，茶叶无法采摘加工，茶农遭受重大损失。

（四）农业自然灾害频发，少数脱贫监测户面临返贫风险

近年来，陕北苹果频繁遭受霜冻、冰雹、花期高温等自然灾害的影响。有的苹果种植户因连续多年遭灾而债务缠身。陕南则容易发生山洪、滑坡、泥石流等灾害，这些灾害往往导致道路、水利、电网等基础设施受损。少数脱贫监测户因家庭主要劳动力罹患大病，增收困难。虽然脱贫监测户的医药

报销比例高于一般群众，还有低保补助，但是难以支撑其持续增收。防返贫动态监测显示，监测户中有很多是家庭成员罹患大病的，这些监测户持续增收难度大，面临一定程度的返贫风险，需要及时有效干预。

（五）部分县域财政困难，"三保"支出压力大

一些农业县本级财政收入少，财政支出主要依靠转移支付。受疫情影响，上级各类转移支付减少与下达不及时，导致县级财政支出缺口加大。由于县域财力困难，"三保"支出负担重，个别县为了保工资保运转，挪用项目资金，包括农业基础设施建设和产业发展项目资金。项目资金被挪用挤占后，项目无法按时开工建设；项目无法按进度建设和完成，又导致后续项目不予立项，形成恶性循环，影响县域基础设施条件的持续改善和农业的长远发展。

四　2023年农业农村经济形势展望与预测

（一）粮食产量可能稳中略增

2022年，陕西出台《推进粮食规模化生产经营三年行动方案》，用三年时间在全省打造粮食规模化经营核心示范区、辐射带动区、产能提升区，建成千万亩高标准高质量"吨粮田+高产田"；至"十四五"末，全省建成高标准农田2194万亩，同步实施高效节水项目492万亩。同时，积极推动种业创新，以杨凌示范区为重点，以西北农林科技大学为支撑，设立现代种业专项资金，发挥小麦、玉米等农产品技术体系科技优势，选育高产优质抗逆、适宜机械化作业的创新性品种并推广。目前主要粮食作物良种覆盖率达98%以上。高标准农田建设和种业创新为实现"十四五"末全省粮食产量达到1300万吨的目标打下了坚实的基础。但是粮食生产还面临极端天气、病虫害等不确定因素。展望2023年，粮食产量可能有望保持稳定、小幅增长。采用多元线性回归分析法，对2023年陕西粮食产量进行预测，以粮食

产量为因变量,以粮食播种面积、粮食生产价格、化肥施用量为自变量,建立回归预测模型。利用二阶自回归求取自变量的预测值。应用 Eviews6.0 软件进行预测,预测结果显示,2023 年粮食产量为 1296.6 万吨。

(二)畜禽产品可能保持稳定

2022 年,陕西省农业农村厅印发《陕西省"十四五"畜牧兽医发展规划》,明确以"优结构、高质量、高速度"为主线,按照"稳猪、扩禽、大力发展牛羊"的总体思路,补短板、延链条,提质量、增效益,培育发展现代畜牧业全产业链,加快构建现代养殖体系、动物防疫体系和加工流通体系,培育壮大龙头企业,做大做强优势产业板块。为畜禽产品供给能力的提高提供了政策保障。2022 年第二季度生猪价格开始明显地触底反弹,吸引养殖户扩大生产,有利于 2023 年生猪、猪肉产品供给增加。但是受饲料成本、购买仔猪成本、人工成本等上涨的影响,以及猪肉价格可能回落的不确定性,肉禽产量将总体保持稳定。

采用多元线性回归分析法预测,以肉类生产价格、疫情发生概率为自变量,以肉类总量为因变量,建立回归分析模型;并对肉类生产价格、疫情发生概率作二阶自回归。预计 2023 年猪、牛、羊等肉类总量将可能达到 131.8 万吨。

(三)蔬菜可能实现量质提升

2022 年,陕西大力推进蔬菜全产业链建设,推动全省蔬菜产业高质量发展。着力抓好城市近郊保供基地、设施蔬菜示范基地、高山蔬菜示范基地建设,改造提升老旧设施,夯实蔬菜全产业链建设基础。加大蔬菜产业链主企业培育力度,做强"领军"型龙头企业,培植蔬菜创新型"小巨人"和"单项冠军"。以千亿级设施项目为引导,实施蔬菜示范基地、工厂化育苗中心建设等项目。以生产标准化、加工精细化、物流体系化、营销品牌化、服务全程化,培优品种、提升品质、打造品牌。加强科研联合攻关,突出数字赋能应用,加快蔬菜及设施农业向数字化、智慧化转型。这些措施为

2023年蔬菜稳产保供和质量提升打下了较好的基础。但蔬菜产业仍面临劳动力成本上涨和市场价格波动等不利因素。预计2023年陕西蔬菜及食用菌产量可能达2114.5万吨。

（四）水果可能实现稳产提质

全省近一半的果园种植苹果，苹果产量占园林水果总产量的比重超过2/3，苹果产业的发展态势很大程度上决定了陕西果业的发展趋势。2022年，按照"稳规模、提品质、增效益"的思路，以供给侧结构性改革为主线，以全产业链建设为抓手，加快推进品种培优、品质提升、品牌打造和标准化生产，构建产业链、市场链、价值链完整匹配的现代苹果经济体系，有利于果业产量稳定、品质提升。但是近年来由于果树"老龄化"及种植收益低等问题，相当规模的果树被砍伐，可能一定程度上影响水果产量。总体来看，被砍伐的果树主要是老品种老化树，随着老品种树被淘汰，反而有利于果品质量的总体提升。展望2023年，水果可能实现产量稳定、质量提升，灾害发生概率按上年计，预计2023年水果产量可达1896.5万吨。

五 促进2023年农业农村经济发展的若干对策建议

（一）持续推进高标准农田建设，稳步提升粮食产能

党的二十大报告提出，全方位夯实粮食安全根基。高标准农田是保障国家粮食安全的"压舱石"。要按照党的二十大报告的要求，逐步把永久基本农田全部建成高标准农田，持续推进高标准农田建设，稳步提升粮食产能。

结合千万亩粮食规模化经营核心示范区、辐射带动区、产能提升区的打造，高质量推进高标准农田建设。突出抓好耕地保护和地力提升，补齐农业基础设施短板，推进农田高质量建设、高效率管理、高水平利用，实现旱涝保收、高产稳产的目标。将高标准农田建设与灌溉节水化、道路平坦化、田园生态化、管理数字化相结合，建设节水农田、绿色农田、数字农田。综合

运用财税、金融等多种手段，激活新型农业经营主体和社会资本的积极能动性，有序推进高标准农田建设。

（二）推动特色产业发展，拓宽农民经营性收入渠道

推动农业产业链助农增收。立足生猪、蔬菜、茶叶、食用菌、苹果等农业全产业链和魔芋、红枣、核桃等小众农业产业链，深入推进农业全产业链建设，建立更加稳定的利益联结机制，让更多的农民深度融入产业链，提高农民种养收益。推动新业态助农增收。加快乡村旅游、农村电商、平台直播、农村物流等新业态融合发展，拓展农民经营性收入空间。提升农民应用数字化"新农具"的能力，让更多的农民改变农业生产方式，使手机成为新农具、直播成为新农活，让农民利用"直播+短视频"实现农产品线上营销，推动农产品出村进城。加强生猪产能调控，避免猪贱伤农。针对生猪价格周期性波动对养殖户收入的冲击，推动建立生猪生产的逆周期调控机制。要建立健全稳定生产和市场的风险防控政策体系，利用生猪价格/收入保险、低息贴息贷款、粪污资源化利用补贴和基础设施建设等支持政策，促进主产县中小规模养殖户稳定产能。

（三）推进适度规模经营，培育壮大"链主"农业龙头企业

围绕乳制品、生猪、茶叶、蔬菜、苹果、家禽、食用菌、肉羊肉牛、猕猴桃等9个农业全产业链，在科技创新、基地建设、品牌打造等方面加大扶持力度，育强"链主"农业龙头企业。着力加大对"链主"龙头企业的金融和人才支持力度。鼓励和引导金融机构加强对"链主"企业的金融服务，将金融服务有效地嵌入全产业链的各个环节中，根据生产经营的不同环节和时间节点，创新金融产品，开发应收账款质押贷、承兑汇票质押贷、入库融资贷、施工合同融资贷、保证金质押贷等金融产品。将"链主"龙头企业纳入农业担保机构支持范围，提供多种形式的融资担保，降低担保费率，并给予适当的贷款贴息。对"链主"企业所引进的急需人才，根据人才等级，给予不同标准的资金补贴，在职称评定、子女入学等方面给予优先政策。

（四）攻固脱贫成果，加强农业防灾减灾

密切关注脱贫不稳定户、边缘易致贫户和突发严重困难户"三类人员"，实现早发现、早干预、早帮扶。着力促进脱贫群众持续增收。鼓励和引导企业、合作社带动脱贫群众发展生产增收，通过"企业+合作社+脱贫群众"等利益联结方式，将脱贫群众嵌入产业链，促进脱贫群众增收。壮大村集体经济，带动脱贫群众增收。通过村集体产业发展的带动，促进脱贫群众就业增收和发展产业增收；通过增强村集体经济实力，增加脱贫群众的分红收入。

面对气象灾害、病虫害、可能发生的生猪疫情等风险，要增强风险意识，强化防灾减灾。要深化农业、气象、应急等相关部门之间的沟通合作，及时发布预警预报和防御措施，共同推进农业自然灾害防灾减灾。鉴于防雹网对预防果园雹灾、低温冻害天气、鸟虫害等灾害的显著作用，进一步扩大苹果防雹网的覆盖范围。强化草地贪夜蛾、玉米黏虫等重大病虫的监测预警，常态化推进非洲猪瘟等重大动物疫病防控，密切关注省内外动物疫情动态，加强人员、技术、物资储备，积极应对突发动物疫情。

B.3
2022年陕西工业经济运行分析
与2023年预测

陕西省社会科学院经济研究所课题组*

摘　要： 2022年，陕西工业运行保持平稳向好态势，工业生产逐渐恢复，工业投资趋稳优化，企业效益持续改善，行业表现分化明显，装备制造业、高技术制造业快速增长，新兴动能规模不断扩大，但仍然存在工业结构调整缓慢、科技创新转化能力不足、战略性新兴产业发展挑战较大、市场主体活力不够强的问题。2023年，陕西规模以上工业增加值将延续恢复性增长态势，预计全年陕西规模以上工业增加值增速为8.5%左右。未来，陕西要在推进工业供给侧结构性改革、提升产业链现代化水平、深化数字赋能、培育工业新动能、助力企业升规壮大、加强产业协作等方面多措并举，推动工业经济高质量发展。

关键词： 工业经济　新兴产业　产业链　数字赋能　陕西

一　2022年陕西工业经济运行分析

2022年，陕西一系列工业稳增长措施取得明显效果，工业运行保持平稳向好态势，工业生产逐渐恢复，工业投资趋稳优化，企业效益持续改善，

---

* 课题组负责人：裴成荣，陕西省社会科学院经济研究所所长，二级研究员，研究方向为区域经济；执笔人：宫汝娜，陕西省社会科学院经济研究所助理研究员，研究方向为产业经济。

行业表现分化明显，装备制造业、高技术制造业快速增长，新兴动能规模不断扩大，对全省经济稳增长起到有力的支撑作用。

（一）总体稳定增长

2022年，全省工业经济呈现稳定增长的积极态势，工业经济压舱石作用凸显。总体来看，前三季度，全省规模以上工业增加值累计增长8.7%，较上半年加快0.1个百分点，比2021年同期高1.5个百分点，高于GDP增速1.9个百分点，在40个工业行业大类中，32个行业保持正增长，前三季度工业实现增加值9787.54亿元，对全省GDP增量贡献近50%，拉动GDP增长2.4个百分点，工业运行持续向好恢复态势明显，有力支撑整个国民经济稳定增长。从季度增速来看，前两个季度均低于上年同期，第一季度全省规模以上工业增加值累计增速为9.1%，比2021年同期低9.8个百分点；第二季度规模以上工业增加值累计增速为8.6%，相比第一季度有所回落；第三季度增速承压回升，比第二季度高0.1个百分点（见图1）。从当月增速来看，1~7月工业运行较为平稳，8~9月工业运行波动幅度较大，整体呈现"W"形上升趋势，其中8月受电力限制等因素影响，规模以上工业增加值增速下降幅度较大，但9月规模以上工业增加值同比增长11.8%，比8月高6.9个百分点，为前三季度最高月度增速，扭转8月回落态势，拉高工业运行整体走势。

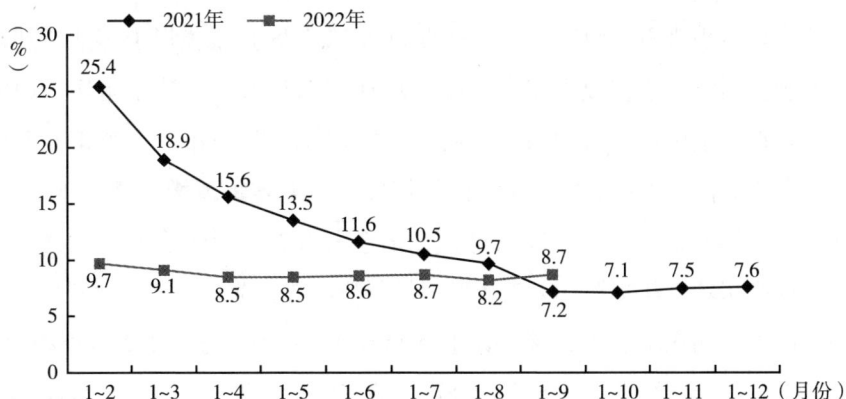

图1 2021年至2022年1~9月陕西规模以上工业增加值累计增长情况

从区域比较来看，前三季度全国规模以上工业增加值同比增长 3.9%，陕西规模以上工业增加值增速较全国快 4.8 个百分点（见图 2），居全国第 6 位，稳居全国前列。前三季度，西北地区规模以上工业增加值增速均高于全国平均水平，其中，青海增速高达 14.7%，在全国居第一位，陕西在西北地区中居第三位，高于甘肃、新疆地区。当月增速中，陕西 4 月、5 月、6 月连续三个月规模以上工业增加值增速均为全国第 7 位；7 月增速居全国第 8 位；8 月受高温天气、电力限制等影响，工业稳中趋缓；9 月强劲回升至全国第 5 位，充分体现了工业经济的发展后劲和韧性。

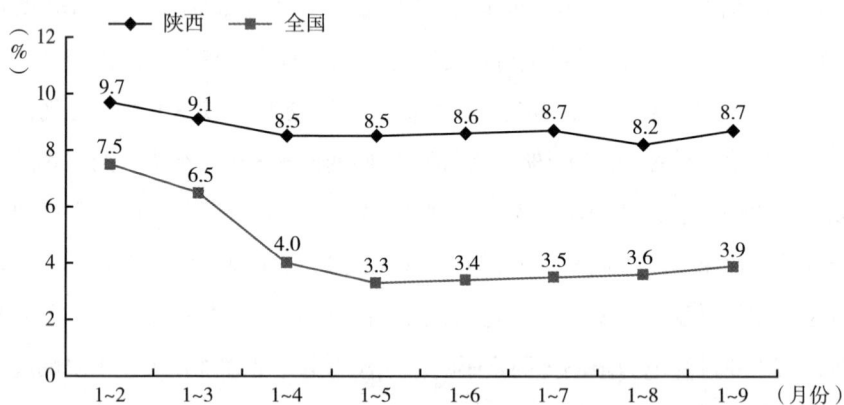

图 2 2022 年 1~9 月陕西与全国规模以上工业增加值累计增长情况

从省内表现来看，前三季度，陕西 11 个市（区）规模以上工业增加值全部实现正增长，规模以上工业增加值增速排名依次为杨凌示范区、西安市、榆林市、咸阳市、汉中市、渭南市、铜川市、延安市、宝鸡市、安康市、商洛市。前三季度，杨凌示范区规模以上工业增加值增速高达 20.0%，增速在全省排名第一，相比 2021 年同期增速高出 23.6 个百分点，增速大幅回升，彻底扭转上年规模以上工业增加值下滑趋势；前三季度，西安规模以上工业增加值同比增长 13.4%，比上半年和 1~8 月分别提高 2.4 个和 1.7 个百分点，比上年同期高 6.6 个百分点；前三季度，榆林、咸阳地区同比增速分别为 9.8%、9.4%，均高于上年同期增速，且杨凌示范区、西安、榆林、咸阳地区规模以上工业增加值增速均高于省内平均水平；前三季度，汉中、渭南、铜川、延安、宝鸡规模以上工业增加值增速分别为8.6%、7.8%、7.4%、5.6%、4.0%，均高于全国平均水平；前三季度，安康、商洛同比增速分别为3.0%、2.3%，排在省内末两位，低于全国平均增速和上年同期增速。

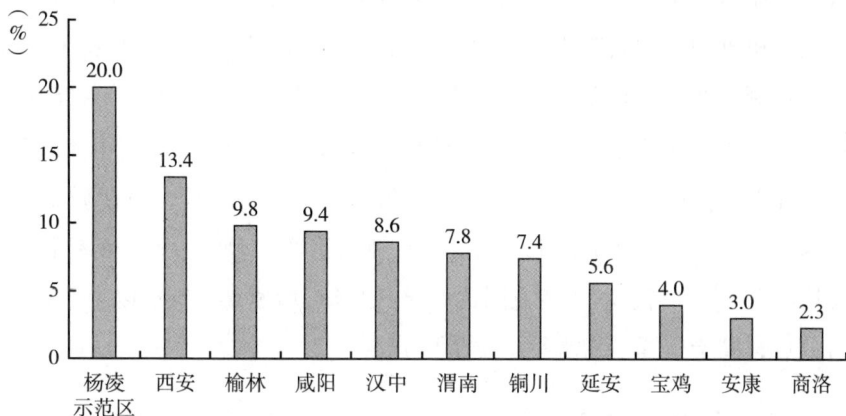

图3 2022年前三季度陕西各市（区）规模以上工业增加值增速比较

（二）行业表现分化明显

从不同行业增速来看，各行业分化明显。从主要行业来看，2022年以来，能源工业增速态势要好于非能源工业，前三季度，规模以上能源工业同比增长10.0%，较上半年高2个百分点，比2021年同期高4.4个百分点，能源工业增势稳定，为全省工业增长提供了有力支撑。能源行业增长差异较大，煤炭开采和洗选业持续高位运行，前三季度同比增长13.2%，比上半年提高0.8个百分点；石油和天然气开采业增速稳定回升，前三季度同比增长3.7%，比上半年加快0.2个百分点；石油、煤炭及其他燃料加工业增速平稳，前三季度同比增长3.0%，较上半年回落0.4个百分点。非能源工业增速回落，前三季度非能源工业增加值同比增长7.1%，较上半年回落2.1个百分点。具体来看，在36个非能源行业中，28个行业增加值保持增长，增长面为77.8%，其中，电气机械和器材制造业，汽车制造业，计算机、通信和其他电子设备制造业，专用设备制造业，化学原料和化学制品制造业，酒、饮料和精制茶制造业增速较快，对全省工业经济拉动明显。

从重点行业来看，装备制造业快速增长，新兴动能规模不断扩大。前三季度，全省装备制造业同比增长14%，高于规模以上工业增速5.3个百分点，高于制造业增速7.4个百分点，高于全国平均水平7.7个百分点，其中，电气机械和器材制造业同比增长33.0%，汽车制造业同比增长15.4%，专用设备制造业同比增长15.0%，均高于规模以上工业增速。新兴动能规模进一步扩大，新产业、新业态、新模式加速成长，前三季度，工业战略性新兴产业增加值同比增长11.8%，占工业增加值的16.9%，占比较上半年提高0.5个百分点。其中，工业新能源产业同比增长15%，工业新材料产业同比增长9.5%，高技术制造业同比增长9.9%，增速高于规模以上工业1.2个百分点，高于全国平均水平1.4个百分点。

（三）工业生产逐渐恢复

从产品产量来看，2022年前三季度，在重点监测的64种工业产品中，37种产品产量保持增长，增长面为57.8%。在能源产品中，原煤生产增长较快，前三季度，全省生产原煤5.54亿吨，同比增长7.1%，尤其是9月，生产原煤6435.7万吨，同比增长11.7%，增速比上月加快7.6个百分点，日均产量214.5万吨；原油生产缓中趋降，前三季度，全省生产原油1917.9万吨，同比下降0.2%，比上半年下降1.4个百分点；原油加工量波动上升，前三季度，全省加工原油1413.7万吨，同比上升3.6%，但8月、9月，原油加工量略有下降，增速比上半年回落2.3个百分点；天然气生产增速由降转升，前三季度，全省生产天然气223.2亿立方米，同比增长0.9%；电力生产由降转升，前三季度，全省发电量累计2027.8亿千瓦时，同比增长1.8%，扭转上半年下降趋势，电力产品中，太阳能发电增速较快，火力发电增速由降转升，水电、风电增速下降。在非能源产品中，汽车、发动机、铝材、化学药品原药、光缆等产品产量增长较快，增速均超过15%。前三季度，汽车产量累计85.5万辆，同比增长62.8%，其中，代表高技术产品的新能源汽车生产 61.8 万辆，同比增长 330.8%，高于全国 218.3 个百分点，占全国新能源汽车生产总量的 13.1%；前三季度，发动机产量累计 2078.1 万千瓦，同比增长 69.8%；铝材产量累计 31.1 万吨，同比增长 37.9%；化学药品原药产量累计 33946.8 吨，同比增长 23.5%；光缆产量累计 812.9 万芯千米，同比增长 15.4%。

（四）工业投资趋稳优化

工业投资增势良好，2022 年前三季度，工业投资同比增长 10.5%，较上半年加快 3 个百分点，较上年同期高 8.1 个百分点，拉动全省投资增长 2.7 个百分点。工业投资持续优化，重点产业投资加强，前三季度，制造业投资同比增长 8.9%，较上半年加快 6.3 个百分点，拉动全省投资增长 1.5 个百分点，其中，电气机械和器材制造业投资同比增长 95%，汽车制造业投资同比增长 51.7%，通用设备制造业投资同比增长 37.9%，专用设备制造业投资同比增长 39.1%。从外资来看，前三季度，制造业实际使用外资 2.96 亿美元，同比增长 264.29%，占全省实际使用外资总额的 28.15%，高技术制造业和高技术服务业外商直接投资 9401 万美元，同比增长 71.74%，较全省外商直接投资增速高 45.1 个百分点。从工业项目来看，重大项目拉动整个工业投资增长，前三季度，全省计划总投资亿元及以上工业项目个数同比增长 15.9%，计划总投资增长 13.4%，亿元及以上工业项目本年完成投资同比增长 11.6%，占工业投资比重达 74.1%，拉动工业投资增长 8.5 个百分点。

（五）企业效益持续改善

从企业经营效益看，2022 年，工业企业利润稳步回升，前两个季度增速要高于第三季度，前三季度，全省规模以上工业企业实现营业收入 25207.2 亿元，同比增长 20.6%，较上半年回落 1.6 个百分点；实现利润总额累计 3489.2 亿元，同比增长 43.6%，较上半年回落 15.4 个百分点；营业收入利润率为 13.8%，较上半年下降 0.5 个百分点。企业经营成本进一步降低，2022 年 1~8 月每百元营业收入的成本为 76.06 元，同比减少 1.98 元；每百元营业收入的费用为 6.39 元，同比减少 0.93 元。助企纾困效果明显，企业亏损有所改善，前三季度；全省规模以上工业亏损 1678 家，企业亏损面为 22.1%，较上半年降低 0.2 个百分点；亏损企业亏损总额累计 214.8 亿元，同比增长 14.1%，较上半年回落 21.5 个百分点。

二 当前陕西工业经济运行存在的问题

（一）工业结构调整缓慢

陕西工业内部结构有所改善，战略性新兴产业占比不断提升，但是，工业行业结构仍然偏重传统型、资源型，轻工业发展相对落后，工业结构重化型未得到根本改变。从主要行业来看，高耗能、高污染行业比重偏高，能源行业占比较大，2021 年，全省规模以上能源工业增加值同比增长 6.5%，低于非能源工业 8.3% 的增速，但全省规模以上能源工业总产值同比增长 50.1%，远高于非能源工业 17.8%，受技术改造、项目需求等影响，非能源工业对全省规模以上工业增长难以形成有力拉动。另外，陕西工业经济发展质量不高，工业行业多处于全球价值链低端，当前工业结构仍有较大调整空间。

（二）科技创新转化能力不足

创新资源优势还没有较好地转化为创新动能。陕西集聚众多高校、科研院所，但科研活动与产业发展需求联系不紧密，科研成果转化率不高，企业创新动力不强，承接科研院所及社会创新资源能力不够，研发经费投入不足，作为全国科教资源大省，2020 年规模以上工业企业中开展研发活动的企业占比约为 17.8%，低于全国 34.2% 的平均水平，全省每万人发明专利拥有量为 14.1 件，与全国差距持续扩大，规模以上工业企业平均引进技术经费支出、就业人员中研发人员比例等指标下降明显，表明企业创新能力不足。中西部地区对高端技术人才的吸引支持力度与南方发达地区比长期处于劣势，造成本地人才外流，不利于工业创新发展。高端装备制造、新一代信息技术、新能源等战略性新兴产业与传统工业技术结构、产业结构跨度非常大，导致新兴产业和传统产业之间技术断层、缺乏产业连接纽带。

（三）战略性新兴产业发展挑战较大

战略性新兴产业规模不断扩大，但未形成拉动经济主要动力，2020年全省战略性新兴产业增加值为3075.15亿元，占GDP比重为11.7%，2021年战略性新兴产业增加值为3312.41亿元，占GDP比重为11.1%，相比2020年占比下降，要达到"十四五"规划中确立的目标仍存在较大上升空间。陕西实体经济依赖传统能源化工、军工等产业，战略性新兴产业尚未得到充分发展，尤其是生物医药、新材料、绿色环保等产业发展规模仍然较小，并未达到预期水平。战略性新兴产业发展布局不均衡、缺乏核心技术，关键材料和部件仍受制于人，高性能集成电路、高性能金属和非金属材料等仍依赖进口。据此，陕西发展壮大战略性新兴产业仍面临较大挑战。

（四）市场主体活力不够强

全省工业大企业大集团相对较多，但是多集中在能源和军工领域，多为央企、国企，"专精特新"中小企业和民营企业数量偏少，对民用经济外溢效应有限。从资源配置来看，产业链配套率总体偏低，产业布局与资源开发错位，优势产业、技术资源多集中在中央所属企业，省内产业整体竞争力不强，产业链条较短，高技术产业供应链存在风险。新增市场主体数量较多，但质量不高，工业规模企业培育不足，和沿海发达地区相比，企业智能化、数字化程度不高，对工业新旧动能转换支撑作用有限。另外，市场主体保护存在支持政策、政府监管落实不到位等问题，抑制了市场主体活力。

三 陕西工业经济运行面临的形势分析及2023年预测

2022年，全球新冠疫情继续蔓延，乌克兰危机局势严峻，国际大宗商品价格走高，全球经济增速放缓，国内党的二十大召开，"十四五"发展规划进入重要推进期，陕西工业经济运行面临更加错综复杂的国际环境和稳中求进的国内环境，机遇与挑战并存。2023年，陕西稳经济一揽子政策将持续显效，工业结构进一步优化，新动能持续走强，工业经济稳步回升。

（一）陕西工业经济运行面临的形势分析

1. 国内外复杂形势对产业链供应链造成冲击

海外疫情持续蔓延、国内疫情散发、乌克兰危机对陕西省经济稳定发展造成不利影响，陕西产业链供应链一些堵点、卡点仍较明显，下游中小微企业生产经营困难依然较大，亏损企业数仍然较多，亏损额同比增长较快，工业企业效益状况持续改善存在压力，但是生产领域价格回落也在一定程度上缓解了中下游企业压力。首先，生产领域价格同比涨幅延续回落态势。2022年前三季度，受保供稳价政策、国际大宗商品价格高位波动下行等因素影响，工业生产者出厂价格指数（PPI）同比上涨2.7%，涨幅逐季回落，其中，第一季度上涨3.1%，第二季度上涨2.7%，第三季度上涨2.2%，工业生产者购进价格指数同比上涨7.2%，涨幅逐季回落，上年以来上游输入型通胀带来的供给冲击得到一定缓解。其次，部分行业需求下降。受国内疫情多点散发及房地产开发投资持续下滑等因素影响，多数上游工业品需求较弱，为工业企业营收带来负面影响。再次，跨国经济合作受到严重干扰，一些跨国企业为分散风险，将产业链供应链关键环节向本土回流，导致国际贸易和投资萎缩。最后，工业企业经营风险加剧。虽然省内资金供给充裕，但银行为了控制风险，未必将资金贷给那些急需贷款的企业，尤其是中小企业，而获得贷款的企业也未必将资金用于生产性投资或日常经营。

2. 国家战略叠加构成新机遇

我国经济进入高质量发展阶段，以国内大循环为主体、国内国际双循环相互促进的新发展格局加快构建，陕西作为丝绸之路沿线省份、新亚欧大陆桥经济走廊西部省份、黄河流域中游省份，多重战略叠加构成新的机遇。碳达峰、碳中和目标，黄河流域生态保护和高质量发展等重大战略，对陕西突破提升循环利用技术，完善绿色产业链、供应链，推动工业高质量发展提出更高要求，一方面，提高工业生产成本，短期内限制工业产能；另一方面，加速能源结构和产业结构调整，推动工业转型升级。共建"一带一路"、建设新亚欧大陆桥经济走廊、新时代推进西部大开发形成新格局等多个国家重大战略叠加，为陕西工业进一步开放合作、深化与全球产业链合作、推进国际产能合作提供机遇，也为陕西工业招商引资、建立产业协作机制和合作平台、深度融入国内国际双循环拓展更大的空间。

3. 重点产业链塑造工业新优势

2021 年 7 月，《陕西省人民政府办公厅关于进一步提升产业链发展水平的实施意见》发布，该意见提出，锻造优势长板，补齐弱项短板，做强做大"链主"企业，明确重点产业链，筛选出数控机床、光子、航空、重卡、生物医药、钛及钛合金、新型显示、集成电路、太阳能光伏、输变电装备、乳制品、民用无人机等 23 条重点产业链，推行实施"链长制"，对数控机床等标志性重点产业由省级领导担任"链长"，提升产业链发展水平。陕西省结合产业发展基础、资源禀赋、区位条件等，将差异化与协同发展相结合，因地制宜选择重点发展的产业链，加大重大项目支持力度。陕北地区，作为重要煤油气生产基地，重点能源企业陕煤集团黄陵矿业公司打造建设智能矿井、智慧矿区，推动传统能源产业向智能化、自动化、信息化发展。关中地区，作为全国重要装备制造业、高新技术产业基地，木王科技测试自动化智能装备研发生产基地项目、铜川天策碳纤维材料加工生产线等重点项目，将解决一批"卡脖子"问题。陕南地区，生态资源丰富，洛南县环亚源生态岛环保科技产业园，以环亚源铜业及其固危废综合利用项目为龙头，延伸产业链条，初步形成了一个高科技、高融合、高产能、高效率的有色金属环保产业集群，切实践行绿色发展。陕西各区域工业发展各有侧重、协同一体，着力培育一批世界一流、全国领先、陕西特色的产业集群，塑造工业发展新优势。

4. 秦创原平台助力工业创新发展

秦创原创新驱动平台是陕西创新驱动发展总平台，包含高校、科研院所、企业等，着眼于建设立体联动"孵化器"、科技成果产业化"加速器"和两链融合"促进器"，是陕西科技创新高地、创新驱动发展总源头。秦创原集聚创新要素，进行优化配置，将创新成果和产业发展紧密对接，促进创新链和产业链深度融合，激活产业发展新动能。秦创原平台建设以来，带动全省高新技术企业、科技型中小企业、技术合同交易额增长超过30%，人才引进、个人税收、科技研发、资金支持等多方政策支持，吸引更多创新型、技术型人才，激发科技人才创新创业活力，催生更多科技型中小企业，增加市场主体活力，打造创新动能。秦创原与"链长制"深度融合，集聚重要产业链，衍生大量产业项目、创新项目，缓解企业上游原料、下游渠道问题，提升制造业产业技术水平，辐射效应明显，如西咸新区正积极建立完善的生命科技产业生态圈，承接秦创原在生命科技领域创新链和产业链的互动与融合，西安领充公司等企业落户西安，完善新能源汽车产业链。秦创原围绕产业链布局创新链，找准产业链"痛点"、创新链"堵点"，解决产业发展中"卡脖子"问题，为工业高质量发展提供创新动力。

（二）陕西工业经济运行的趋势预测

尽管全球经济复苏和疫情发展仍然存在较多不确定性因素，我国宏观经济面临供给冲击、需求收缩、预期转弱的三重压力，但是我国经济长期向好的基本面没有变，国民经济持续恢复，生产需求持续改善，总体运行稳定，在疫情要防住、经济要稳住、发展要安全的要求下，稳经济一揽子政策和接续政策将继续落实，陕西工业经济将在机遇和挑战中重塑竞争力。综合内外部环境，结合形势研判，2023年，省内稳增长、稳投资、稳消费等政策将持续显效，为工业经济稳步回升提供保障，陕西规模以上工业增加值将延续恢复性增长态势，工业经济运行稳中向优、稳中向新、稳中加固，预计全年陕西规模以上工业增加值增速为8.5%左右。

分产业来看，未来产业布局开启，新产业新动能持续走强，高技术制造业、战略性新兴产业将保持高速增长，占比将持续提高，在工业高质量发展中发挥引领作用；高耗能产业占比进一步下降，传统产业改造升级加快；新型基础设施建设投资力度加大，数字经济发展势头强劲，分行业推进数字化转型取得积极成效，智能制造加速渗透，陕西制造业高质量发展将实现新跃升。

四　推动陕西工业经济高质量发展的对策建议

（一）推进工业供给侧结构性改革，促进工业提质增效

优化产能结构。首先，适度淘汰落后产能，去产能政策不能"一刀切"，要循序渐进，传统产能过剩产业多处于产业链上游，与其他产业存在紧密供求关系，盲目去产能会造成上下游产业链断裂，对经济和就业带来不利影响。必须在注重经济增长的基础上，做好改革设计，调整产业结构，优化产品供给，合理配置人力资本，促进产业结构和就业结构良性耦合，推动供给侧与需求侧相互协调匹配。其次，破除要素流动壁垒，合理转移产能，将本地优质产能适度引导至周边地区，带动周边地区工业发展，充分发挥工业生产优势，优化资源配置，提高工业产能利用率，化解过剩产能。

推动工业绿色发展。首先，着力提升工业能效水平，加大工业节能监察力度，加快工业节能减碳技术装备推广应用，推动重点行业开展节能降碳技术改造，支持工业企业龙头实施低效设备更新改造、能效水平提升等节能改造项目，对高耗能行业新增项目开展节能审查，开展能效、水效引领行动，发挥标杆示范作用。其次，推进工业资源循环利用，实施再生资源行业规范管理，积极推行生产者责任延伸制度，培育再生资源综合利用行业骨干企业，进一步提高资源要素使用效率。最后，推进绿色制造体系和绿色制造项目建设，积极推进绿色技术的研发和应用，完善绿色技术推广体系，加大绿色技术装备产品供给，建设绿色产业链、供应链。

（二）推行实施"链长制"，提升产业链现代化水平

补齐现代产业链短板。首先，实施产业基础再造工程，提升产业基础能

力，推广先进基础工艺，加大对关键核心技术和重点领域的攻关力度，聚焦工程重点，针对技术研发、专用材料开发等关键环节，集中调动科研、政府、企业等各方力量，发挥产学研用资协同攻关作用，加快构建新时代产业基础能力体系。其次，着重打通产业链、供应链"堵点"，找出短板产业原材料、工艺、产品、流通的发展瓶颈，协调生产要素供给，精准评估自主研发或技术引进的成本，彻底解决上下游产业供需不匹配、产业链供应链衔接不畅问题。

锻造现代化产业链长板。首先，做大做强具有绝对优势的长板产业，继续提升汽车制造、新能源、通信设备等优势产业质量，在产业链优势领域精耕细作，对优势产业横向扩张、纵向延伸，充分发挥其竞争优势，通过推行实施"链长制"，不断延链补链强链，推动重点产业发展。其次，培育壮大链主企业，建立全面覆盖、分层分类的一流企业创建体系，打造行业领军企业和细分领域龙头企业集群，打造"专精特新"企业和单项冠军企业，发挥龙头企业体量大、动力强、影响大的作用，强化产业集群效应。

（三）深化数字赋能，推进产业数字化转型

推进数字产业化。首先，加大新型基础设施建设力度，加快数据存储、大数据服务能力建设，打造高效集约、经济适用、安全可靠的现代化数字化基础设施体系，同时，推进新型基础设施资源共享、设施共建、空间共用，构建跨界融合的数字化生态，提升全社会的数字基础设施水平和公共服务能力。其次，大力发展产业互联网平台，支持平台企业以算力、算法、数据等资源为传统企业赋能，促进行业龙头企业与供应链上下游企业之间的数字化连接和数据共享，构建以数字技术为支撑的商业生态。最后，加强工业互联网建设，促进5G与工业互联网推广应用，打造跨行业、跨地域的工业互联网生态创新环境，实现生产和服务高效、精准优化配置，培育壮大人工智能、5G应用、大数据等数字产业体系。

深化数字赋能。首先，通过数字赋能，细化消费需求，提供优质供给，提高数据技术水平，对原材料和生产环节进行质量溯源管理。利用数字化手

段，把握用户个性化需求，进行产品研发、生产、服务和商业模式创新，通过实时查看产量、销量、库存、成本、每日利润等信息，提高产品质量，科学制定经营规划，从而节约资源、提高效率。其次，加快数字化生产线、数字化车间及智能工厂建设，树立一批行业数字化转型标杆，以点带面、整体推进、全域覆盖，加强交流对接，带动行业企业对标提升数字化水平。最后，完善数据监管治理体系，建立统一规范的数据管理制度，培育数据要素市场，加强对数据资源的开发、保护、利用，推动数据要素高效流通，加强"政产学研用"合作共享，创建高质量政务数据生态和流通体系，真正发挥数据的价值。

（四）推动工业创新发展，培育工业新动能

深入实施创新驱动发展战略。首先，加大基础领域研究投入力度，强化技术创新突破，积极参与实施国家重大科技专项、国家重大科技项目，优化省级实验室和技术创新中心布局，争取在空间技术、未来能源领域形成创新成果，统筹高校、企业、科研机构资源，形成创新联盟，组织实施重点产业链创新工程，加强应用技术开发，增强自主创新能力。其次，推动科技成果转化，高标准抓好秦创原创新驱动平台建设，围绕产业链部署创新链，围绕创新链布局产业链，促进创新成果同产业发展紧密对接，实施创新平台能级、创新主体培育、科技金融融合、创新创业生态、创新人才引育五大提升工程，打造全国高质量发展先行示范区。

大力发展战略性新兴产业。首先，以碳达峰、碳中和政策为契机，聚焦国家重大战略需求，融入国家战略性新兴产业集群发展工程体系，推动新一代信息技术、高端制造、新能源、新材料等支柱产业发展。其次，以龙头企业带动发展，充分发挥西北有色金属研究院、陕西有色金属集团、陕鼓动力、陕汽、比亚迪、华为、中兴等战略性新兴产业龙头企业引领作用，培育壮大本省高新技术企业，加快高端装备制造、新材料、绿色环保、新能源汽车等产业发展。最后，抓紧未来产业布局，依托陕西科研平台优势，推动类脑计算、深度学习、传感器、控制器等关键技术、关键零部件突破升级，发

展人工智能、未来通信技术、生命健康等产业，培育工业新的增长点。

继续推动实施智能制造工程。首先，夯实智能制造基础，推行精益管理，将其与智能制造相结合，全面提高企业基础管理水平，为企业开展智能制造提供环境，加强智能制造标准研究，搭建标准试验验证平台，推动新一代信息通信技术与装备制造相融合，提升工业软件集成应用能力。其次，聚焦智能制造核心关键环节瓶颈，做大做强数控机床产业链，推进工业机器人和高端数控机床等智能制造装备集成应用，加速自主化突破和产业化发展。最后，支持企业开展生产换线等智能化改造提升，建设智能化工厂和车间，实施智能化改造项目，培育引进智能制造专业人才及机构。

（五）助力企业升规壮大，保障市场主体发展

助力企业升规壮大。首先，推动工业项目尽快落地，加快工业招商引资，加速推进项目建设进度，成立工作专班，展开实地调查和统计核查，紧盯签约项目和在建项目，分类指导、专人服务，推动项目尽早落地、尽早投产、尽早见效。其次，加强对工业企业尤其是规模以上或临规企业的帮扶指导，建立工业企业定期分析机制，对于行业共性问题和重点企业运营问题，予以精准帮扶和专业指导。最后，推动企业整合重组，鼓励同类中小微企业通过兼并收购、资本运作等方式进行整合重组，进一步扩大企业规模。

加强专项资金支持。首先，严格落实各项退税减税降费政策，提供政策咨询服务，完善财政金融服务体系和信息共享机制。其次，鼓励金融机构加大信贷投放力度，定期开展产融对接，量身定制金融服务方案，打造专属信贷产品，对优质规模以上工业企业和重点培育企业首贷、新增的中长期贷款和信用贷款给予优惠利率。最后，健全财政资金与社会资本联动机制，引导更多金融资源支持创新型企业、小微企业发展。

（六）积极融入"双循环"格局，加强产业协作

加强区域产业协作。首先，围绕制造业重点产业链，深化更高水平产业协作，借助自贸试验区、综合保税区、经济开发区、中欧班列（西安）集

结中心和长安号等开放平台优势，深入推进苏陕产业协作，继续发挥好苏陕协作及产业合作重大项目协调服务机制，努力招引产业链的关键企业和"专精特新"企业落地，延伸区域产业链条，加强陕西与长三角地区产业协作，促进陕西与上海及长三角地区在航空、乘用车产业重大项目布局，配套体系建设，产业链延伸方面开展务实合作。其次，推进产业园区建设工程，推进西安经开区中欧合作产业园、咸阳中韩产业园、榆林陕煤集团中日国际合作化学新材料产业园等境内合作园区，马来西亚光伏制造基地等境外经贸园区建设，在宝鸡、咸阳等市建立产业转移合作园区建设，促进东西部产业转移。

打造推广工业品牌。首先，加强质量标准品牌建设，坚持质量、标准、品牌"三位一体"推进，加强标准，继续实施质量提升转型行动，鼓励企业加强质量管理体系建设，加强工业产品质量安全监管，大力实施制造业"增品种、提品质、创品牌"行动，引导装备制造业加快提质升级，推动产品供给向"产品+服务"转型，鼓励消费品行业发展个性定制、规模定制，培育竞争力强的品牌企业，创建领军品牌及标杆品牌。其次，加强交流宣传，高水平举办丝绸之路国际博览会、欧亚经济论坛、杨凌农高会等重大会议会展，探索"高端会展+高效招商"新模式，不断扩大参会范围，提升品牌知名度。

参考文献

《2022年前三季度全省国民经济运行情况》，http：//tjj. shaanxi. gov. cn/tjsj/tjxx/qs/202211/t20221104_ 2263049. html，2022年11月4日。

《前三季度全省规上工业运行分析》，http：//tjj. shaanxi. gov. cn/tjsj/tjxx/qs/202211/t20221111_ 2264025. html，2022年11月8日。

B.4
2022年陕西对外贸易发展形势分析
与2023年预测*

刘晓惠**

摘　要： 2022年世界经济和全球贸易发展都处于艰难时期，面对气候、能源、粮食、通胀等多重危机的冲击，地缘冲突加剧，世界经济复苏脆弱乏力，外需增长放缓，导致全球外贸发展环境的复杂性、严峻性、不确定性上升。同时中国实行更加积极主动的开放战略，构建面向全球的高标准自由贸易区网络，形成更大范围、更宽领域、更深层次对外开放格局。在此背景下，陕西积极融入"一带一路"建设，稳定外贸增长政策，不断优化通关环境，重点深挖贸易合作潜能，助力企业拓展外部市场，释放跨境电商潜力，推动货物贸易与服务贸易融合发展，全力稳住陕西外贸基本盘。

关键词： 对外贸易　跨境电商　融合发展　陕西

一　2022年陕西对外贸易发展形势分析

（一）陕西对外贸易发展总体分析

2022年世界经济和全球贸易发展都处于艰难时期，面对气候、能源、

---

　* 本文中未注明来源的数据均来自国家统计局网站、中华人民共和国海关总署网站、陕西省统计局网站和西安海关网站。
　** 刘晓惠，陕西省社会科学院经济研究所助理研究员，研究方向为区域经济。

粮食等多重危机的冲击，地缘冲突加剧，全球通货膨胀达到几十年来的最高水平，经济复苏脆弱乏力，外贸发展环境的复杂性、严峻性、不确定性上升。但同时中国实行更加积极主动的开放战略，构建面向全球的高标准自由贸易区网络，加快推进自由贸易试验区、海南自由贸易港建设，形成更大范围、更宽领域、更深层次对外开放格局。陕西积极融入"一带一路"建设，在稳定外贸增长政策和通关环境不断优化政策下，进出口贸易呈现稳定增长态势。2022年1~9月，陕西外贸进出口总值实现3606.4亿元，同比增长3.1%，低于全国6.8个百分点。其中全省出口实现2240.5亿元，同比增长20.8%，高于全国7.0个百分点；进口实现1365.9亿元，同比减少16.8%，低于全国22.0个百分点。前三季度陕西累计实现贸易顺差874.6亿元，在进口低迷的情况下不断创新高；外贸进出口依存度为15.3%。

从2022年月度外贸进出口值来看，3月、5月、7月、8月全省月度进出口值均超过400亿元，其中7月最多，为424.2亿元；2月进出口值最少，为362.7亿元。从单月出口值来看，各月均超过200亿元，其中5月全省出口值最多，为287.4亿元，4月最少，为216.9亿元；从单月进口值来看，1月全省进口值最多，为175.0亿元，2月最少，为139.5亿元；从各月贸易余额来看，均实现贸易顺差，其中5月贸易顺差135.5亿元，为最高值，如表1所示。

表1 2022年1~9月陕西外贸发展月度情况比较

单位：亿元

指标	1月	2月	3月	4月	5月	6月	7月	8月	9月
进出口值	397.4	362.7	407.4	363.3	439.2	392.3	424.2	423.8	399.1
出口值	222.4	223.2	245.7	216.9	287.4	246.9	274.6	269.6	255.4
进口值	175.0	139.5	161.7	146.3	151.9	145.4	149.5	154.3	143.7
贸易余额	47.4	83.8	84.0	70.6	135.5	101.5	125.1	115.3	111.7

关于自贸试验区建设，2022年8月23日黄河流域自贸试验区联盟[1]启动暨对外开放高质量发展大会在济南开幕，大会主题为"自贸试验区赋能黄河流域高质量发展"，旨在加强黄河流域9省（区）合作，进一步发挥自贸试验区制度创新优势，推动黄河流域开放型经济发展，构建优势互补、各具特色、共建共享的区域协同发展格局。[2] 1~8月，陕西自贸试验区新设市场主体20480家，新增注册资本1096.06亿元。其中新设企业12895家（含外资企业120家），新增企业注册资本1092.73亿元（含外资企业注册资本3.15亿美元）；新设注册资本亿元以上企业58家。

中欧班列长安号持续开拓创新，以高质量建设中欧班列集结中心为引领，积极融入国内国际双循环的对外开放新格局，打造优质高效国际贸易通道。中欧班列长安号已常态化开行16条主干线，覆盖共建"一带一路"45个国家和地区。2022年10月26日，X8155次中欧班列从西安国际港站驶出，经阿拉山口口岸出境，一路向西驶向欧洲，标志着全国首趟境内外全程时刻表中欧班列（西安）顺利开行。截至2022年10月24日，中欧班列（西安）已累计开行14924列，开行量、重箱率、货运量等核心指标持续位居全国前列。

（二）陕西外贸发展特点分析

1. 外贸进出口增幅逐月下降，出口、进口表现两极化

2021年陕西对外贸易整体发展良好、基数较高，2022年受全球经济形势和疫情反复的影响，外需增长放缓，陕西对外贸易波动较大，进出口累计值增幅呈逐月下降态势，到9月，进出口增幅下滑至3.1%，与1月增幅相比，下降了21.8个百分点。出口、进口表现呈两极化态

---

[1] 黄河流域自贸试验区联盟成员包括山东、河南、四川、陕西4省自贸试验区12个片区，以及山西、内蒙古、甘肃、青海、宁夏5省（区）15个经济功能区，旨在发挥自贸试验区制度创新优势，赋能黄河流域高质量发展。

[2] 《黄河流域自贸试验区联盟启动》，中国（陕西）自由贸易试验区官网，http://ftz.shaanxi.gov.cn/wzxw/INVRF3.htm。

势。其中，出口亮眼，各月累计增速均保持在 20% 以上，虽然整体看来呈下降态势，但是增速仍在高点位，出口累计值增速最高出现在 2 月，为 41.7%；外需增长放缓，进口各月累计增幅除 1 月、2 月外，其他月份累计值均呈负增长，其中，7 月累计值降幅最大，为 17.1%，如图 1 所示。

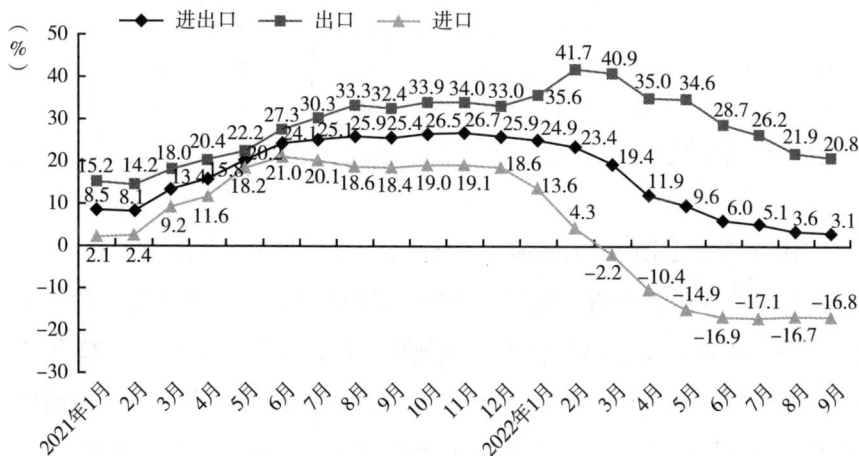

图 1　2022 年 1~9 月和 2021 年陕西对外贸易累计值同比增速比较

2. 一般贸易高速增长，比重进一步提高

从贸易方式来看，一般贸易高速增长，比重进一步提高。2022 年前三季度，陕西省一般贸易进出口值 1258.8 亿元，同比增长 31.3%，占同期全省进出口总值的 34.9%，提高 7.4 个百分点。其中，出口 717.6 亿元，同比增长 40.0%；进口 541.2 亿元，同比增长 21.4%。加工贸易进出口值 1919.5 亿元，同比增长 4.8%，占同期全省进出口总值的 53.2%，提高 0.9 个百分点。保税物流进出口值 345.2 亿元，同比下降 25.1%，如表 2 所示。

表2 2022年1~9月主要贸易方式对外贸易情况

单位：亿元，%

指标	进出口		出口		进口	
	总值	同比增长	总值	同比增长	总值	同比增长
陕西	3606.4	3.1	2240.5	20.8	1365.9	-16.8
一般贸易	1258.8	31.3	717.6	40.0	541.2	21.4
加工贸易	1919.5	4.8	1264.0	21.5	655.5	-17.2
来料加工贸易	1247.7	6.9	853.5	29.3	394.2	-22.3
进料加工贸易	671.8	1.1	410.5	8.0	261.3	-8.2
保税物流	345.2	-25.1	254.4	-14.6	90.8	-44.3
海关特殊监管区域进口设备	70.3	-69.2	—	—	70.3	-69.2

3. 民营企业进出口值大幅增长，外商投资企业仍占主导地位

从贸易企业类型来看，民营企业进出口值增速高于全省水平，所占比重上升；外商投资企业进出口仍占主导地位，但比重有所下降。2022年前三季度，陕西省民营企业进出口值1337.3亿元，同比增长20.8%，占同期全省进出口总值的37.1%，提高5.4个百分点。外商投资企业进出口值2038.5亿元，同比下降3.8%，占同期全省进出口总值的56.5%，减少4.0个百分点。国有企业进出口值224.7亿元，同比下降14.8%，占同期全省进出口总值的6.2%，减少1.4个百分点，如表3所示。

表3 2022年1~9月不同类型企业对外贸易情况

单位：亿元，%

类型	进出口		出口		进口	
	总值	同比增长	总值	同比增长	总值	同比增长
陕西	3606.4	3.1	2240.5	20.8	1365.9	-16.8
国有企业	224.7	-14.8	99.9	-10.9	124.8	-17.7
外商投资企业	2038.5	-3.8	1268.0	20.8	770.5	-27.9
民营企业	1337.3	20.8	872.4	26.0	464.8	12.0

4. 马来西亚超越日本成为陕西第五大贸易伙伴

从主要贸易对象来看，中国陕西对韩国、中国台湾、美国、中国香港、日本传统贸易伙伴进出口值均呈下降趋势，马来西亚超越日本成为陕西第五大贸易伙伴。2022年前三季度，中国陕西对韩国的进出口值为714.1亿元，仍是陕西最大贸易伙伴，同比下降3.7%，占同期全省进出口总值的19.8%，比重下降1.4个百分点。中国陕西对马来西亚进出口值207.1亿元，超越日本成为陕西第五大贸易伙伴，同比增长64.8%（见表4），占同期全省进出口总值的5.7%，比重提高2.1个百分点。

表4 2022年1~9月中国陕西与主要贸易国家（地区）的贸易情况

单位：亿元，%

国家（地区）	进出口		出口		进口	
	总值	同比增长	总值	同比增长	总值	同比增长
中国陕西	3606.4	3.1	2240.5	20.8	1365.9	-16.8
韩国	714.1	-3.7	443.6	13.8	270.5	-23.1
中国台湾	537.2	-12.2	214.2	17.2	323.0	-24.8
美国	285.3	-1.7	187.7	31.6	97.5	-33.8
中国香港	262.5	-11.1	261.6	-11.4	0.9	190.4
马来西亚	207.1	64.8	156.0	72.4	51.0	45.2
日本	182.2	-23.2	45.4	21.0	136.8	-31.5

5. 与共建"一带一路"国家贸易额高速增长

从与共建"一带一路"国家贸易情况来看，2022年前三季度，陕西对共建"一带一路"国家（64国）① 进出口值实现772.3亿元，同比增长33.7%，占同期全省进出口总值的21.4%，同比提高4.9个百分点；出口564.5亿元，同比增长40.0%；进口207.8亿元，同比增长19.1%。其中，与"一带一路"东南亚11国进出口值实现450.2亿元，同比增长37.0%（见表5），占同期与共建"一带一路"国家贸易额的58.3%。

---

① 本文仅统计共建"一带一路"国家中的64国。

表5 2022年1~9月中国陕西与共建"一带一路"国家的贸易情况

单位：亿元，%

指标	进出口		出口		进口	
	总值	同比增长	总值	同比增长	总值	同比增长
中国陕西	3606.4	3.1	2240.5	20.8	1365.9	-16.8
共建"一带一路"国家（64国）	772.3	33.7	564.5	40.0	207.8	19.1
"一带一路"东南亚11国	450.2	37.0	320.3	47.2	129.8	17.0
"一带一路"蒙俄及中亚等7国	111.0	151.9	56.9	110.8	54.1	217.0
"一带一路"中东欧16国	73.6	0.2	60.1	12.9	13.6	-33.3
"一带一路"南亚8国	68.2	-19.1	63.1	-10.0	5.1	-64.0
"一带一路"西亚北非16国	64.1	55.8	59.9	96.1	4.2	-60.0
"一带一路"其他独联体6国	5.2	-14.4	4.2	-10.8	0.9	-27.2

6.延安、安康、榆林、汉中、渭南、铜川、宝鸡进出口值同比增速均高于全省平均水平

从各市贸易情况来看，7个市进出口值同比增速高于全省水平。2022年前三季度，西安进出口值实现3305.9亿元，占同期全省进出口总值的91.7%，比重减少1个百分点。从增速来看，延安、安康、榆林、汉中、渭南、铜川、宝鸡进出口值同比增速均高于全省平均水平，分别为1204.6%、75.4%、59.2%、46.0%、43.3%、34.6%、32.3%；西安进出口增速低于全省平均水平，为1.9%；商洛、咸阳进出口呈下降态势，同比分别减少3.7%、7.1%，如表6所示。

表6 2022年1~9月陕西及各市（区）的贸易情况

单位：亿元，%

区域	进出口		出口		进口	
	总值	同比增长	总值	同比增长	总值	同比增长
陕西省	3606.4	3.1	2240.5	20.8	1365.9	-16.8
西安市	3305.9	1.9	2064.1	20.6	1241.8	-19.0
铜川市	12.4	34.6	4.5	1906.4	7.9	-12.1
宝鸡市	81.6	32.3	41.2	37.7	40.4	27.3

续表

区域	进出口		出口		进口	
	总值	同比增长	总值	同比增长	总值	同比增长
咸阳市	109.1	−7.1	61.0	−12.0	48.0	0.02
杨凌示范区	6.3	−7.7	4.7	−11.9	1.6	7.4
渭南市	15.9	43.3	12.9	30.3	3.0	150.8
汉中市	23.5	46.0	22.3	77.6	1.2	−66.4
安康市	6.8	75.4	6.5	75.3	0.3	78.8
商洛市	17.3	−3.7	8.0	19.8	9.3	−17.5
延安市	9.9	1204.6	0.8	13.4	9.1	19353.6
榆林市	24.0	59.2	19.2	81.3	4.8	7.4

7. 机电产品、农产品等出口快速增长

2022年前三季度，陕西机电产品出口 1977.9 亿元，同比增长 17.6%，占同期全省出口总值的 88.3%，其中集成电路出口 920.3 亿元，同比增长 14.9%；自动数据处理设备及其零部件出口 405.6 亿元，同比增长 18%；太阳能电池出口 266.3 亿元，同比增长 47.8%；锂离子蓄电池出口 51.4 亿元，同比增长 29.4%；汽车（含底盘）出口 50.9 亿元，同比增长 39.5%。其他主要出口商品包括农产品出口 29.7 亿元，同比增长 26.6%；基本有机化学品出口 15.9 亿元，同比增长 6.1%。

二　陕西对外贸易发展的环境分析

（一）国际环境[*]

2022年全球环境更加错综复杂，挑战性和不确定性增加。受国际纷争影响，全球粮食价格和能源价格飙升，疫情仍在全球各地肆虐，对全球经济造成了巨大影响，各国经济发展不容乐观，全球通货膨胀达到几十年来的最

---

[*] 本节数据均来源于新华财经中国金融信息网。

高水平。国际货币基金组织（IMF）预测全球通货膨胀率在2022年达到8.8%，2023年将降至6.5%，仍处在高点位。为有效应对通货膨胀，大多数国家或地区的金融环境正在收紧，利率水平正在持续上升。这些都表明全球经济运行存在多重风险因素，充满不确定性，未来或将经历广泛的、更加严重的放缓。

1. 美国

2022年，第一季度美国国内生产总值（GDP）实现5.98万亿美元，同比增长4.3%，但环比下降了1.4%；上半年，美国GDP为12.26万亿美元，同比实际增长3.2%。同时美国消费者物价指数（CPI）持续增长，仅6月CPI同比上涨至9.1%，创近40年来新高；9月CPI同比上涨8.2%，虽略有缓解，但已经连续6个月高于8%，仍处在高位。1~8月，货物进出口总值36364.35亿美元，同比增长20.6%，实际增长8.1%。其中，出口实际增长6.1%；进口实际增长9.2%；贸易逆差9020.58亿美元，扩大了13.8%。9月失业率为3.5%，位于50年来最低水平。面对通胀问题，2022年，美联储已6次加息，累计加息375个基点，创下自2008年金融危机以来的新高。但是摩根大通公司首席执行官杰米·戴蒙近日表示："通胀飙升、美联储超预期加息等政策以及国际局势带来的影响，为美国经济敲响警钟。在欧洲经济已陷入衰退的情况下，这些负面因素可能导致美国乃至全球经济在6至9个月内陷入衰退，形势严峻。"[1]

2. 欧元区

欧盟统计局公布数据显示：2022年第一季度欧元区19国名义国内生产总值上调至31700.46亿欧元，实际同比增长5.5%；第二季度名义国内生产总值初值为32909.64亿欧元，同比增长4.1%。环比来看，欧元区经济第二季度实现增长0.8%，这一增长主要来自爱尔兰、斯洛文尼亚、葡萄牙、希腊、马耳他、塞浦路斯等中小型经济体，其中斯洛文尼亚和葡萄牙第二季度国内生产总值分别增长8.3%、6.9%；德国、法国、

---

① 《衰退警报再响"硬着陆"风险困扰美国经济》，中新社，2022年10月12日。

意大利、西班牙等四国国内生产总值在欧元区的比重已经下降至73.16%，跌破75%。7月Markit制造业采购经理人（PMI）终值为49.8，自2020年6月以来首次低于荣枯线50。8月失业率达6.6%，与上月持平，相较上年同期略有下降。10月通胀率按年率计算达到10.7%，继续走高，其中能源价格同比增长41.9%，是高通胀的主要推力，为应对持续高通胀，欧洲央行2022年7月和9月两次提高利率，共加息125个基点，表明了欧洲央行应对通胀挑战的决心。

3. 英国

英国国家统计局公布数据显示：2022年上半年，英国名义国内生产总值实现12289.67亿英镑，即15961.48亿美元，实际同比增长5.8%，但是第一季度国内生产总值环比增长0.8%，第二季度国内生产总值环比下降0.1%。8月制造业采购经理人指数降至47.3，是26个月以来的最低点。第二季度英国贸易逆差占GDP的比重为4.5%，这是自2021年第一季度贸易顺差后，英国连续第5个季度陷入贸易逆差。8月三个月ILO失业率为3.5%。8月消费者物价指数同比上升9.9%，仍维持在高点位，为应对高通胀，2021年12月以来，英国央行已加息七次。

4. 德国

2022年上半年，德国全社会名义国内生产总值约为18824.2亿欧元，即20582.25亿美元，同比增长2.8%，占欧元区19国经济总规模的29.1%，低于往年30%甚至以上的份额。其中，第二季度德国经济环比仅增长0.1%，是欧元区整体增速（0.8%）的1/8；从同比来看，德国增长1.8%，不到欧元区经济整体增速（4.1%）的一半。8月制造业订单环比下降2.4%，工业产值环比下降了0.8%。8月消费者物价指数环比上涨1.9%，同比上涨10.0%，为70多年来的最高值。

5. 日本

2022年上半年，日本国内生产总值为270万亿日元，同比增长0.9%。其中，第一季度GDP同比增长0.4%；第二季度GDP同比增长3.5%，环比增长0.9%。9月核心消费者物价指数同比上涨3.0%。日本本财年上半年

（2022年4月至9月）贸易逆差达110075亿日元，这是自1979年有可比数据以来的同期最大值。

6.金砖国家

2022年6月23日，金砖国家领导人第十四次会晤以视频方式举行，主题为"构建高质量伙伴关系，共创全球发展新时代"，习近平主席发表题为《构建高质量伙伴关系开启金砖合作新征程》的重要讲话，指出金砖国家要"携手构建更加全面、紧密、务实、包容的高质量伙伴关系，共同开启金砖合作新征程"。2022年金砖国家在经贸领域的合作重点是要发挥经贸部长会、经贸联络组会议等机制作用，落实好《金砖国家经济伙伴战略2025》，深化数字经济、电子商务、服务贸易、中小企业等领域合作，发挥贸易和投资对可持续发展的推动作用，加强产业链供应链互联互通，提高金砖国家间贸易投资水平。

2022年上半年，印度国内生产总值达1.72万亿美元，超过英国上升至全球第五位。其中，第一季度，印度GDP同比增长4.1%；第二季度，同比增长13.5%，尤其是在疫情得到控制的情况下，服务业迅速复苏，第二季度同比增长达到25.7%，为印度整体的经济增长贡献了超过2/3的份额。但同时印度9月消费者物价指数加速上涨至7.41%，为5个月以来的最高位。俄联邦国家统计局8月31日公布数据显示，上半年俄罗斯国内生产总值同比下滑0.4%，8月消费者物价指数为14.3%。巴西上半年国内生产总值达到9163亿美元，同比增长2.5%，9月消费者物价指数为7.2%。南非上半年国内生产总值为2090亿美元，同比增长1.4%，8月消费者物价指数为7.9%。

表7　2022年上半年部分国家国内生产总值和增速比较

单位：亿美元，%

国家	国内生产总值	同比增速（本币）
美国	122671	3.2
中国	86780.33	2.5

续表

国家	国内生产总值	同比增速（本币）
日本	21909.5	0.9
德国	20582.25	2.8
印度	17193.27	8.4
英国	15961.48	5.8
法国	14178.03	4.5
加拿大	10460.69	4.2
意大利	9931.92	5.2
巴西	9163	2.5
韩国	8537.73	3.0

资料来源：《2022上半年GDP排名：印度增速第一，日本第3不稳，中美差距扩大》，不凡智库，百度网。

从全球贸易发展形势来看，2022年10月5日世界贸易组织（WTO）发布最新的贸易统计数据和展望表示，由于能源价格飞涨、通胀问题普遍存在、军事冲突没有结束迹象等诸多因素存在，世界经济受到多重冲击，全球贸易预计在2022年下半年失去增长动能，2023年增速将大幅下降。预计2022年全球商品贸易增长3.5%，2023年增速大幅下调至1%，远低于4月预测的3.4%。并且，随着主要经济体出于不同原因增长放缓，进口需求预计将减弱。①

（二）国内环境

当前百年变局和世纪疫情交织，地缘冲突加剧，全球经济发展正面临较大的压力，主要经济体经济运行大多出现了不同程度的减速，在一定程度上给我国的外部需求带来新的不确定性因素。但同时，中国经济韧性强、潜力足、回旋余地广、长期向好的基本面没有改变，外贸创新动能持续增强，稳外贸政策合力加快形成。② 2022年前三季度，我国外贸进出口总值实现

---

① 《WTO：预计2023年全球商品贸易量仅增长1.0%》，第一财经，2022年10月6日。
② 《中国对外贸易形势报告》，中华人民共和国商务部。

31. 11 万亿元，同比增长 9.9%；外贸进出口依存度为 35.75%，提高了 1.33 个百分点。其中，出口 17.67 万亿元，同比增长 13.8%；进口 13.44 万亿元，同比增长 5.2%；贸易顺差 4.23 万亿元，同比增长 53.7%。全国外贸发展呈现以下特点。

一是对外贸易各指标增速整体呈放缓趋势。受外部需求不确定性因素影响，2022 年前三季度，我国外贸进出口、出口、进口累计值的增速均呈现放缓态势，并且均低于 2021 年同期增幅水平，增速最高出现在 1 月，7 月有小幅回升，随后 8 月、9 月又开始回落，如图 2 所示。

二是一般贸易比重持续上升。2022 年前三季度，我国一般贸易进出口实现 19.92 万亿元，同比增长 13.7%，占我国进出口总值的 64.0%，同比增加 2.2 个百分点。其中，出口增长 19.3%，进口增长 7.1%，贸易方式结构持续优化。

三是与主要贸易伙伴贸易保持快速增长。2022 年前三季度，我国对东盟、欧盟、美国、韩国进出口值分别为 4.7 万亿元、4.23 万亿元、3.80 万亿元、1.81 万亿元，同比分别增长 15.2%、9.0%、8.0%、7.1%，其中，韩国超越日本成为我国第四大贸易伙伴，对四个国家或地区外贸合计占我国进出口总值的 46.7%。

四是与共建"一带一路"国家贸易继续保持快速增长。2022 年前三季度，我国对共建"一带一路"国家进出口总值为 10.04 万亿元，同比增长 20.7%，高于全国外贸进出口增速 10.8 个百分点，占全国进出口总值的 32.27%，同比提高 2.9 个百分点。

五是民营企业占比进一步加大。2022 年前三季度，民营企业进出口实现 15.62 万亿元，同比增长 14.5%，占我国进出口总值的 50.2%，提升 2.0 个百分点。

世界经济复苏脆弱乏力，中国外贸发展环境的复杂性、严峻性、不确定性上升，为有效稳外贸、稳外资，2022 年我国实施的政策和措施部分如下。①1 月 19 日，《国务院办公厅关于促进内外贸一体化发展的意见》发布，从 4 个方面提出 15 条措施，包括健全法律法规、加强规则对接、促进标准认证衔接、完善内外联通物流网络等，进一步帮助企业用好两个市场、两种资

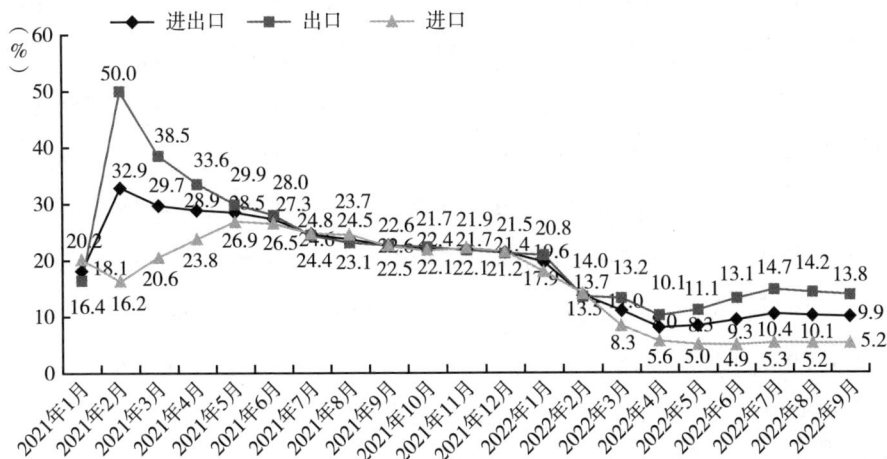

图2 2022年1~9月和2021年全国对外贸易累计值（人民币）同比增速比较

源，促进内外贸一体化，形成强大国内市场，畅通国内国际双循环。②5月26日，《国务院办公厅关于推动外贸保稳提质的意见》发布，提出保障外贸领域生产流通稳定，加大外贸企业财税金融支持力度，进一步帮助外贸企业抓订单、拓市场，稳定外贸产业链供应链等四方面13项政策措施，进一步释放了稳外贸信号，精准施策力促外贸保稳提质。③9月27日，商务部印发《支持外贸稳定发展若干政策措施》，提出要增强外贸履约能力，进一步开拓国际市场；激发创新活力，助力稳外贸；强化保障能力，促进贸易畅通，支持外贸稳定发展。④10月13日，国家发展改革委等6部门联合印发《关于以制造业为重点促进外资扩增量稳存量提质量的若干政策措施》，从三个方面提出15条措施，进一步加大制造业引资力度，着力解决外商投资企业面临的突出问题，稳定外商投资预期，提振外商投资信心，全面加强外商投资促进和服务，推动利用外资高质量发展。

三 2023年陕西省外贸形势预判

2022年10月国际货币基金组织（IMF）发布最新一期《世界经济展

望》认为，2022年全球经济面临诸多挑战，影响经济复苏。预计2022年经济将增长3.2%，与7月预测持平，同时预计2023年全球经济将增长2.7%，较7月预测下降0.2个百分点，这是自2001年（2.5%）以来除全球金融危机和新冠疫情期间的最低水平，说明国际货币基金组织对全球两年的预期并不太乐观。其中，《世界经济展望》预测发达经济体2022年将增长2.4%，2023年将增长1.1%；新兴市场和发展中经济体2022年预计将增长3.7%，2023年将增长3.7%。美国2022年经济将增长1.6%，2023年将增长1.0%；欧元区2022年经济将增长3.1%，2023年将增长0.5%；日本2022年经济将增长1.7%，2023年将增长1.6%；中国2022年经济将增长3.2%，2023年将增长4.4%；印度2022年经济将增长6.8%，2023年将增长6.1%，如表8所示。

表8　国际货币基金组织对主要经济体增速预测比较

单位：%

国家/地区	2021年增速	2022年增速预测	2023年增速预测
世界	6.0	3.2	2.7
发达经济体	5.2	2.4	1.1
美国	5.7	1.6	1.0
欧元区	5.2	3.1	0.5
德国	2.6	1.5	-0.3
法国	6.8	2.5	0.7
意大利	6.6	3.2	-0.2
日本	1.7	1.7	1.6
英国	7.4	3.6	0.3
加拿大	4.5	3.3	1.5
新兴市场和发展中经济体	6.6	3.7	3.7
中国	8.1	3.2	4.4
印度	8.7	6.8	6.1
俄罗斯	4.7	-3.4	-2.3
巴西	4.6	2.8	1.0
南非	4.9	2.1	1.1

资料来源：根据2022年10月《世界经济展望》整理。

另外，经济合作与发展组织在 2022 年 9 月发布的《全球经济展望报告》预测中国经济在 2022 年与 2023 年的增长率将分别达到 3.2% 和 4.7%，实现温和反弹。

从前三季度经济发展各指标来看，中国国内生产总值实现了 3.0% 的增速，国民经济发展恢复向好；在世界经济和全球贸易增长动能减弱、外贸发展环境日趋复杂、外需增长放缓风险加大的背景下，货物贸易实现 9.9% 的增长，说明中国外贸的韧性与活力不断增强。虽然前三季度陕西外贸进出口和进口增幅低于全国水平，但出口增幅高于全国 7 个百分点，面对更趋复杂的外部环境，陕西要继续全面深化改革开放，加快构建内陆改革开放高地，实现更高质量的开放。预计 2023 年陕西外贸继续保持快速增长态势。

四 促进陕西外贸高质量发展的对策建议

2022 年世界经济面临能源、粮食、气候、通胀等方面多重危机的冲击，外需增长放缓，复苏脆弱乏力，外贸发展环境复杂性、严峻性、不确定性上升。在此背景下，陕西要积极融入"一带一路"建设，稳定外贸增长政策，不断优化通关环境，重点深挖贸易合作潜能，助力企业拓展外部市场，释放跨境电商潜力，推动货物贸易与服务贸易融合发展，全力稳住陕西外贸基本盘。

（一）助力外贸企业拓展市场，促进产业链供应链稳定

一是优化进出口商品检验监管要求和模式，加大对大宗商品进口的支持力度，做好企业对外注册推荐工作，提升优势农产品出口监管效能，服务保障农产品供应链、产业链安全稳定和乡村振兴。二是支持先进技术、重要设备、关键零部件等进口，助力高新技术产业发展；重点支持跨境电商、海外仓、市场采购、保税维修检测及再制造等外贸新业态，鼓励新技术、新业态、新模式进一步成为外贸"新动能"。三是各地市突出地域特色和行业特点，精准开展"一企一策""一业一策"帮扶，为企业提供进出口商品协定

优惠对比、原产地规则差异利用等建议，帮助更多外贸企业，特别是中小企业吃透用好各项优惠政策。四是为企业赴境外参展办理护照开通绿色通道，探索开展企业包机赴境外参展，对符合条件的中小外贸企业国际市场开拓给予一定补贴，并通过优化金融保险服务，帮助企业有效应对贸易摩擦。五是支持航空港、铁路港向供应链营运中心转型，加快提升供应链载体支撑保障能力。鼓励传统物流企业向现代物流集成商、供应链企业发展，支持融入国际化企业质量标准体系，提升服务国际知名生产制造、加工贸易、采购分销企业能力。六是加强 AEO 认证培育工作，对有意愿申请高级认证的企业开展"一对一"的信用培育，帮助企业解决认证过程中存在的各类问题，让更多优质企业走向国际市场，扩充陕西省海关 AEO 企业。

（二）挖掘和释放跨境电商的巨大发展潜力

一是引进和培育跨境电商龙头骨干企业，推进企业"内育外引"，助推本土企业"上线触网"，建设跨境电商产业园和跨境电商创新创业孵化基地，形成一批集孵化、研发、运营、客服、设计等于一体的综合配套服务载体。二是加快推进陕西省公共海外仓认定工作，进一步探索省市公共海外仓的建立；支持和鼓励外贸企业建设海外仓，保障国际业务发运需求。三是依托陕西省高校院所、相关机构、专家资源优势，组建"跨境电商产业智库"，制定"跨境电商平台保障计划""跨境电商人才保障计划"，联合高等院校共同建立实施"跨境电商人才保障计划"，通过人才"培养＋实训＋输送"，为跨境电商行业发展提供人才保障。四是成立跨境电商联盟，以陕西省工业品和消费品为核心，择优培育跨境电商产品品类，推动陕西省中小外贸企业发展壮大。五是组织开展系列跨境电商创新创业大赛、外贸企业线上拓客等外贸系列专题培训活动，搭建企业交流服务平台，加强跨境电商企业培育。

（三）推进货物贸易与服务贸易的融合发展

一是加大推动陕西制造业和物流、金融等服务业紧密结合，助推陕西制造企业向生产性服务企业转型，从加工制造向研发设计、检测维修等价值链两端延伸，提供管理咨询、技术服务等相关配套服务。二是鼓励企业通过贸易融合发展拓展国际布局，加强专利技术攻关，打造自主品牌优势，提高核心竞争力。同时，积极参与贸易融合发展国际标准和规则的制定，鼓励企业以项目带动我国标准"出口"，实现货物、标准和服务的多重融合。三是多措并举健全政策保障体系。随着制造业与服务业的边界模糊化以及贸易模式的多元化，市场主体对政策保障的差异化、个性化需求更加突出。因此，有关部门须积极做好政策研究工作，持续优化营商环境，加快构建统一高效、精准稳定的政策支持体系，不断提升贸易便利化水平，为产业转型升级提供有效保障。

（四）加强RCEP政策的研究和推广，深挖贸易合作潜能

一是对进出口企业开展RCEP通关便利、关税减让等条款的政策推广和培训辅导等工作，深入了解企业在RCEP享惠过程中遇到的问题和意见建议，帮助解决热点、难点问题，积极应对当前复杂的国际贸易规则。二是主动对接陕西省与RCEP成员国有贸易往来的高级认证企业，开辟专门服务通道，为其申请"经核准出口商"做好辅导和备案。三是组建适应RCEP国家的涉外法律服务人才库，建设RCEP企业服务中心，在各地市、自贸区、跨境电子商务综合试验区等地设立RCEP企业服务咨询站，指导企业用好原产地自主声明便利化措施，借助RCEP等自贸协定不断提升自身产品竞争力。四是跟踪RCEP各项措施落实成效，加强RCEP生效实施对陕西重点产业影响的分析研究，为企业、行业提供政策分析和对策建议，促进陕西外贸保稳提质。

B.5

2022年陕西服务业发展形势分析
与2023年预测[*]

曹林 黄静[**]

摘 要： 2022年，陕西服务经济运行稳定恢复、持续改善，现代服务业体系加速形成，区域格局基本稳定，经济效益逐步转好。然而，受内在因素及新冠疫情的影响，服务业运行依然存在恢复增长基础不够稳固、企业运营成本增加、产业结构有待优化等困难和问题。展望2023年，尽管短期内疫情的不利影响难以完全消除，但是疫情防控政策调整，为工作重心转移到发展经济上来创造了条件，经济运行有望总体回升，服务业面临的环境与形势会不断改善，将会保持总体平稳增长态势，新业态新模式更趋活跃，企业加快调整适应步伐。为此，应积极扩大居民消费基础，加快构建现代化服务业体系，推动服务业融合发展，激发新业态新模式，精准施策落实助企纾困政策，推动服务业健康稳定发展。

关键词： 服务业 新业态 陕西

2022年，面对疫情冲击和复杂严峻的外部环境影响，在省委、省政府的正确领导下，陕西高效统筹疫情防控和经济社会发展，服务业经济运行稳

---

* 本文系2021年陕西省社科基金项目"陕西先进制造业和现代服务业深度融合发展的路径和对策研究"（立项号：2021D064）的阶段性成果。

** 曹林，陕西省社会科学院经济研究所副研究员，研究方向为产业与服务经济；黄静，陕西诺尔产业规划研究院高级规划师，研究方向为产业经济与规划。

定恢复、持续改善。2022 年前三季度，服务业主要指标稳中有增，高于全国同期水平，固定资产投资保持快速增长，消费市场明显回暖，服务业经济效益逐步改善。

一　陕西服务业总体运行特点

（一）服务业生产经营稳定恢复

2022 年，受 2021 年底西安最强一波疫情的严重冲击和疫情年中多点散发、年末多发广发的影响，陕西服务业生产经营面临不小压力。但随着企业纾困措施的密集落地，全省服务业经济总体向好、稳中恢复。2022 年前三季度，服务业增加值同比增速 3.1%，较上半年加快 0.5 个百分点，高于全国同期 0.8 个百分点（见图 1）。分行业看，以信息传输、软件和信息技术服务业，金融业为代表的现代服务业发展较快，前三季度增速均大幅高于服务业平均水平，对服务业增长的贡献率达到 63%；交通运输、仓储和邮政

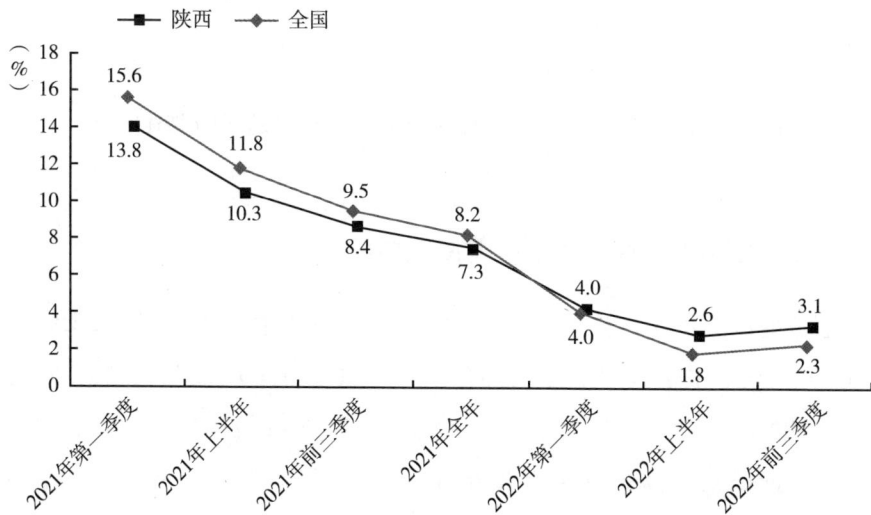

图 1　2022 年前三季度陕西与全国服务业增加值同比增速比较

业增长 3.0%，较上半年加快 1.8 个百分点；住宿和餐饮业由负转正，增长 0.4%。从投资看，服务业固定资产投资转负为正并保持快速增长，第一季度、上半年、前三季度分别增长 14.3%、10.3% 和 10.1%，高于全国 7.9 个、6.3 个和 6.2 个百分点（见图 2）。从收入看，营业收入稳中有进，前三季度规模以上服务业企业营业收入同比增长 5.3%，较 1～5 月加快 1 个百分点，高于全国同期水平 0.2 个百分点。

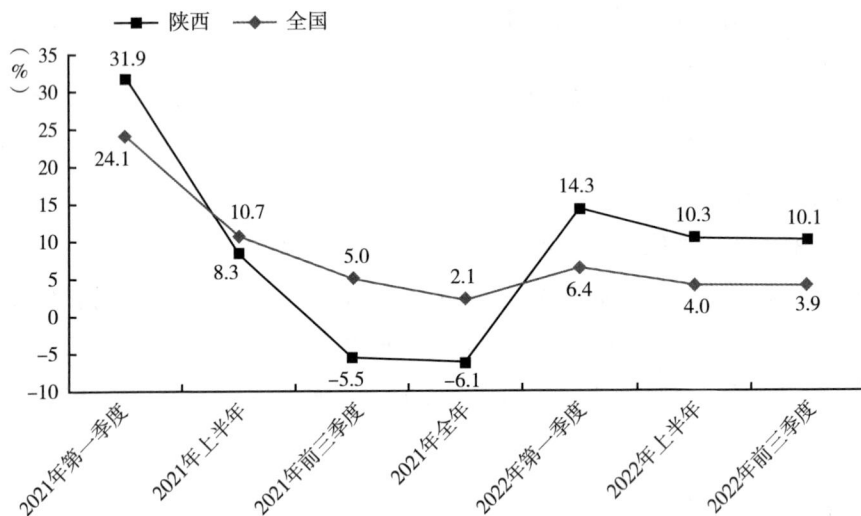

图 2　2022 年前三季度陕西与全国服务业固定资产投资同比增速比较

（二）服务业对经济社会影响依然显著

服务业的地位作用持续增强，对经济社会发展的影响显著。2019 年、2020 年、2021 年陕西服务业增加值分别为 11821.49 亿元、12551.74 亿元、13589.07 亿元，所占生产总值的比重分别为 45.8%、47.9% 和 45.6%。近年来，服务业一直保持快速增长态势，近 5 年平均增速为 9.99%，3 年来平均增速为 7.64%，分别高于生产总值增速 0.62 个和 0.07 个百分点。2019～2021 年服务业对经济增长的贡献率分别为 53.3%、

59.1%和51.2%，成为支撑经济增长的重要力量。然而受到疫情的最直接冲击，服务业增速持续下滑，2022年前三季度服务业增加值同比增速3.1%，低于GDP增速1.7个百分点，分别低于第一产业、第二产业1.4个和3.6个百分点，服务业对经济增长贡献率也下降至28.7%。服务业是吸纳就业的重要渠道，近年来所占就业人数总量的比重持续上升，2019年、2020年全省服务业就业人数分别为968万人和1030万人，所占比重为45.8%和48.9%。但2022年受疫情的持续影响，服务业吸纳就业人员人数下降，后劲不足。2022年5月末，全省规模以上服务业企业用工人数为103.10万人，同比下降2.0%，为近两年来首次负增长。

（三）现代服务业体系加速形成

"十四五"时期，全省着力推动做大做强科技服务、软件和信息技术、现代物流、现代金融四大优势产业，重点发展文化旅游、职业教育、商贸服务、会展服务、健康养老五大特色产业，培育壮大电子商务、设计服务、服务贸易三大新兴产业，现代服务业产业体系加速形成。受疫情的影响，服务业加快调整步伐，现代服务业发展提速。2022年前三季度，在全省规模以上重点服务业中，软件和信息技术服务业营业收入同比增长11.2%，较全国平均水平高3.4个百分点，高于规上服务业平均水平5.9个百分点；租赁和商务服务业营业收入同比增长12.7%，比全国平均水平高8.4个百分点，高于规上服务业平均水平7.4个百分点；科学研究和技术服务业营业收入同比增长11.8%，比全国平均水平高3.9个百分点，高于规上服务业平均水平6.5个百分点。新业态新模式持续活跃。数字化、网络化、智能化加速向服务业场景扩展延伸，线上线下融合加快，双链条销售模式初步成形，社区电商、直播电商、无人销售等新业态蓬勃发展，"直播+""智慧+"等新业态新模式带来消费新体验，助推消费健康升级。2022年前三季度，通过公共网络实现的商品销售额为669.59亿元，占全省限额以上企业（单位）消费品零售额的比重为17.4%，同比增长8.8%，较上半年加快2.9个百分点。

（四）服务业区域格局基本稳定

全省服务业与区域经济发展、城镇发展布局相契合，初步形成以西安为核心、关中城市群为主体、陕南陕北区域中心城市为节点的服务业区域分布形态，但受疫情影响这一格局略有调整。伴随西安国家中心城市建设的推进，西安作为全省核心功能进一步凸显，消费资源集聚能力进一步增强，服务业持续快速增长，所占全省服务业的比重不断上升，由2015年的47.6%提高到2020年的50.8%。受疫情冲击影响，2021年，西安服务业增加值占全省比重回落到50%，2022年上半年进一步下降至49.72%。关中地区占全省服务业比重由2015年的72.4%提高到2020年的73.4%，但受西安疫情影响，2021年和2022年1~6月这一比重略有回落，均为73%。陕南三市占全省服务业比重略有提高，由2015年的12%提高至2020年的12.3%，2022年上半年这一比重升至12.6%。近年来，陕北服务业占全省比重处于持续下降的过程，由2015年的16.5%下降至2020年的14.3%，2022年西安服务业所占比重下降反而使陕北所占比重略显提高。

（五）服务业经济效益逐步转好

受疫情轻重缓和程度的影响，2022年上半年，服务业经济效益逐步好转，下半年在多重压力之下出现回调。2022年上半年，服务业营业成本有所上升，但是营业利润实现更大增幅，营利能力明显增强（见表1）。1~5月，规模以上服务业企业实现营业收入、营业利润和利润总额分别为1952.69亿元、89.87亿元和91.67亿元，分别高于第一季度899.32亿元、65.14亿元和64.89亿元；服务业企业毛利率、营业收入利润率分别为4.69%和4.6%，较第一季度提高2.15个和2.25个百分点；每百元营业收入中的成本为79.71元，较第一季度下降3.68元。下半年以来，在多重压力下服务业效益下滑，前三季度，规模以上服务业企业实现营业利润和利润总额分别为133.62亿元和140.82亿元，较1~5月增速开始下降；服务业企业毛利率、营业收入利润率分别为3.75%和3.55%，较1~5月分别降低

0.94 个和 1.05 个百分点，但仍高于第一季度 1.21 个和 1.2 个百分点；每百元营业收入中的成本为 80.97 元，较 1~5 月增加 1.26 元，但较第一季度仍减少 2.42 元。

表 1   2022 年 1~9 月陕西规模以上服务业企业效益情况

指标	1~3 月		1~5 月		1~9 月	
	绝对数	增长（%）	绝对数	增长（%）	绝对数	增长（%）
营业收入（亿元）	1053.37	1.6	1952.69	4.3	3759.54	5.3
营业利润（亿元）	24.73	72.8	89.87	26.6	133.62	−10.6
利润总额（亿元）	26.78	49.3	91.67	20.3	140.82	14.3
营业成本（亿元）	878.38	1.8	1556.47	4.7	3044.08	6.6
毛利率（%）	2.54	—	4.69	—	3.75	—
营业收入利润率（%）	2.35	—	4.60	—	3.55	—
平均每户企业每月实现营业利润（万元）	62.45	—	45.51	—	37.61	—
平均每户企业每月实现利润总额（万元）	67.63	—	46.43	—	39.64	—
每百元营业收入中的成本（元）	83.39	—	79.71	—	80.97	—

资料来源：根据陕西省统计局网站月度、季度数据整理。

二   陕西服务业运行面临的问题

陕西服务业经济运行稳定恢复、持续改善，但因内在因素及疫情的影响，服务业运行依然存在以下困难和问题。

（一）服务业恢复增长基础仍然不够稳固

服务业是受疫情影响最直接的产业，尤其是生活性服务业最易遭受直面冲击，此外交通运输、住宿餐饮、文化旅游等行业受疫情影响也较大。因此，陕西省服务业恢复与增长呈现明显的行业差异化特征，特别是占比较大的行业增速低位运行，不利于服务业整体性恢复。批发和零售业，住宿和餐饮业，交通运输、仓储和邮政业增加值占服务业比重接近30%，前三季度，住宿和餐饮业增速虽然转负为正但增速仅为0.4%，交通运输、仓储和邮政业增长3%，均大幅低于上年同期水平；房地产业所占比重超过12%，但仍处于下行区间，止跌回升动力不足。尽管信息传输、软件和信息技术服务业，金融业均保持了较快增长，增强了服务业发展动能，但服务业低位运行行业所占比重较大，不利于服务业的整体恢复性增长。

（二）疫情对服务业造成不利影响

2022年，新冠疫情的多点散发，对全省居民消费与企业消费直接产生抑制效应，进而影响服务业增长。前三季度，全省社会消费品零售总额同比增长1.9%，较上年同期下降10.1个百分点。疫情对城镇消费与餐饮的影响较为显著，前三季度全省城镇居民社会消费品零售总额止跌转升，但同比增速仅为1.1%，餐饮收入同比增长0.1%，大幅低于上年同期水平。疫情还使居民提高预防性消费动机，从而降低消费意愿。前三季度，全省居民可支配收入同比增速为5.3%，比上年同比增速降低4.7个百分点，降低了居民直接消费意愿。同时，疫情通过两方面影响企业消费进而影响服务业，一方面，疫情减缩了正常营业时间，疫情非正常支出提高了企业人工、仓储等刚性成本费用，加大了企业运营成本，降低了企业营业收入，影响了各利益主体的收入预期，压制了消费；另一方面，引致市场主体预期不稳定，企业扩大资本开支的意愿下降，相关投资难以持续，对服务业未来投资形成拖累。

（三）运营成本增加加大企业运营困难

在各项助企纾困政策组合拳下，全省服务业收入稳中有增，但受疫情从多点扩散到多发广发的影响，企业劳动力和原材料成本增加，经营成本、各项管理费用居高不下，应收账款不断增多。2022年前三季度，规模以上服务业营业成本共计3044.08亿元，同比增长6.6%，较第一季度、上半年分别增加4.8个和1.9个百分点；每百元营业收入中的成本为80.97元，较上半年增加1元多；

应收账款合计 1269.08 亿元，同比增长 2.8%，占营业收入的比重提高至 33.8%；企业应收账款占营业收入连续三个月超过 100% 的企业占规模以上服务业在库企业数的 13.2%；占比为 50%~100% 企业占在库企业数的 26.1%；占比为 30%~50% 的企业占在库企业数的 37.3%。疫情对中小型服务企业影响更为显著，尤其是大量小微商户面临成本上升、盈利下降、资金断流、经营困难等一系列问题。2022 年，陕西相继出台了《陕西省贯彻落实促进服务业领域困难行业恢复发展的若干政策实施方案》等系列政策，起到了很好的缓解与支持作用，但是企业依然面临较大运营压力。

（四）服务业内部产业结构有待优化调整

陕西服务业内部结构不尽合理，一是尽管高新技术服务、商务服务等现代服务业与新兴服务业发展迅速，但是传统服务业所占比重依然较大。2021 年，仅住宿和餐饮业，批发和零售业，交通运输、仓储和邮政业 3 个行业所占比重就超过 27%。二是生产性服务业发展不充分，至今尚未完全建立生产性服务业统计体系，科技服务、现代物流、现代金融、商务服务仍然不发达，不利于科技成果市场化转化，难以适应制造业高质量发展的要求。三是服务业新业态、新模式有待进一步提振激发，在科技推动与疫情双重影响下，服务业新业态、新模式呈现爆发式增长，但从全国范围来看，陕西尚未培育出影响范围广、具有行业颠覆性的新业态、新模式。

三　陕西服务业发展形势展望

2022 年，新冠疫情从年初的相对缓和到年中的多点散发再到年末的多发广发对服务业造成了不利影响，并且未来短期内难以完全消除。但是疫情防控政策的调整，为工作重心转移到发展经济上来创造了条件，经济运行有望总体回升，服务业面临的环境与形势会不断改善。从长远来看，疫情无法改变服务业快速上升、创新发展的趋势，尤其是在疫情防控中新服务需求催生新服务供给，各项舒缓政策的落地对稳定服务业增长起到重要作用。可以预判，2022年第四季度，陕西省服务业依然面临较大压力，但是将继续保持恢复发展态势，2023年服务业将呈现稳定向上势头，实现总体增长平稳。

（一）服务经济将保持总体平稳增长

2022年前三季度，服务业增加值同比增速为3.1%，较上半年加快0.5个百分点，高于全国同期0.8个百分点。呈现恢复加速态势。进入2022年第四季度，疫情防控压力依然较大，但居民消费稳定恢复，服务业投资高位运行，党的二十大胜利召开带来新鼓舞，服务业第四季度稳定增长有较好基础，预计增速在3%以上。展望2023年，伴随疫情防控常态化及防控能力的提升，服务企业纾困解难政策的有效落地，稳定投资政策的持续推进，服务业面临良好的发展环境，同时，可以预判，交通运输、仓储和邮政业，批发和零售业保持稳定恢复，信息传输、软件和信息技术服务业，金融业将继续保持坚挺增长态势，高新技术服务业、科技服务业、商务服务新动能持续增强，服务业整体将呈现稳定向上势头，实现平稳增长，预计增速在7%以上。

（二）固定资产投资将保持稳步增长

服务业投资占固定资产投资的比重接近70%，在拉动投资、稳定经济增长方面发挥着举足轻重的作用。从2022年前三季度看，服务业固定资产投资呈现稳步增长态势，上半年、前三季度增速分别为10.3%和10.1%，均高于全国增速，拉动全省投资增长7个和6.8个百分点。在全国经济呈现企稳回升态势、全省经济稳步恢复、加快发展形势下，稳投资将会持续发力，服务业也将继续保持稳步增长，预计第四季度服务业固定资产投资增速维持在10%以上，2023年将会呈现持续加速恢复增长态势。

（三）服务业新业态新模式更趋活跃

疫情是一把"双刃剑"，在抑制服务业发展的同时，也催生了新需求，推动形成市场新供给。交通运输行业方面，推动无人化交通和物流服务，各大外卖、物流平台通过快递智能柜、无人化仓库、无人机投递等方式推出

"无接触配送"服务，部分快递公司针对用户新需求，加快生鲜产品冷库与网销产品仓储网点建设，大力发展农产品"生鲜电商+冷链宅配""中央厨房+食材冷链配送"等新模式。文化旅游方面，利用线上旅游、云端展览等线上化的技术，催生分散化、个性化、定制化、预约化的旅游新模式，以"云旅游"为代表的数字文旅产业蓬勃兴起，促使博物馆云旅游人气旺盛，大唐元宇宙再掀宇宙新风暴，开辟云旅游、云演播、云娱乐的沉浸式旅游体验新场景。科技教育方面，将运用互联网、人工智能等现代信息技术进行教与学互动的教育，推动慕课、在线职教、智能课堂等互联网教育快速发展，开启新教育蓬勃发展序幕。科技服务业也将迎来新变革，传统科技服务企业将加速"触网"，向"线上+线下"的科技服务模式转变，"线上社区+线下活动"的创业孵化服务成为主流，研发设计服务由线下产品研发向线上技术合同研发拓展，检验检测认证服务对象由线下企业向电商企业渗透，知识产权和技术转移服务由线下专利代理、技术交易对接向线上专利运营、技术并购转变。

（四）服务业企业加快调整步伐

自2022年以来，全国新冠疫情先后呈现多点散发、多发广发态势，尤其是11月以来疫情形势加重，预计年内仍将延续这一高压态势，将会给企业，尤其是服务业企业正常运营带来持久压力，进一步加大企业运营成本，使企业运行更加困难。面对疫情带来的不利影响，企业将会进一步加快调整经营策略，对冲疫情带来的不利影响。一是企业将会减缩成本，主要包括降低采购成本、营销成本、租金成本、人员成本，压缩非必要的投资和营销支出。二是将会争取外部支持，积极对接纾困政策申请政府补助，与房东协商降低租金成本，用数字化工具进行远程办公，建立集中管理中心以协调与疫情相关活动，减少线下服务人员数量。三是设法增加收益，企业评估供应链上下游状况，跨区域或跨渠道整合资源，优化供应链管理，调整服务计划；培养员工技能专业性与多样性，降低企业运营对个体的依赖性；扩大网络销售或者服务渠道，通过互联网化、智能化、自动化的方式提高效率。

四 陕西服务业发展的建议

（一）积极扩大居民消费基础

多渠道促进就业增收。实施援企稳岗返还政策，平稳有序调整和实施企业职工基本养老保险等缴费政策，加大企业稳岗就业力度；扩增民生项目，扩大农村基础设施建设，开发更多就业岗位；实施教师特岗计划、研究助理计划，加大公益性岗位开发力度，实施以赈代工，促进劳动者多渠道就业；实施"陕西技工""陕菜师傅""三秦家政""乡村工匠"行动计划，加大中短期技能培训力度，提高劳动者就业技能水平；加强就业信息服务，加大就业中介服务补贴，强化就业服务供给。积极扩大消费。稳步扩大农村消费，实施电子商务进乡村、汽车下乡、家电下乡，支持家电家具开展"以旧换新""以换代弃"活动，开展新能源汽车下乡试点；支持发展休闲农业与乡村旅游，尤其是近郊旅游、露营等新业态；积极引导房地产复苏，支持刚性和改善性住房需求，鼓励加大保障性租赁住房供给，发展长租房市场；继续推进绿色升级类商品消费，扩大金银珠宝和体育娱乐用品消费，关注新国货新品牌、运动服饰行业、美妆护肤品重点产品的消费培育；大力发展线上消费新业态，鼓励线上举办年货采办、赶大集等促销活动，发展以直播带货、网络视频等为代表的新模式，增强线下物流配送能力，进一步配套提升线上消费水平。

（二）加快构建现代化服务业体系

推进重点产业加快发展，推动生产性服务业向专业化和价值链高端延伸，推动生活性服务业向高品质和多样化升级，构建优质高效、结构优化、竞争力强的服务产业新体系。做大做强四大优势服务业，科技服务业要重点完善科技服务体系，推进秦创原创新平台建设，加快建设一批重点行业科技成果转化基地；软件信息服务业要加快推进西安创建中国软件名城，壮大基础软件、工业软件、行业应用软件，丰富产业新业态，创新"研发+"模式；现代金融业要着力提高直接融资比重，增加上市企业数量，大力发展绿色金融；现代物流业要持续推进亚欧陆海贸易大通道建设，全面建设中欧班列西安集结中心，提升西安及区域中心城市枢纽能级，完善县乡村三级农村物流体系。重点发展五大特色产业，文化旅游要推进全域旅游示范省建设，积极培育旅游新业态，发展具有独特文化魅力和吸引力的文化创意服务产品及服务模式；健康养老服务业重点发展医药产品、医疗器械、保健用品、健康管理、健康咨询等健康养老产业，打造一批以森林富氧、地热温泉、中医药等为特色的养生保健康复服务示范基地；商贸服务重点推进西安创建国际贸易中心，建设若干区域商贸中心，改造步行街，优化城乡商业网点布局；以实体经济融合发展为目标，推进职业教育、会展服务高质量发展。培育壮大三大新兴产业，电子商务要加快推动提高企业电子商务应用水平，鼓励开展跨境电子商务业务；设计服务业要支持西安创建"设计之都"，加快发展各类高水平研发机构，提升工业设计水平和制造业设计能力，加快发展文化创意设计；服务贸易推动服务外包、国际旅行服务等重点行业加快发展，培育国际教育、文化、中医药等领域特色服务贸易，推动西安市建设具有全球影响力和竞争力的服务外包接包中心。

（三）大力推动服务业深度融合

推进现代服务业与先进制造业、现代农业深度融合，促进服务业内部互动融合。推进现代服务业与先进制造业深度融合，加快能源化工和现代服务业融合发展，支持能源化工骨干企业加大研发投入，面向市场定向开发服务，向产品和专业服务解决方案提供商转型；提升装备制造业和服务业融合水平，推动装备制造企业向系统集成和整体解决方案提供商转型；完善汽车制造和服务全链条体系，加快汽车向智能化、绿色化发展，规范发展汽车租赁、改装、二手车交易、维修保养等后市场；促进现代物流和制造业高效融合，鼓励物流、快递企业融入制造业采购、生产、仓储、分销、配送等环节，持续推进降本增效。推进现代服务业与现代农业深度融合，鼓励农业骨干企业发展农村电商、乡村旅游、城郊旅游等业态，推动线上线下有机结合，由农业生产向生产、服务一体化转型；以苹果、奶山羊、茶叶、食用菌等特色农业为重点，建设一批农业科研开发、电子商务、冷链仓储等服务业集聚区。促进现代服务业内部融合，培育发展数字创意、网络视听、网络原创出版等新兴领域，推动新闻出版、广播影视等传统媒体与新兴媒体、文化服务等相关产业的融合发展；融合发展健康文化、养生保健、体育和医疗健康旅游；推动"旅游+"，加快旅游同文化、教育等产业深度融合。

（四）鼓励发展新业态新模式

深入实施数字经济战略，推进建设西部数字经济产业发展高地，积极培育线上服务业新业态、新模式。发展数字经济，实施"五大工程"，做强大数据与云计算、人工智能、软件信息与技术、北斗及卫星互联网等数字应用业，深入推进数字技术在文旅、农业、物流、电商、金融、康养等领域的融合应用，积极开展智慧文旅、智慧农业、智慧物流、智慧养老等数字技术创新应用试点。发展创意经济，引导新一代信息技术、虚拟现实、增强现实、人工智能、卫星导航等技术在服务重点领域的推广应用，提高服务业技术含量和专业化程度；大力发展智能出行、在线旅游、远程教育、在线医疗、上门服务与短租等新兴服务业态。推动分享经济发展，设立集研发中心和孵化器于一体的分享经济创新实验室，搭建高校、研究机构与分享经济创业项目的产学研转化平台，引导发展智能交通、共享住宿、共享教育、共享书店等新业态；鼓励有优势的服务业企业实施跨地区、跨行业、跨所有制兼并重组，打造跨界融合产业集团和产业联盟。

（五）精准施策落实助企纾困政策

近几年，面对疫情的影响，国家相继发布了系列助企纾困政策，陕西省也出台了《陕西省人民政府办公厅关于印发进一步加大对中小企业纾困帮扶力度若干措施的通知》《陕西省贯彻落实促进服务业领域困难行业恢复发展的若干政策实施方案》等政策。2023年，一方面，要认真落实进一步优化防控工作措施，科学精准做好疫情防控各项工作；另一方面，要根据疫情影响的深度与广度，科学判断适时调整扩延政策范围与期限，加大精准施策力度，广泛开展助企纾困政策宣传，积极开展大数据筛选精准推送个性化企业政策礼包、"暖心帮企"中小企业服务行动、行业协会助企行动等活动，精准施策，实现助企纾困政策的有效落地。

参考文献

《1~3月规模以上服务业增长持续放缓》，http：//tjj. shaanxi. gov. cn/tjsj/tjxx/qs/202205/t20220519_ 2221578. htm，2022年5月18日。

《服务业经济稳中有增 企业吸纳就业后劲不足》，http：//tjj. shaanxi. gov. cn/tjsj/tjxx/qs/202207/t20220720_ 2229440. html，2022年7月13日。

《精准施策营业收入稳中有进 多重压力服务业利润继续下降》，http：//tjj. shaanxi. gov. cn/tjsj/tjxx/qs/202211/t20221117_ 2265095. html，2022年11月17日。

综 合 篇

Comprehensive Study

B.6
常态化疫情防控背景下陕西
促消费稳经济研究[*]

陕西省社会科学院课题组[**]

摘 要: 当下,促消费的关键是提振消费者信心。实施科学的疫情防控,为
消费者建立稳定的行为预期和安全的购物环境;创新消费业态提供
高质量的产品和服务供给,满足消费者个性化的需求;政府部门高
效协同联动,保障产业链供应链畅通以及适时提升和完善市场基础
设施等措施,既能在短期内促进陕西省消费恢复,又能为长远发挥
消费对经济拉动的主引擎作用奠定坚实的基础,从而更好地实现
"疫情要防住、经济要稳住、发展要安全"目标。

* 本文系陕西经济社会发展重大研究课题"陕西疫情防控背景下稳定和扩大消费研究"(立项
号:22SXZD03)成果。
** 课题指导:王飞,陕西省社会科学院院长、党组副书记。课题组组长:于宁锴,陕西省社会科
学院农村发展研究所所长,研究方向为应用经济与农村发展。主要成员:赖作莲,陕西省社会
科学院农村发展研究所副研究员,研究方向为农业经济;马建飞,陕西省社会科学院农村发展研
究所副研究员,研究方向为宏观经济;魏雯,陕西省社会科学院农村发展研究所副研究员,研究方
向为农业经济;智敏,陕西省社会科学院农村发展研究所助理研究员,研究方向为电子商务。

关键词： 消费信心　新消费业态　市场基础设施

2022 年，陕西省多地经历了疫情突袭的严峻考验。3 月至今的乌克兰危机导致国际形势更加扑朔迷离。延续 3 年的世纪疫情，叠加百年未有之大变局，使我国经济下行压力明显加大。在此形势下，稳经济成为更加迫切的任务。因此，研究常态化疫情防控背景下如何稳定和扩大消费，对于稳住经济大盘和保障民生意义重大。本课题组紧密围绕常态化疫情防控背景下促消费稳经济主题开展了调研，先后与省商务厅、西安市、咸阳市商务局相关处室，以及重点商贸企业、新消费业态代表、生鲜电商企业、县域商贸企业、乡村旅游典型等进行了座谈，针对了解到的目前基层亟待解决的一些问题，提出促消费稳经济对策建议。

调研显示，在疫情的持续冲击下，人们的消费心理和消费习惯都发生了变化，人们的消费行为更加谨慎，消费需求更趋理性，综合体现出消费的结构性改变，挖掘消费潜力也必须适应这些新变化。当下，促消费的关键是提振消费者信心。实施科学的疫情防控，为消费者建立稳定的行为预期和安全的购物环境；创新消费业态提供高质量的产品和服务供给，满足消费者个性化的需求；政府部门高效协同联动，保障产业链供应链畅通，以及包装和推进一批市场基础设施改造和提升工程等措施，既能在短期内促进陕西省消费恢复，又能为长远发挥消费对经济拉动的主引擎作用奠定坚实的基础，从而更好地实现"疫情要防住、经济要稳住、发展要安全"的目标。

一　统筹兼顾疫情防控和稳定经济，促消费保民生提振信心

目前，我国新冠疫情已经进入常态化防控阶段，防疫措施进一步精准化、高效化，应当逐步恢复群众消费信心，提升企业景气指数。

（一）重视消费保就业保民生、维护社会稳定的作用

1. 保护小商户持续经营

陕西省规模以下经营单位的销售额和从业人员，均占到全省的半壁江山。如果小商户大面积关停、破产，将会造成大量失业，产生严重的社会问题。2022年第一季度，全省规模以下工业抽样调查显示，关停企业合计占比高达48.9%。促消费不仅仅是稳经济的手段，更是解决千万人生计问题、确保社会稳定运行的重要举措。因此，应当千方百计支持小商户的持续经营。

2. 促进实体店铺消费发展

线上消费的过度发展，会造成消费总额萎缩。一是线上销售成本较高。坑位费在5万~25万元，佣金在10%~40%，商家产品要有40%以上的利润才能保本，大量收益被头部主播和电商平台掳走。二是线上消费是单一消费。如果市民能走进商场，会引发诸多连带消费项目。实体消费的繁荣会增加小商户收入，从而提升居民消费能力，实现良性互动增长。

（二）优化政策设计，繁荣传统商贸业态

1. 激活老城区商业设施

随着中心城区人口外迁，原有的商业设施人流量严重下降，传统的百货业必须向沉浸式互动式体验型等新消费业态转型。易俗社街区、南大街百货大楼、建国门老菜市场等，都是老街区重焕新机的成功典范。目前，民生、百盛、群光广场等商业设施，都面临二次创业转型。政府相关部门应当做好商业顶层设计，统筹商圈规划，如重庆解放碑改造时，由政府统筹规划，将附近所有地下停车场联通，实现了共赢。

2. 促进电动汽车消费

影响电动汽车消费的瓶颈在于充电桩，为解决瓶颈问题，提出以下建议：一是消防部门应当尽快制定油车电车混用停车库的充电桩安装标准规范，符合条件的尽快批准建设；二是电力部门要对于老旧小区的电力扩容提

供支持，制定合理的收费标准，杜绝乱收费；三是建设部门放宽"自有产权车位"的政策限制，许可长期承租人安装；四是街道办事处协调物业管理部门，不得自加门槛，做到应装尽装。

3. 开放省内旅游业

新冠疫情对于陕西省旅游业影响巨大。2019年，全省接待境内外游客7.07亿人次，旅游总收入7211.21亿元；2021年全省接待国内旅游人数3.91亿人次，国内旅游收入3433.95亿元，相比2019年出现了"腰斩"。实行门票减免，景区严格落实"限量、预约、错峰、实名"要求等办法，在保障安全基础上刺激旅游业尽快复苏。

4. 优化消费券方案

陕西省消费券的力度较小，票面折扣比例较低，促销力度不够。政府财政资金应该更多地采用食品券补助低收入人群，并通过低收入人群消费组合的调整，增加其他产品消费。另外，消费券要面向价格弹性较大的商品，比如文化消费、旅游消费等两部收费制的首道门票，则会引发后续一系列消费行为，起到真正的拉动作用。

（三）完善物流体系，保障城市生活物资供给

1. 建立城市粮油保障仓库

全省主要城市至少建设两个粮油物资储备库，互为备份。库房要建在城市郊区，各市之间的储备库，要建立互相调剂、支援机制。城市内要建设多个二级储备库。储备库要依托现有京东、欣桥等企业物流大仓，政府制定规划、提出标准、做好服务，由物流企业建设、运行，避免各地政府新建仓储库的土地、资金浪费，以及库内物资定期换新的巨大费用。

2. 完善县域商业消费体系

发展农村消费，完善县城以及主要集镇的基础商业设施。一是建设县域商业综合体，发展休闲、文化、娱乐等体验式消费项目。二是根据县域主要农产品，建设专业型的批发市场，以及配套的生鲜存储冷库。三是以邮政快递为核心，整合镇村"最后一公里"物流，打通村级线上消费的堵点。

3. 构建城市便民生活圈

目前，"一刻钟便民生活圈"成为城市规划建设、社区服务的新方向。基本的便利品、餐饮消费供给能力，成熟生活社区不存在较大问题，而新建社区较为欠缺，需要在规划引领下有序推进。大多数社区的教育、文化、体育设施，均有不同程度的欠缺，需要政府首先在规划上引导。便民生活圈应当实现智慧化，充分利用手机地图，而不仅是目前普遍采用的小区门口告示牌。

（四）落实国家政策，提升企业景气信心指数

1. 完善促消费考核机制

目前市、县缺乏促消费组织机构。政府机构改革后，县级商务局大多撤销。省、市商务部门，没有约谈机制、没有处罚机制，难以推动县级工作。因此建议，省政府下达到市、县的指标，对消费要有具体的考核指标，而且消费指标不能只考核商务部门，对发展与改革委、市场监督局、财政局等相关部门也要同步考核。

2. 落实国家减税政策

按照国家政策，"六税两费"可以延缓到年底缴纳。但是税务部门系统没有进行相应调整，只要账上有钱自动划走。银行贷款延期的政策，部分企业反映也没有落实。税务、银监会、人民银行是垂直管理机构，省级政府层面要做好协调、督促、落实工作，落实办法要有时间限制、跟踪机制。

3. 房租减免等措施落实到商户

国有企业减免房租政策，赛格、万达等大型商业机构能够落实，但部分中小型商贸市场在获得减免资金之后，并没有给直接经营者兑现，没有起到纾困小微企业的作用。建议政府对于这部分资金进行一次检查、审计，确保政策的实际效果。

二　放手发展新消费业态，持续释放消费创新潜能

受疫情影响，传统消费正面临艰难转型。根据我们调查了解到的情况，疫

情对传统商超、餐饮等行业影响非常明显。比如，作为西北商贸企业风向标的小寨赛格客流量下降了40%~50%，有些品牌主动撤柜，上海等一线城市疫情也影响了一些品牌店不能按原计划开业，还有一些定购出去的商品因供应链受阻无法到货；华润万家客流量下滑了40%，利润下降了30%以上，70余家供应商共700余只单品因经营惨淡而流失；西安市1~4月，餐饮消费下降了25%。然而，在疫情防控的大背景下，以"长安十二时辰"等为代表的一些新消费业态却实现逆势增长。我们认为，危中自有机，运用新思维、新模式，完整、准确全面贯彻新发展理念，放手发展新消费业态，提供高质量的产品和服务，必将为陕西省促消费提供有力抓手，对稳住经济大盘发挥重要作用。

（一）全面发展沉浸式业态，激活传统消费

受疫情影响，人们的消费行为受限，消费心理和消费习惯发生变化，但消费意愿和消费潜力仍在。近年来，沉浸式消费因其对消费新世代、新势力消费心理的精深把握，大有席卷万物之势。曾经策划过多项沉浸式项目的华纳文化总经理刘峰讲，全面沉浸已成为最主流的趋势。

"五一"小长假期间，中国首个沉浸式唐风市井生活街区——"长安十二时辰"无疑成为整个西安乃至全国最热门的文旅景区之一。有关统计显示，其全网曝光量突破2亿次大关，单条视频最高播放量超过3200万次，83万+的点赞数量，长期占据抖音本地热榜第1位，微博登上同城热搜榜第1位。据老城根文化产业集团副总裁侯娟娟讲，老城根集团2011年就开始研究沉浸式业态。他们借鉴迪士尼乐园设计大师的理念，研究用户怎么来、为什么来、如何可持续来，在此基础上打造商业街，取得了较为明显的成功，目前已发展固定会员36万、粉丝上千万。

资料显示，截至2021年，西安已经注册的剧本杀门店数量达700多家，位居全国第一。剧本杀的强社交功能和沉浸式的体验感是吸引年轻人参与的最重要原因。中国文化管理协会剧本推理工作委员会陕西事务代表、本本（西安）文化传播有限公司总经理李岩说，疫情对剧本杀等沉浸式业态产生了反向激发作用。近几年，该行业每年都以20%~30%的速度增长。除了剧

本杀以外，其他沉浸式酒店、沉浸式戏剧、沉浸式体育、沉浸式博物馆，甚至沉浸式党史学习教育等，都得到了发展。

顺应沉浸式消费的大趋势，一是适应消费者追求新奇和参与感的消费心理，用沉浸模式改造提升现有消费业态，增强用户沉浸感、互动感；二是鼓励支持相关产业，形成沉浸式产业链，加强文化挖掘、场景打造、产品设计开发、项目运营管理、品牌市场营销等各个环节的专业分工与协作；三是研究编制沉浸式产业发展规划，打造沉浸式产业园，实现相关沉浸式产业集聚化、规模化发展。

（二）适应"新国潮"美学转向，发展科技+生活消费

"新国潮"依托中国文化元素的抽离和再造，创造出一种"风格化"的新生活方式和产品创新体系，代表着中国审美、文化元素与现代时尚的尝试融合，体现了国人对中国经济、文化、科技实力的全面自信，更是东方美学的淋漓展现。"新国潮"消费增长迅猛，十年增长了近六倍，从经典国货到中国智造，再到科技文化消费全面崛起。据有关研究，Y世代消费力释放完毕，Z世代成为主要消费增长引擎，年轻用户购买力将加速增长及释放。Z世代作为高科技时代的网络原住民，天然具有较强的科技想象力，他们将生活融入科技，而不是将科技融入生活，愿意为虚拟产品买单，在虚拟世界体验平行世界的快感。

陕西作为传统历史文化和革命红色文化底蕴极其深厚的"盲盒"大省，一是要借助形象焕新，使历史文物复活，以手办、盲盒等为载体，找到Z世代可理解与可接受的"潮流交流体系"，用年轻人的语言和他们沟通；二是用话题性引发热度，用历史和文化引发共鸣，吸引超大流量和传播热度；三是运用AI、区块链、VR/AR/MR等新兴科技提供高品质的文创产品，实现线上线下消费的在地转化。

（三）积极把握电商重构新趋势，发展新电商消费

随着电商市场构成要素改变，消费偏好分层分化加剧，电商用户大规模

迁移重构正在进行。Z世代已经成为未来十年电商市场最重要的增量市场。据调查，直播电商最受Z世代年轻人青睐，直播已不仅是简单的商品销售渠道，更是成为企业品牌价值的增长引擎。直播电商也已成为新农人的生产力工具，是带动农民增收、农村发展及乡村振兴的有力助手。另外，需求即时发起即时兑现的即时电商正在以全新的方式解构传统电商及本地生活消费场景。

从统计数据看，西安市的直播电商数量位居全国城市第3位，政府相关部门和企业应及时把握这一电商重构趋势，一是将品牌宣传和促销政策渠道由传统电商大平台向抖音、快手、小红书等互动自媒体倾斜，增强宣传的针对性和效果；二是创造适应新消费群体审美偏好与消费习惯的内容，提高产品接受度；三是打造适应新电商消费习惯的灵活物流配送保障体系。

（四）迎合全民健身新热潮，发展体育+消费

上海疫情期间，刘畊宏带火了"直播健身"。疫情也在某种程度上激发了人们的健康意识。健身必定要搭配饮食、器械、服饰等，意味着一条完整的产业链。曲江体育集团董事长董超介绍了他们在疫情常态化防控背景下的一些创新性做法：采用"化繁为简""化整为零""化实为虚"的方针，大力发展大众体育，让体育融入生活的每一个角落。如举办线上运动会，利用体育的强社交属性组织户外体验营，开发"秦兵小将"体育文创品牌，组织少儿体育研学，等等，取得了不错的效果。

为了统筹做好疫情防控和促进体育消费，我们建议：一是在下沉、分散、小规模、各自独立、安全有保证的原则下，在相对闭环（如校园、社区等）的可控范围内尽快放开户外赛事举办限制。二是改造提升现有群众性体育设施，进行数字化、智慧化改造，作为新基建项目，以新投资促进新消费。三是引入社会投资，在新业态下激活一批老设施，使资源得到充分利用。如充分利用交通立交桥下面闲置的空间资源，建设"15分钟健身圈"，发展街头体育。四是加强体育周边产品开发和品牌塑造，体现陕西特色、西安特色，促进体育与文商旅融合。五是大力发展户外体育、夜间体育，促进体育与休闲融合。

三 打好政企联动协同"组合拳"，统筹推进市场保供和消费促进

打好防控保供常态战，要学深悟透习近平总书记关于统筹疫情防控和经济社会发展的重要论述，统筹好疫情防控和经济社会发展，不断完善消费供给保障体系，充分发挥商贸企业在生活物资保供和扩内需、稳经济大盘中的作用，确保群众正常生产生活平稳有序，以物流和供应链之稳促经济稳进提质。

（一）坚持从供给端发力，不断完善联动保供机制

1. 健全联动保供机制

进一步细化完善《陕西省疫情防控期间保供工作应急预案》，从建立工作协调机制、快速启动保障机制、保障市场供应、落实疫情防控措施等方面，明确对大型商场超市、农产品批发市场和副食品调控基地在疫情期间开展保供工作的相关要求和工作指引。组织保供企业完善"平战转换"机制，在落实疫情防控主体责任的前提下，做好生活物资的市场供应、应急检测、生产调运和终端销售。

2. 构建区域协同保供新格局

保障省内保供基地货源，深化关中、陕北、陕南协调发展战略，建立应急保供联动机制，合力推进同城化生产基地、产销渠道建设。拓宽省外供应渠道，引导经销商同省外大型蔬菜产区建立保供合作基地，着力建设自有可控农场（牧场）保供基地。积极同周边邻省城市建立生活物资联保联供机制，跨区域协作提升特殊时期"菜篮子""米袋子"自给能力。

3. 完善城市保供基础设施建设

按照国务院办公厅发布的《关于进一步释放消费潜力促进消费持续恢复的意见》，在西安、宝鸡等城市科学规划建设集消杀、仓储、分拣、加工、包装等功能于一体的城郊大仓基地，与现有市场化物资供应和物流配送

系统形成"双核"系统，形成应急保供的双回路，确保应急状况下及时就近调运生活物资。

4. 强化生活物资应急保供演练

联合保供企业、商超市场定期开展生活物资调度演练，检验疫情防控、流调、物资保障等工作，有效提升流通环节应急处置和快速反应能力，确保紧急情况下"米袋子""菜篮子"等商品调得动、运得走、供得上。

5. 健全市场运行监测预警机制

充分整合发改、农业农村、商务等部门物资价格信息，建立生产端、流通端、消费端三端合一的商品综合信息监测平台，紧跟疫情形势，及时分区分级启动生活必需品市场监测和日报制度，动态掌握生活必需品的货源渠道、销售主体、销售网络、储备能力等信息，加强运行趋势研判，及时发布保供预警信息，确保生活物资供应充足、价格稳定可控。

（二）坚持全流程衔接，消除保供流通堵点

1. 完善生活物资应急运输车辆通行管理制度

制定出台全省统一的管控政策和查验流程，推动高速公路服务区、收费站、防疫检查站等规范管理。积极落实全国统一通行证机制，尽快出台具体工作指引，明确通行证适用范围、申请流程、核发规定和使用要求，实现"快速查验、快速检测、快速通行"。

2. 适时启用物资紧急中转

在全省范围内，科学设置并启动一批非接触式物流接驳点，提升消杀、中转、临时储备和综合配套功能，确保应急处置期有条件实行"无接触"验收。建立完善中转站接驳预案，确保中转站接收的应急物资高效接驳分拨至各区域。建立电商供应链企业"白名单"，签订保运协议，设定保障线条款，在必要时启动生活必需物资电商直供，或借用其供应链网络、仓储设施开展紧急运送。

3. 稳定志愿者队伍并加强能力建设

稳定由社区干部、物业人员、志愿者组成的生活物资保障服务队伍，加

强日常管理工作，适时组织和开展岗前培训和演练，完善极端情况下的区域化集中服务管理制度，确保紧急情况下能够迅速组织，开展生活必需物资运送、配送服务。

（三）优化零售终端服务，完善常态化保供机制

1. 做好应对疫情带来不确定性的长期准备

疫情持续的时间和政策的对冲力度，都将为商贸企业经营发展带来不确定性，要引导企业科学看待疫情冲击和当前面临的困难挑战，鼓励商贸企业坚持以市民消费需求为导向，积极拓展线上服务，发力社区型商业，建立在常态化疫情防控状态下的经营管理机制。

2. "线上+线下"拓展服务方式

加大商务专项资金对疫情期间涌现出的新模式、新需求、新应用的支持力度，引导传统商贸流通企业加快数字化、智能化改造和跨界融合，巩固好在疫情期间发展的线上客户，精准匹配网络消费新需求，与消费者之间建立更深层次的连接，提高保供能力。

3. 构建便民生活服务圈

推广城乡"互联网+社区便利网点"的商业发展模式，支持线上企业在线下布点发展；推动商贸企业和生鲜电商平台与实体店、商务楼宇和小区物业等合作，不断完善由社区一刻钟便民生活圈、大型超市生活必需品保障和临时保供仓库构成的生活必需品三级保障体系。

（四）促进商贸业持续恢复

出台更细化、更有针对性的配套政策，促进《陕西省进一步激发消费活力促进消费增长三年行动方案（2022—2024年）》《陕西省贯彻落实促进服务业领域困难行业恢复发展的若干政策实施方案》等文件中扶持商贸流通企业政策的执行落地。开通抗疫惠企政策精准服务企业平台，将政策文件数据化、政策落实事项化，实现惠企政策"找得到、看得懂、办得了"。

四　挖掘县乡消费潜力，拓展农村市场空间

县乡消费是消费市场的重要组成部分。受新冠疫情影响，物流受阻、人员流动受限，居民消费信心下降，县乡消费增长受到抑制。疫情防控常态化下，要畅通县乡人流物流，提振居民消费信心，培育消费新增长点，改善消费环境，丰富消费场景，充分挖掘县乡消费潜力，打好新一轮促消费政策"组合拳"，为稳经济注入强大动力。

（一）畅通堵点，加快恢复县乡人流物流

1.畅通人员流动，促进乡村旅游、零售餐饮等恢复发展

乡村旅游是拉动县域经济增长的强大引擎，但疫情使乡村旅游遭受重创、恢复缓慢。及时发布景区人员信息，引导市民合理分流，避免人员过度聚集。支持和鼓励乡村旅游、民宿景区与旅行社、单位、团体合作，实行旅游线路闭环管理出行。

2.畅通物流通道，促进县乡生产、商贸流通恢复发展

疫情发生期间，道路限行、物流通道阻断，严重影响县乡消费。以"买西北、卖全国"的武功电子商务为例，因物流不畅，或者无法发货，或者发货后无法接收而退件，退件率达50%。疫情防控常态化下，既要阻断病毒，又要畅通物流，建议按照"闭环"的原则和思路，畅通物流。一是按照"县域外大循环、县域内小循环、乡镇社区微循环"的方式，实行物资"装货—运输—卸货"闭环、无接触运作；二是建立"企业—运输通道—企业（市场）"闭环通道，对原材料和产品进行点到点、门到门运输；三是做好"闭环"内防疫消杀，与"闭环"相关的装载、运输、卸货各环节企业，做好闭环场地、车辆、设备等的防疫消杀、人员核酸检测，避免闭环内外交叉感染风险；四是推动信息互联互通。通过共享信息，促进司机与货物有效对接，提高运营效率。

3. 提振和稳定消费预期，打开居民不敢消费的"心结"

落实各项助企纾困政策，通过减税退税、减少收费等多种措施，促进市场主体增强信心、稳定预期。强化稳岗就业，对不裁员的企业进行补助，对就业困难人员群体切实做好兜底保障。通过促进县乡居民收入增长，增强居民花钱底气。

（二）催生县乡消费新增长点，促进消费需求与供给良性循环

1. 扩大农村电商覆盖面，促进县乡网络消费

电商在疫情期间得到了快速发展，发挥了强大而独特的作用，成为农村生产及消费经济生态的不可或缺要素。在疫情防控常态化下，要深入实施"数商兴农"、"快递进村"和"互联网+"农产品出村进城等工程，推动电商进农村示范县建设，扶持县、乡镇农村电商产业园建设，加快培育农民网络销售和购物习惯，促进电商新模式向农村普及。强化电商人才培训，扶持县、乡镇、村电商培训基地和创业就业基地建设。鼓励和帮助农户采用直接入驻电商平台、产地直播带货、社区微信群团购等多种方式，进行农产品线上销售。

在防控常态化下，因物流成本上升，一些农产品电商运费价格高于农产品本身的价格，利润空间被严重挤压。要整合县域邮政、快递、供销等物流资源，降低电商企业的物流成本，有效解决偏远地区电商物流不通的问题。同时，顺应人们消费结构升级的趋势，推动农业生产生态化、标准化、品牌化，培育一批大而优、小而美、"土"字号、"乡"字号等产品和企业品牌，发展高端农产品电商，扩大营利空间。

2. 推动乡村民宿、主题旅游发展，促进县乡文旅消费

乡村民宿是城市居民节假日短途旅行的重要需求。携程大数据显示，陕西2022年端午节假期旅游总订单量相较清明节增长超三成。从不同出游半径来看，由于假期时间较短，本地及周边游仍是主流。疫情之下，周边游、自驾游、微度假是支撑乡村民宿增长的动力。在做好疫情防控的前提下，乡村民宿有望成为一个新的消费亮点。要在资金支持、建设用地、人才支持上实施更优惠的扶持政策，支持打造一批硬件条件更好、软件服务更具特色的品质民宿。

主题乡村旅游是传统乡村旅游的升级版，方兴未艾。袁家村新近推出的以温泉为主题的瑞斯丽温泉酒店，是集休闲、康养、娱乐于一体的品质主题乡村旅游项目，一开业就受热捧。疫情平稳后，节假日一房难求。要围绕乡村地方特色资源，设计康养、体育、研学、红色、民俗、艺术等不同主题的旅游产品，发展沉浸式红色文化旅游，通过数字化视觉影像、场景再现和全景体验，提升旅游体验的丰富度与层次感，增强旅游产品硬实力，避免同质化竞争。

3. 推动新一轮汽车家电下乡，促进县乡耐用品消费

以农民提升消费品质的需求为导向，推动新一轮汽车、家电产品下乡，促进农村耐用消费品的更新换代。加大对旧车换新、购置新能源车的补贴和优惠力度，引导相关企业主动参与。充分考虑乡村有别于城市消费的新特点、新趋势、新需求，开发推出适应乡村消费特点和需求的下乡产品，把更多品牌化、数字化、智能化的产品推广到农村地区。适应县乡年轻一代消费者对居家生活用品更加精细化、个性化的需求，推动更能提高生活质量、提升幸福感的各具特色的小家电的产品下乡。为推动新能源汽车下乡，要加大农村地区充电桩建设。

4. 发放消费券、举办促销优惠活动，引爆潜在消费

围绕县乡零售、住宿、餐饮、文旅等受疫情冲击较大的行业，分批次向居民发放消费券。针对县乡消费特点，简化使用流程，采用先消费再补贴方式，在支付环节使用消费券，避免资金骗补。按照"政府搭台、商户唱戏、全民共享"的原则，引导和支持各超市、商铺、摊位推出节庆、店庆、抽奖、线上团购、满额送等多种优惠促销活动。利用电商网络平台，开展樱桃、甜瓜、苹果等县乡名特优新农产品线上展销促销活动。

（三）改善县乡消费环境，丰富消费场景，提升消费体验

1. 完善县乡物流配送体系，加快冷链物流建设

乡村物流配送发展滞后严重制约了农民的网购网销。要积极建设和完善县、乡、村三级物流网络体系，支持建设改造一批县级物流配送中心和乡镇快递物流站点，完善仓储、分拣、包装、装卸、运输、配送等设施，着重完

善偏远地区村级末端配送点建设。对乡镇、村定时、定班、定点发送物流共同配送"班车",确保物流配送快捷及时。在运营过程中根据货物量和里程不断优化线路及车辆,推动县域交通、邮政、快递、商贸、供销等资源和业务融合,采取"客运带件"模式,提高配送效率,降低物流成本。加快冷链物流建设,促进鲜活农产品进城。

2. 合理规划和建设县乡商业综合体,促进县乡消费业态提档升级

支持县城和有条件的乡镇建设融合购物、餐饮、娱乐、休闲等多元业态的商业综合体,引导永辉超市、苏宁易购、肯德基、屈臣氏等国内外大型连锁商业品牌、时尚品牌入驻,扩大县乡中高端消费。县乡商业综合体建设既要体现潮流时尚,又要充分考虑县城及乡镇区域居民消费特征,为不定期的食品、服装饰品、家居等专题展销活动留足空间,配备足够的停车位。同时,从严控制大型商业综合体的规模和数量,平衡商业综合体、传统店铺与"地摊经济"的关系,避免盲目追求"高大上"引发商业过剩和同质化竞争。

3. 发展新型乡村便利店,夯实社区商贸微基础

在农村居民较集中的移民搬迁集中安置区、千人以上的行政村等地,发展新型乡村便利店,提升村级便民商店品质。统筹县域商业建设资金,创新普惠金融产品,引入创业担保贷款等方式,支持县域商贸龙头企业下沉,通过直营、加盟、联营等形式发展村级便利店,实行集中采购、统一配送、品牌授权、库存管理。积极引进阿里和京东等巨头参与新型便利店发展。对便利店进行数字化、品牌化、便捷化等全方位改造升级,为村民提供日用品购买、快递收发、电商直播、社区团购、农产品电商销售等服务,并逐步拓展办理保险缴存、水电费缴纳、机票车票、旅行出游、小额存取等服务项目,不断夯实社区"微基础"和升级社区"微治理"。

五 促消费稳经济的几点思考

(一)重视发挥消费的多重功效

消费在当前阶段将发挥更大的作用。一是促消费可以稳定经济,拉动经济增长。二是保就业、保小商户生存，也是保民生、维护社会稳定。三是消费活跃可以提振群众信心、生产者信心，提升企业景气指数。四是消费与投资可以相互促进、相互影响，好的投资项目可以促进消费，好的消费项目同样可以带动投资。

（二）充分发挥市场高效配置资源的作用

经过多年发展形成的配送体系，具有较强的专业性以及较高的效率，是临时组建的配送力量无法比拟的。疫情封控时期，充分利用已经成熟的物流体系，将原有的粮油菜商店转变为小区配送力量，避免"一刀切"关店。规划建设保供大仓，也应以大型物流公司为主体，充分利用现有仓储资源。

（三）保产业链供应链畅通是核心工作

疫情发生时期，保持产业链上产品正常生产，生产生活物资供应畅通，具有保障基本生活物资、舒缓群众紧张情绪、减轻网络舆情压力的重要意义。常态化疫情防控阶段，应加紧补齐保畅短板，建好仓储节点和做好物流运输应急预案。

（四）把市场基础设施的改造提升作为投资项目包装的重点

受能耗指标和"双碳"目标约束，陕西省工业投资的空间不足，传统基础设施建设投资的边际效应下降，而目前第三产业的投资边际产出较高，加之刺激消费在当下多重的积极作用，政府相关部门在策划项目时应更加注重消费类项目，如改造提升老旧商业设施、体育休闲设施、文化旅游设施等，实现数字化、智慧化升级，以新投资促进新消费。

B.7
共同富裕目标下陕西
高质量发展政策创新研究*

陕西省社会科学院经济研究所课题组**

摘　要： 为了对共同富裕目标下陕西高质量发展各类政策的实施成效进行评估，课题组面向陕西省内各行各业人员随机发放了调查问卷。调查结果显示，政策在具体执行中存在落实不平衡导致经济短板弱项凸显、以资金投入为主的支持方式导致政策效率偏低、创新政策体系不完善创新压力逐步显现、政策执行路径不畅制约了政策效能的发挥等具体问题。因此，从科创赋能现代产业体系建设、加快区域城乡协调发展、提升区域影响力、深化改革创新发展活力、筑牢生态安全新屏障五个层面探索陕西经济高质量发展的政策创新路径。

关键词： 共同富裕　高质量发展　政策创新　陕西

2022 年，中国共产党陕西省第十四次代表大会提出陕西要完整准确全面贯彻新发展理念，坚定不移把贯彻落实习近平总书记重要讲话重要指示和党中央决策部署作为全省工作的总纲，坚持以推动高质量发展为主题，努力

---

* 本报告系 2021 年陕西省哲学社会科学重大理论与现实问题研究项目（项目编号：2021ZD1033）的阶段性成果。

** 课题组组长：裴成荣，陕西省社会科学院学术委员会副主任、经济研究所所长、二级研究员，研究方向为区域经济、城市经济。主要成员：顾菁（执笔），博士，陕西省社会科学院经济研究所助理研究员，研究方向为城市经济；宫汝娜，博士，陕西省社会科学院经济研究所助理研究员，研究方向为数量经济发展；张馨，博士，陕西省社会科学院经济研究所副研究员，研究方向为区域经济。

实现更高质量、更有效率、更加公平、更可持续、更为安全的发展，扎实迈出全面建设社会主义现代化新步伐。要在人民共同富裕、民族伟大复兴的历史进程中展现陕西的新作为。准确分析陕西高质量发展的阶段，制定与之相适应的高质量的环境政策，推动陕西经济发展产生质量变革、效率变革、动力变革，对夯实共同富裕的经济基础、满足人民群众对美好生活日益增长的需求具有重要意义。

一 陕西经济高质量发展的政策环境

陕西全面贯彻新发展理念，从坚持创新驱动发展战略、产业结构优化、改革开放融入新发展格局、统筹协调加快城乡双向融合、系统治理改善生态环境质量等层面颁布了一系列政策，为陕西经济高质量发展打下了坚实的基础。

（一）创新驱动政策激发陕西高质量发展内生动力

自 2016 年以来，陕西扎实推进创新型省份建设，制定了《陕西省实施创新驱动发展战略纲要》，部署了创新驱动发展战略布局和重点任务，实施了《关于创新驱动引领高质量发展的若干政策措施》《陕西省促进科技成果转化若干规定》《陕西省构建全链条产业技术创新体系推动产业创新发展若干措施》《实施"两链"融合加快构建现代化产业体系三年行动方案（2021—2023 年）》等一系列政策措施，为打造陕西创新体系、优化创新生态环境、推进创新能力建设、培育经济发展新动能起到了有力的推动作用。2021 年，陕西出台了《秦创原创新驱动平台建设政策包（总窗口）》，引导各类创新创业要素向总窗口聚集，以期集聚科技创新优势，打造区域高质量发展优势，示范带动陕西经济社会发展。

（二）产业结构优化政策为陕西高质量发展奠定坚实基础

为打好产业基础高级化、产业链现代化攻坚战，陕西从全面提升重点产业链发展水平、数智赋能新发展、培育壮大新业态、产业综合改革等层面颁布了《陕西省"十四五"制造业高质量发展规划》《陕西省加快推进数字经济产业发展实施方案（2021—2025 年）》《陕西省新一代人工智能发展规划（2019—2023 年）》《陕西省人民政府关于推行"亩均论英雄"综合改革的指导意见》等系列政策措施，推动陕西产业结构持续优化。以做强、做实全国先进制造业基地为核心打造陕西特色的现代制造业新体系，提升竞争力。深入实施数字陕西战略。以数字技术与实体经济深度融合为主线，为陕西优势产业注入"数字动力"，打造西部数字经济产业发展高地，为陕西高质量发展提供有力支撑。

（三）改革开放新格局弥补陕西高质量发展的短板弱项

陕西以《优化营商环境条例》为基础，不断深化"放管服"改革，激发市场活力和社会创造力，颁布了《2021 年深化"放管服"改革优化营商环境工作要点》《2022 年深化"放管服"改革优化营商环境工作要点》《陕西省营商环境创新示范区创建活动工作方案》等系列政策，推动由"一网通办"向"一网办好"迈进，营造市场化、法治化、国际化营商环境，全面优化市场活力。为了充分发挥自贸区的制度改革创新效应，制定了《深化陕西自贸试验区西安区域改革创新若干措施》《发挥自贸试验区先行示范作用　助力打造内陆改革开放高地措施》《陕西自贸试验区协同创新区建设实施方案》《加强陕西自由贸易试验区西安区域知识产权工作的若干措施》等政策，进行了一系列特色制度的改革探索。

为贯彻落实国家"十四五"时期推进"一带一路"建设的总体部署，陕西颁布了《陕西省"十四五"深度融入共建"一带一路"大格局、建设内陆开放高地规划》，明确打造"一核两翼四通道五中心多平台"的全方位联动开放布局。陕西还颁布了《陕西省人民政府关于积极有效利用外资推动经济高质量发展的实施意见》《陕西省关于推进陕西经济技术开发区高质量发展实施意见》，力图通过开放创新、科技创新、制度创新，深度融入国家对外开放重大战略。为了扩大内需，对接全国统一大市场，陕西颁布了

《陕西省人民政府办公厅关于加快发展外贸新业态新模式的实施意见》《支持出口产品转内销配套措施》《陕西省进一步激发消费活力促进消费增长三年行动方案（2022—2024年）》等一系列政策，旨在以充分落实需求侧管理为导向，充分利用国内国际两个市场，有序打造对外开放新优势。

（四）新型城镇化发展及乡村振兴为陕西高质量发展添活力

为了全面落实党的十九大提出的乡村振兴战略，陕西颁布了《关于实施乡村振兴战略的实施意见》，以深化农村综合改革为根本动力，推动农业提质增效，提升农民生活水平。2020年，陕西实施县域经济发展和城镇建设三年行动计划，通过《县域经济发展和城镇建设三年行动计划（2020-2022年）》加速了新型城镇化进程。2022年，陕西又制定了《2022年推动新型城镇化高质量发展工作要点》，旨在统筹推进中小城市、小城镇和特色小镇建设，全面提升城市建设和治理水平，加快推进城乡深度融合发展，深化新型城镇化体制机制创新。这之后，《陕西省人民政府关于加快推进"四好农村路"建设的意见》《关于加快推进陕西畜牧业高质量发展的意见》《加快推进农村寄递物流体系建设实施方案》等细节政策的出台，进一步在多个层面确保了农村各项工作落实落地，推动陕西乡村振兴取得更大进展。

（五）绿色经济政策为陕西高质量发展打造重要前提

为了解决自然生态环境和经济发展的矛盾，弥补陕西黄河流域生态环境保护的短板，推动黄河流域从过度干预向自然修复转变，增强秦岭生态系统稳定性，提升秦岭生态系统功能，陕西印发了《陕西省秦岭生态环境保护总体规划》《陕西省黄河流域生态保护和高质量发展实施规划》《陕西省渭河流域保护条例》《陕西省煤炭石油天然气开发生态环境保护条例》等环境政策。陕西还通过了《关于推进陕西省生态环境监测体系与监测能力现代化的实施意见》《关于建立和完善陕西省生态环境综合执法体系的实施意见》，通过打造建立完善现代化生态环境监测体系助力陕西生态保护和高质量发展。

二 共同富裕目标下陕西高质量发展政策成效评估

在高质量发展阶段，制定与之相适应的高质量的环境政策十分重要。高质量的环境政策体现在两个方面。一是环境政策要有效促进经济转型升级。多年粗放型、数量型增长模式所带来的无效供给和落后产能，逐步将自然资源和环境容量推近警戒红线，高质量的环境政策，能够诱发技术创新、促进地区经济转型升级、降低环境危害风险。二是环境政策要有效降低经济转型升级成本。高质量发展坚持稳中求进的战略，为避免环境政策短期内对特定地区或行业的冲击过大，需要精准施策，预判环境政策的影响范围和力度，完善政策执行体系，提升政策实施效率。为了对陕西共同富裕目标下高质量发展各类政策的实施成效进行评估，课题组面向陕西省内各行各业人员随机发放了调查问卷 500 份，收回有效问卷 481 份，问卷有效率达 96%。调查结果如下。

（一）政策落实效果明显，对经济高质量发展作用较强

72% 的被访者在调查中肯定了各项政策对陕西高质量发展的促进效应。2021 年陕西经济总量达到 29800.98 亿元，2015～2021 年陕西地区生产总值年均增长 8.83%。同时，陕西经济效益也在不断提升，2021 年人均经济总量达到 75390.17 元（见图 1），2015～2021 年年均增长 8.07%，2021 年陕西全员劳动生产率达到 142520 元/人，是 2015 年的 1.4 倍，经济质量得到进一步提升。

新兴产业蓄势发力，产业体系全面转型升级。陕西三次产业结构由 2015 年的 8.8∶51.5∶39.7 优化为 2021 年的 8.1∶46.3∶45.6。生产需求稳中有升，工业增加值突破万亿元。2021 年，陕西工业增加值为 11256.03 亿元，同比增长 8.3%，是 2015 年的 1.47 倍。新兴技术和新兴产业的深度融合有效带动了关联产业的集聚，战略性新兴产业链的快速发展为陕西产业结构转型升级提供了内生动力。2021 年，陕西战略性新兴产业增加值占

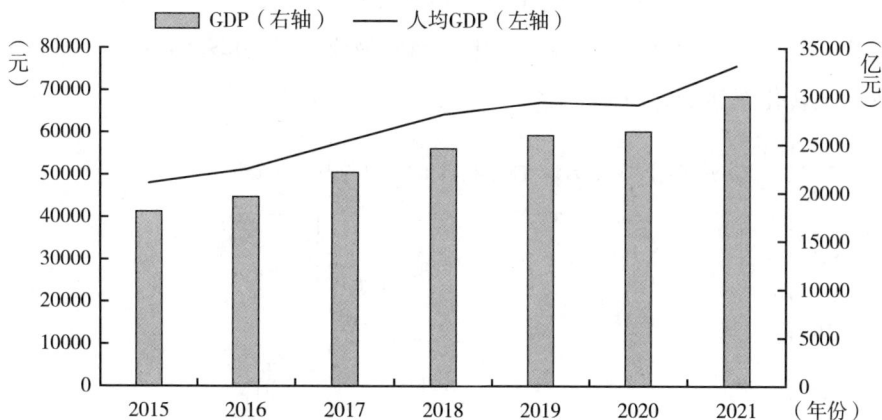

图1　2015~2021年陕西GDP及人均GDP

资料来源：陕西省统计局。

GDP的11.1%，新一代信息技术产业、生物产业、新能源产业和节能环保产业四大产业在2021年的工业增加值占规模以上工业战略性新兴产业总产值的65.4%。此外，新能源汽车产业近年来呈现爆发式增长，2022年上半年，陕西新能源汽车产销34.62万辆，同比增长531%，高于全国平均水平413个百分点，增速领跑全国。

（二）创新政策体系不断完善，有效加强创新基础

陕西作为国家创新型省份建设试点地区，在科技创新和教育资源等方面的优势显著。陕西不断提升创新投入、整合产业优势和科技资源、推进两链融合发展、打造秦创原创新驱动发展的总平台、建设创新联合体、加大重点科技研发等，2021年研发投入强度排名西部地区第1，科技型中小企业增长38.6%，高新技术企业增长32.3%，技术合同成交额增长33.2%（见图2），规模以上工业企业研发活动覆盖率、研发投入强度增幅超过此前4年的总和。随着西安《关于推动秦创原创新驱动平台建设的发展意见》等一系列政策的落实，秦创原已初步形成了较为完整的政策体系，2022年上半年，秦创原总窗口新增科技型企业534家，各项产业政策兑现惠及企业近4000

家，是2021年的6倍。"免申即享"类奖补金额占总奖补金额的比重超过90%。截至2022年8月31日，技术合同交易成交额1429.64亿元，科技成果就地转化率达到36.6%。

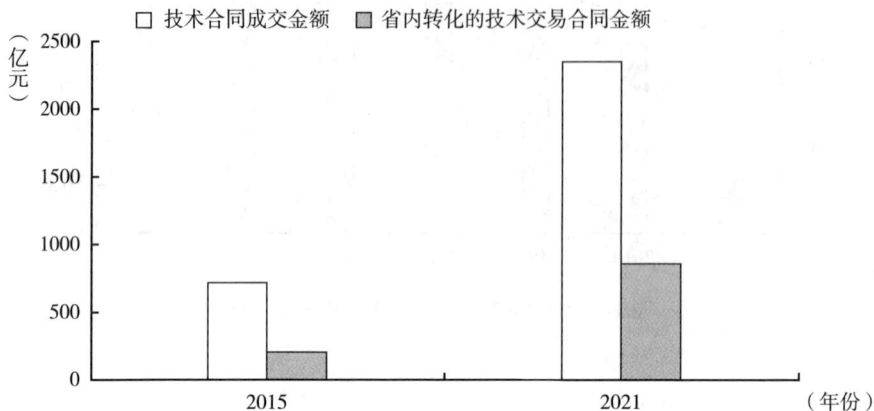

图2　2015年和2021年陕西技术合同成交额和省内转化金额

资料来源：陕西省技术转移中心。

（三）高质量就业增强民生"造血功能"，有效提升居民收入

陕西实施了一系列强化稳就业扩就业的具体措施，积极推动创业带动就业，实现了更加充分、更高质量就业，居民收入增长和经济增长基本同步，分配结构明显改善。超过一半被访者的收入上升，其中，17%的人年收入上升幅度在6000元以上，27%的人收入增幅在2000~6000元，38%的人收入无明显变化，受疫情等因素影响，少数人收入有所下降。城乡居民人均可支配收入差距稳定缩小。陕西以"特色产业"为抓手，让脱贫户在现代化特色农业的产业链上就业、创业，以"小产业"发挥"大能量"，巩固拓展脱贫攻坚成果，为乡村振兴赋能，农村居民人均可支配收入逐步提升。2021年，全省城乡居民收入比为2.76:1，较2015年缩小0.28，城乡收入差距不断缩小（见图3）。

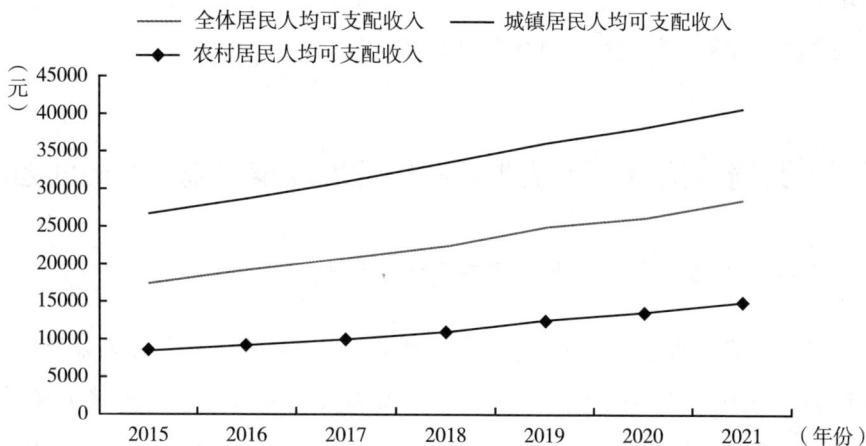

图3　2015~2021年陕西城乡居民人均可支配收入

资料来源：陕西省统计局。

（四）农业农村现代化建设加速，城乡进一步协调发展

随着乡村振兴战略的逐步实施，陕西一方面扎实推进乡村发展、乡村建设、乡村治理重点工作，统筹增产和增收工作，全力推动乡村振兴提质增效；另一方面推进特色产业延链强链补链，深化农村产业融合发展，健全现代农业经营体系。81%的被访者认为乡村振兴战略有效地推进了陕西农业农村的现代化建设进程；65%的被访者认为，促进特色产业发展、改善人居环境、提升人才素质等三类政策对乡村振兴高质量发展的作用最大，动态风险监测和农村金融服务等政策与项目较为缺乏，亟待强化乡村的综合服务功能。

陕西城乡新格局逐步形成，城乡发展差距逐渐缩小。陕西先后出台了《关中平原城市群发展规划实施方案》《呼包鄂榆城市群发展规划实施方案》《沿黄生态城镇带规划》等规划，优化了沿黄流域和沿汉江流域的城镇布局。同时，以西安国家中心城市的建设为契机，通过打造大西安"三轴三带三廊一通道多中心多组团"的空间格局，扩大都市圈的辐射带动效应，稳步提升城市人口聚集能力，不断优化周边城镇空间格局，加快推进陕西城乡深度融合发展，带动乡村地区的现代化建设。

三 共同富裕目标下陕西高质量发展政策实施存在的问题

（一）政策落实不平衡，经济短板弱项凸显

陕西经济虽然呈现持续稳定恢复、质效提升的特点，但仍然面临经济体量较小，经济基础不稳固、下行压力不断加大的挑战。从经济增速来看，2019~2021 年，陕西连续三年经济增速低于全国增速，产出缺口与潜在增速缺口的异常波动导致陕西经济发展的承压上升，发展动力略显不足。从政策落实的方式来看，企业享受最多的为财政资金支持，其次为行政审批简化和人才资源的支持，但受到稳杠杆、稳物价等因素的共同约束，陕西货币政策的力度偏小，缺乏多层次、多区域的高水平资金融通市场激发市场潜力。从政策受益对象来看，陕西国有企业相较于民营企业，获得了更多的政策支撑，改革不断向纵深挺进，混改、重组等扩围升级成重头戏，红利加速释放，而民营企业，尤其是小型民营企业的政策获益尤其不足。区域协调发展方面，不协调不充分问题依然突出。经济协调性方面，2021 年，关中、陕南、陕北地区生产总值分别为 18502.71 亿元、3830.5 亿元、7439.76 亿元，关中地区占据了全省生产总值的 62.1%，三大片区经济结构特征的差异性非常明显，区域间的协同合作还不够。人口协调性方面，2019 年，关中、陕北、陕南常住人口分别为 2595 万人、563 万人、829 万人，全省 65.63%的人口集聚在关中地区，陕北地区则不足 15%。三大片区的人口分布和变化趋势差异十分显著。

（二）以资金投入为主要支持方式，政策效率偏低

政策支持方式大部分为资金投入，资金配置和使用效率有待进一步提升。许多政策在实际操作中直接以无偿投入的方式为主，很少采用公

共基金的形式对企业给予间接、有偿的支持，资金配置和使用效率不高，难以形成政策放大效应。在这种情况下，更多的是政府在选择技术和企业来配置资源，而不是由市场来选择技术和企业来配置资源。但是，近年来投资效益不高，消费市场活力不足，新的消费需求没有产生足够的经济增长动力，导致陕西经济发展的外需后劲乏力、新动能乏力等系列问题一直存在。

（三）创新政策体系不完善，创新压力逐步显现

陕西创新政策在具体落实过程中，大多以切块的方式流向了高新技术企业和项目，旨在发挥龙头企业和项目的引领效应。但是，陕西基础研究和区域创新体系建设还不够完善，科技成果转化机制也不完备。技术转移转化保障支撑体系不健全等问题在陕西实施产业创新发展战略中逐渐显现，创新发展的压力逐渐增加。企业的创新规模依然较小。《中国区域科技创新评价报告 2021》显示，高校依然是陕西科研活动的主要承担者和参与者，科创项目参与度高达 86.24%，在各项科研创新政策的激励下，承担科研项目的企业数量虽然同比增长了 10%，但企业的创新主体作用依旧有限。创新资源配置和使用效率有待提升。

（四）政策执行路径不畅，制约政策效能的发挥

政策的制定者和具体落实的执行者之间存在信息不对称的现象。超过半数的被访者认为大部分政策存在执行时宣传不到位、政策难以落实、具体执行操作困难等问题。虽然部分政府部门创办了相应的政府网站，开通了政务微信、微博，但多种政策传播途径尚未实现信息的共享和协同发布，使政策在制定和传播中产生了透明度不足的问题，公共政策传播效果未及预期要求。公共政策在公布时缺乏统一且连贯的体系框架，不同部门之间关联决策的信息获取通道不畅，使执行效果"打折扣"。此外，部分政策贯彻落实不到位，有关项目推进缓慢等问题也降低了政策落实的有效性。

四 共同富裕目标下，陕西促进高质量发展政策创新的启示

从陕西高质量发展相关政策落地落实的问题中可以看出，陕西实现共同富裕还面临较多难点问题，突出表现在发展不平衡不充分的矛盾、社会利益分配格局失衡、共同富裕实现程度的非均衡性等问题。为有效破解阻碍共同富裕实现的难点、堵点，立足"共同"与"富裕"的目标要求，陕西需要从生产力、生产关系与上层建筑层面构建在高质量发展中扎实推进共同富裕的制度安排和创新政策。

（一）以科创为引导，推动现代产业体系建设

以集聚创新资源、培育发展新兴产业、支撑传统产业转型升级为目标，以企业为创新主体，加速创新成果转化，支撑陕西主导产业迈上价值链中高端。切实推动产业链、创新链融合部署。打造以基础研究为前提、技术攻关为支撑、成果产业化为核心、金融和人才服务为补充的全过程创新生态链，使创新生态链重点围绕高端机床、半导体与集成电路、先进金属材料、生命科学、人工智能等领域布局，推动创新链和先导产业的深度协同，将创新成果有效转化为经济发展的动力。

以创新驱动为引领打造创新平台，提升经济增长的动力与活力。以秦创原为主体打造国内一流的科技和产业创新高地，梯度攻关新兴核心技术。建立以市场为导向的产学研深度融合的科技创新体系，健全科技创新与产业发展协同对接机制，推动创新链产业链深度融合发展，引导传统产业高端化、智能化、绿色化发展，做实做强做优实体经济，构建高端高质高新的现代产业体系。

加速数字赋能现代化产业体系，推动数字经济和实体经济深度融合，提升企业的全要素生产率。加速数字经济创新发展，围绕"智慧+""云端""生物赋能"等重点领域，充分发挥企业、高校、科研院所的创新优势，搭建产业发展与科技创新的桥梁，以数字化为动力持续推动产业转型升级。

（二）促进社会公平，加快区域城乡协调发展

做大经济总量，聚焦重点领域和薄弱环节，积极扩大有效投资。加强新型基础设施建设，加大重点产业链投资，优化投资结构。争取国家重大专项及战略性新兴产业重大项目，提高战略性新兴产业占比、生产性服务业占服务业投资比重。加快关中平原城市群、西安都市圈、国家中心城市建设，吸引民间投资。提升消费能级，积极支持新能源汽车消费，优化消费平台载体，鼓励新业态、新模式、新场景的建设，促进个性化消费、体验消费、智能消费、时尚消费等多元化消费模式快速发展。

促进公共服务均等化。积极拓展就业渠道，对能吸纳大学生就业的小微企业尤其是科技型小微企业加大财政、金融扶持力度，增强小微企业吸纳就业的能力。健全就业公共服务体系，搭建就业服务平台，帮助企业引进和借用外部的技术和人才资源。加强农村基础设施建设，尤其是偏远农村等相对贫困地区的基础设施建设，改善人居环境，将交通融入旅游产品体系之中，为经济持续发展提供基础。完善公共文化设施建设。以公共文化服务设施标准化、均等化为导向，加快文化基础设施建设；充分利用互联网，以智能化、信息化的方式进行文化普及，打造一体化公共文化服务平台，依托大数据技术实现公共文化服务的精准供给。

缩小城乡收入差距。健全区域协调发展体制机制，持续深化对口帮扶。全面推进乡村振兴战略，推动城乡融合发展，一体推进新型城镇化与乡村振兴战略，通过多业态融合发展，推动城乡要素流动，促进城乡之间医疗、教育等公共资源合理均衡配置。多方改善收入分配格局。拓宽居民财产性收入渠道，使发展成果惠及人民。

（三）瞄准短板弱项，不断提升区域影响力

构建对外开放大平台，提升影响力。发挥陕西自贸区引领作用，整合西安国际航空枢纽、中欧班列（西安）集结中心以及海关特殊监管区体系功能，搭建引领陕西开放经济发展的统一大平台，推动综合保税区、自贸试验

区、高新区、经开区等政策叠加、功能互补，以更高能级平台协领大市场、大通关、大发展。健全平台服务体系，提高货源组织、交易撮合能力，扩大宣传，提升中欧班列长安号品牌影响力，形成"产业+口岸+物流+贸易"一体化发展模式，实现区域联动、协同、融合发展。以建设具有国际影响力的国家级城市群为目标，以西安国家中心城市为龙头、西安都市圈建设为核心，以关中产业布局一体化为目标，引导西安市非中心城市核心功能向关中地区转移，加强产业合作配套，完善区域协调发展机制，提升城市功能品质和综合承载力。增强区域发展的协调性、联动性、整体性，促进关中平原城市群形成优势互补、竞合有序、协同发展新格局，强化其对关联城镇的辐射效应。

（四）深化体制机制改革，激发区域发展活力

加快重要领域和关键环节改革攻坚突破，推动改革任务落地见效。积极参与推动全国统一大市场建设，推进要素市场化配置综合改革，健全土地、劳动力、资本、技术、数据等要素市场运行机制。推动国企市场化转型和高质量发展，通过现代企业制度特色改革提升国企治理水平，激发企业内生动力；健全市场化经营机制，为民营企业聚焦实业提供良好环境，推动民营企业做精主业，强调民营企业产权、企业家的合法权益，推动民营企业走向更广阔的舞台。

持续优化营商环境。"放管服"改革、推广免审即享范围。营造更加便利化、标准化、规范化的市场准入环境，提升网络办公的实时效率，持续深入推进"证照分离"改革、行政审批效能改革。营造公平竞争的市场环境，保障各类市场主体公平参与市场竞争，提振市场主体发展信心。深入推进涉企违规收费整治工作，切实减轻各类市场主体的不合理负担。探索开展对新产业、新业态、新模式的包容审慎监管，强化事前预防规范和教育引导。

充分发挥自贸试验区制度创新的示范带动作用。聚焦"丝路自贸区""科创自贸区""农业自贸区""会展自贸区"建设，对标国际高标准经贸规则先行先试，开展差异化改革探索，持续推进改革创新经验复制推广。支

持自贸试验区协同改革先行区加大赋能放权力度，指导协同改革先行区参照更多创新措施探索贸易投资便利化改革创新，提升金融服务实体经济便利度，加快外向型经济发展，推动自贸试验区在陕西高质量发展中发挥更大作用。

（五）健全长效环保机制，筑牢生态安全屏障

将生态治理和特色产业体系的建设有机结合，建立健全绿色低碳循环发展的经济体系。将攻关核心技术作为提高项目能效水平的关键任务，探索将绿水青山转化为金山银山的绿色生产机理。在政策创新、技术创新和生产效能提升等方面发力，积极实施可再生能源建设工程，碳捕集、利用和封存产业化示范工程，近零碳排放示范工程等，在绿色发展上不断迈出新步伐。

构建现代化绿色生产网络，将生态效益转化为经济效益。将生态强省的建设融入区域经济发展规划中，完善生态文明建设目标评价考核机制。优化生态资源供给和生产资源需求的匹配机制，把资源保有强度和资源消耗强度精准匹配。打造绿色循环低碳发展的产业体系。突出发展陕西的生态环保经济，壮大节能环保产业、清洁生产产业、清洁能源产业的规模，推进可再生资源产业园和循环经济园区试点的建设。充分发挥绿色信贷、融资、财税等政策的调节作用，全面建设绿色陕西，为可持续发展生产力提供生长点。

参考文献

杨伟民：《贯彻中央经济工作会议精神　推动高质量发展》，《宏观经济管理》2018年第2期。

王嵩、范斐、卢飞：《国内大循环、国际大循环与区域高质量发展》，《统计与决策》2021年第19期。

王健、高铭：《基于新发展理念的中国省域经济发展评估》，《现代管理科学》2020年第4期。

俞林、赵俊红、霍伟东：《推进数据要素市场化配置　促进经济高质量发展》，《宏

观经济管理》2021 年第 10 期。

陕西日报社论：《为谱写陕西高质量发展新篇章不懈奋斗——热烈祝贺中国共产党陕西省第十四次代表大会胜利闭幕》,《现代企业》2022 年第 8 期。

翟坤周：《共同富裕导向下乡村振兴的东西部协作机制重构——基于四个典型县域协作治理模式的实践考察》,《求实》2022 年第 5 期。

刘国中：《牢记嘱托　感恩奋进　解放思想改革创新再接再厉　谱写陕西高质量发展新篇章》,《陕西日报》2022 年 6 月。

B.8
多部门协同推进创新链产业链
深度融合研究[*]

陕西省社会科学院经济研究所课题组[**]

摘　要：　创新链和产业链（以下简称"两链"）深度融合过程中会涉及
多个主体，具有复杂性。首先，本文分别从政府、企业、高校以
及金融机构四个方面，总结当前陕西协同推进陕西"两链"深
度融合现状。其次，基于"六大维度"构建多部门协同推进
"两链"深度融合影响因素。再次，通过实际调研和问卷，对多
部门协同推进陕西"两链"深度融合现状进行评估，从政府政
策推动落实不足、政策系统性待完善、政府治理能力和水平待提
升；企业研发力度不足，"链主"企业资源整合不够、共性技术
研发结构性缺位；高校科技成果转化不足，权益分配机制待完
善、科技经纪人队伍缺口较大；金融机构企业直接融资占比较
低、基金资源整合不够四个层面分析了当前不同部门在推进
"两链"深度融合中面临的主要问题。最后，从政府加强政策落
实、企业聚焦创新生态、高校加强科技成果转化、金融机构优化
整合基金资源四个方面提出多部门协同推进"两链"深度融合
对策建议。

---

* 本文为2022年陕西省软科学研究计划"多部门协同推进创新链产业链深度融合研究"（编
号：2022KRM109）、2023年陕西省软科学研究计划"秦创原创新驱动平台重点产业'两链'
精准对接机制研究"（编号：2023-CX-RKX-012）的阶段性研究成果。
** 课题组组长：裴成荣，陕西省社会科学院经济研究所所长，二级研究员，研究方向为区域经
济、城市经济。课题组成员：吕芬、屈晓东、顾菁。

关键词： 创新链 产业链 高质量发展 产业发展 科技创新

习近平总书记在党的二十大报告中指出："加快实施创新驱动发展战略。加快实现高水平科技自立自强。"2020年4月23日，习近平总书记在陕西考察时强调"要围绕产业链部署创新链，围绕创新链布局产业链，推动经济高质量发展迈出更大步伐"。深入贯彻习近平总书记重要讲话重要指示精神，推进"两链"深度融合，对于构建陕西现代化产业体系、促进经济高质量发展具有重要意义。"两链"深度融合过程中涉及政府、企业、高校和金融机构等多个主体，这些参与主体既有分工，又有合作，具有非常强的关联性。为深入了解多部门协同推进"两链"融合现状、措施效果及存在的问题，2022年，陕西省社会科学院经济研究所课题组深入政府、企业、高校和金融机构，围绕"陕西推进创新链产业链深度融合问题"进行了深度调研，并围绕核心问题进行了问卷调查与焦点访谈。在此基础上，形成了本调研报告。

一 多部门协同推进陕西"两链"融合现状

（一）政府部门立体联动，系统谋划"两链"深度融合

1. 加强顶层设计，激发融合效应

一是构建以问题为中心、以市场为导向、以企业创新需求为核心的项目建设机制。围绕陕西省24条重点产业链，梳理出企业资源、创新资源和关键核心技术"三张清单"。构建链主企业"链长"联络机制，协助协调解决产业链发展水平提升中存在的相关问题。二是优化政策支撑。出台《进一步提升产业链发展水平的实施意见》，提出推动产业链核心技术攻关等14项重点任务。编制《提升重点产业链发展水平若干政策措施》。制定《"链主"企业认定办法》《产业链提升工作综合评价办法》。出台《实施

"两链"融合加快构建现代化产业体系三年行动方案（2021－2023 年）》《陕西省重点研发计划"两链"融合重点专项定向委托工作规程（试行）》《实施科技项目"揭榜挂帅"工作指引》。三是加强重点产业链核心竞争力。按照提升方案、图谱等关键产业链，对"链主"企业进行认定。实行"赛马制""揭榜挂帅""领衔专家制"，在高端数控机床、半导体与集成电路、光子集成与光子制造、新能源汽车、先进稀有金属材料、北斗产业、作物育种、增材制造、氢能产业和医工交叉等重点领域实施"两链"融合重点专项。

2. 建设秦创原总窗口，统筹融合资源配置

秦创原总窗口是陕西最大的科技创业孵化器和科技转化"特区"，着眼建设立体联动"孵化器"、科技成果转化"加速器"以及"两链"融合"促进器"三大目标。秦创原总窗口推进企业、"双创"载体与高校共建创新平台，构建以企业为主体、市场为导向、产学研用深度融合的技术创新体系，优化创新创业生态，促进创新要素集聚。通过构建科技创新产业化平台，打造从研发到孵化再到产业化的科创系统，有助于使创新资源成为发展优势，让"两链"深度融合。

3. 搭建创新平台，打造融合共同体

一是打造"产业创新+企业创新"平台体系。完善创新平台体系，建设国家增材制造创新中心。二是建设共性技术研发平台和创新联合体。制定《共性技术研发平台建设运行工作指引》《新型研发机构组建认定工作指引》等相关政策，并积极引导龙头骨干企业、高校院所等优秀创新资源，以强强联合、多元投入、协同共建等形式建设先进稀有金属材料、光子产业、半导体与集成电路、高端数控机床等共性技术研发平台。三是打造陕西省创新驱动共同体。构建"创业苗圃—孵化器—加速器"三器融合的孵化培育链条，探索科技成果转化早期风险承担的培育模式，搭建"理事会+（专委会+孵化器+基金）"的组织形式，构建"科技社团+轻资产"运营机制，深入促进"两链"融合。

4.强化企业创新主体，提升融合效率

一是构建优质企业梯度培养机制。出台《关于加快培育发展制造业优质企业的实施方案》，建立"专精特新—单项冠军—小巨人—领航企业"梯度培育体系。联合制定《陕西省科技型企业创新发展倍增计划》，制定瞪羚企业培育认定实施方案，健全和优化企业网络管理体系，完善"科技型中小企业+高新技术（瞪羚）+上市企业（独角兽企业）"梯度培育链条。二是加大资金支持。每年拨出专项经费，用于奖励新认定的"专精特新"、"小巨人"、单项冠军企业等，奖补企业创新能力建设等项目。三是塑造创新创业品牌。集聚人才、技术、资本、市场等要素，打造"创新创业大赛+开放需求众包+种子天使众筹"的一体化发展模式，开展创新创业大赛、"双创"活动周、创业训练营等创新创业项目。

5.强化人才工作，完善融合智力支持

一是健全以创新能力、质量和贡献为导向的科技人才评估体系，将学术领域活跃度和影响力、研发成果原创性和转化效益等纳入考核评价体系。通过改革科技评价激励机制，加强科技人才队伍建设，建立覆盖领衔科学家、中青年领军人才和年轻人才的支持机制，每年扶持20个领军人才、50个"杰青"项目、1000个青年项目。二是制定鼓励青年科技人才和职务科技成果转化的激励措施。依照"高校聘人+企业用人"模式，加速吸引高层次科技人才、科技经纪人和急需的创新型人才。实施高层次外国专家引进计划。

（二）高校"三项改革"，助推"两链"科技成果转化

2021年，西北工业大学、西安石油大学、西安建筑科技大学、西北大学、西安理工大学等5所高校积极推动促进科技成果转化"三项改革"（职务科技成果单列管理、技术转移人才评价和职称评定、横向科研项目结余经费出资科技成果转化）试点工作。在试点探索的基础上，相关部门联合制定了《陕西省深化全面创新改革试验推广科技成果转化"三项改革"试点经验实施方案》。

1.职务科技成果单列管理，破解"不敢转"

建立"职务科技成果清单"的单列管理体系，将职务科技成果不纳入国有资产管理。在管理部门方面，高校国有财产管理部门不再管理职务科技成果，而改由科研管理部门管理。在处置方式方面，将以作价入股等方式进行职务科技成果转化的国有财产处置方式，不列入国有资产保值增值的考核范围。在责任免除方面，对领导和相关职能单位制定了有关科技成果价格的免责条款，有效化解科研人员和管理人员"不敢转"的问题。

2.建立技术转移人才评价和职称评定制度，破解"晋升难"

技术转移人才评价和职称评定，根据技术转移转化工作的特征，通过能力、业绩和贡献来对科技人员进行考核，消除"四唯"现象。明确了技术转移人才参与职称评定的两条发展途径：对以经济为主要领域，进行新技术概念验证、中试熟化和产业化工作的高校科研人员，应根据分级评定的要求，将其列入"教学科研型"人员，主要评价其科技成果转化取得的经济、社会和生态价值，对论文不做强制规定；对专职服务成果转化的科技管理人员，将其列入工程序列，参与职称评定，主要考核其在促进单位科技成果转化取得的经济效益和社会效益方面的作用。鼓励建立专业化、市场化的科技成果转化管理服务体系，对科技成果转化成绩突出的给予优先扶持，破解"晋升难"问题。

3.允许横向科研项目结余经费出资科技成果转化，破解"缺钱转"和"风险共担"

鼓励高校探索科研人员将横向科研项目结余经费以"技术入股+现金入股"的形式进行投资，并将其视为职务科技成果转化行为，所形成的国有股权纳入职务科技成果单列管理范围。对利用横向科研项目结余经费进行科技成果转化的，由科研人员和学校约定分配比例，其中科研人员占比不低于90%。鼓励高校探索多种方式支持横向科研项目结余经费出资科技成果转化，不仅允许成果完成人采取"现金入股+技术入股"方式转化科技成果，还允许拥有横向科研项目结余经费的教师和拥有科技成果的教师，联合采取

"现金入股+技术入股"方式转化科技成果；成果完成人按"同股同价"方式收购单位持有的"技术股"；设立科技成果转化基金，可委托专业第三方经营管理，破解"缺钱转"和"风险共担"问题。

（三）省属企业引领创新，整合"两链"产业优势和科技资源

1. 组建国企创新中心，突出创新引领

一是引导省属龙头企业积极参加秦创原的建设，引导其持续加速技术革新，引领企业不断加快科技创新步伐。二是通过省属企业牵头，以市场机制为纽带，建立利益互联的校企创新平台，重点破解行业发展的痛点和难点。三是推进形成科技创新与成果的良性循环。制定"十二条"扶持措施，鼓励省属企业积极进驻秦创原，开展联合创新。积极推动央企民企、高校院所、金融机构共建共享，形成资源集聚、企地协同、互利共赢、产学研用金融合的新机制。

2. 围绕重点产业链，深化品牌效应和聚集效应

一是探索协同创新。例如，与西安交通大学、西北工业大学等11所省内高校合作开展研发项目77个，规划总投资18.24亿元；陕西有色金属集团布局高端实验室及产业化中试基地；引汉济渭，与西安交通大学张锦英教授团队共同研发氢动力无人机，覆盖引汉济渭工程巡检全程。二是加强对高校科技创新成果的深度发掘，加速科技成果的产业化。例如，延长石油和陕投集团等新成立了11家技术转化孵化公司；陕西有色金属集团建成全球首台产业级全自动干湿法空气捕集二氧化碳设备。三是打造产业化示范项目。例如，陕煤新能源材料产业基地、秦床高档工业母机创新基地、陕投供应链科技平台等，全方位承载高校、科研院所高精尖技术转化，加快推动创新全要素生态载体建设和产业化项目落地。

（四）金融机构打造生态体系，破除"两链"融资机制障碍

一是出台专项扶持政策措施。陕西先后出台了《关于金融支持秦创原创新驱动平台建设的若干措施》《陕西省金融服务科创企业提质增效行动

计划（2021-2023 年）》《关于提升重点产业链金融服务水平的意见》《关于促进私募股权投资行业发展的若干措施》等文件。二是秦创原积极设立科创系列基金。先后设立秦创原春种基金、秦创原科创母基金、陕西招商西投两链融合产业基金、原泉科创基金、秦创原硬科技创业投资基金等，总规模达 16.6 亿元。三是扎实推动科创企业上市。抓紧实施全面注册制改革；继续加强与沪、深、北交易所的战略协作，强化和完善后备企业的联合培育机制，加速科创企业的上市挂牌融资。区域股权市场设立特色专区和 6 亿元的上市后备企业股权投资基金。四是积极发展私募股权基金。风投、创投、产投、天使投批量设立。陕财投成立陕西省政府性融资担保基金有限公司，以股权投资、短期流动性支持业务等方式，支持担保机构做大做强。设立总规模 40 亿元的中小企业发展基金（西安）国中合伙企业（有限合伙）。五是探索建立创新资本平台。建立全国首家政策性资本市场服务平台"陕西资本市场服务中心"；启动陕股交"科技创新专版秦创原专区"建设；打造开放共享、集中统一、"线上+线下"一体化，多渠道同步分发、创投机构广泛入驻的路演服务平台。六是健全秦创原总窗口科创金融服务体系。与西咸新区、西交大、西工大、光机所、有色院等重点科研院校建立战略合作关系，形成"一揽子"协作模式。建立面向秦创原的多个重要金融服务平台，积极扩大首贷服务中心，全力推动科技型中小微企业集中挂牌。

二　多部门协同推进陕西"两链"深度融合影响因素

陕西在"两链"深度融合中取得了一定的成效，但在多部门推动"两链"融合过程中依旧存在一些问题。为分析多部门协同推进"两链"深度融合的影响因素，精准定位存在的问题，本报告基于界面管理理论，围绕多部门协同推进"两链"深度融合的协同界面主体影响因素设计问卷。"两链"深度融合的协同界面主体包括政府、企业、高校以及金融机构。在借鉴已有关于"两链"融合协同界面主体影响因素以及陕西"两链"融合具体举措，秉持系统性与全面性相结合、定量化与定性化相结合、实用性与可操作性相结合的原则，从政府政策及创新制度因素、知识产权因素、技术及平台因素、成果转化因素、资金因素和人才因素六个维度开展专项问卷调查。具体因素设计如表1所示。

表1 多部门协同推进陕西"两链"深度融合影响因素

一级因素	二级因素	三级因素
多部门协同推进创新链产业链深度融合	政府政策及创新制度因素	政府税收优惠政策
		政府科技专项资金
		创新环境
		"链长制"政策
		"三支队伍"政策
	知识产权因素	知识专利
		行业标准
		知识共享
	技术及平台因素	重点产业关键核心技术
		产业基础技术
		秦创原创新驱动平台
		中试基地
	成果转化因素	职务科技成果单列管理
		技术转移人才评价和职称评定
		横向科研项目结余经费出资科技成果转化
		利益分配
		风险共担
		退出机制
	资金因素	银行贷款
		风险投资
	人才因素	高层次人才
		专业技术人才

三 多部门协同推进陕西"两链"深度融合现状评估

(一)总体情况

此次调查以政府、高校、企业和金融机构相关部门的专家意见为依托,问卷通过线下以及线上方式发放300份,回收272份,有效问卷回收率为90.67%。通过对问卷筛查,剔除无效问卷12份,总计有效问卷260份。对调查结果进行描述性统计,结果如表2所示。结果显示,受访者所在机构包括政府部门(13.04%)、高校(21.74%)、企业(43.48%)以及金融机构(21.74%);职称或职务包括初级及以下(17.39%)、中级(30.44%)、高级(52.17%);企业所属行业/领域包括农业、工业、建筑业、服务业、教育行业以及其他。数据显示有44.83%的受访者对当前陕西"两链"深度融合评价为比较好(见图1)。

表2 样本描述性统计

单位:%

因素	百分比
所在机构	
政府部门	13.04
高校	21.74
企业	43.48
金融机构	21.74
总计	100.00
职称或职务	
初级及以下	17.39
中级	30.44
高级	52.17
总计	100.00

续表

因素	百分比
企业所属行业/领域	
农业	9.45
工业	36.70
建筑业	10.61
服务业	5.83
教育行业	30.28
其他	7.13
总计	100.00

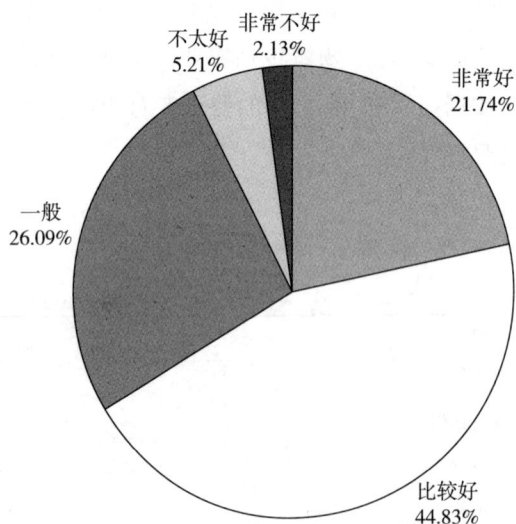

图1　陕西"两链"融合总体评价

（二）具体情况

1. 政府政策及创新制度因素

根据当前陕西为推动"两链"融合所制定的创新政策，问卷分别调查了 5 个主要影响子因素，包括政府税收优惠政策、政府科技专项资金、创新环境、"链长制"政策以及"三支队伍"政策（科技经纪人、科学家+工程师、新"双创"）的重要性程度。在调查的样本中，82.61%的受访者认为创新环境非常重要，超过半数（56.52%）的受访者认为政府税收优惠政策非常重要；同样，也有 52.17%的受访者认为"链长制"政策非常重要。对政府科技专项资金和"三支队伍"政策，逾四成的受访者普遍认为是非常重要的（见图 2）。

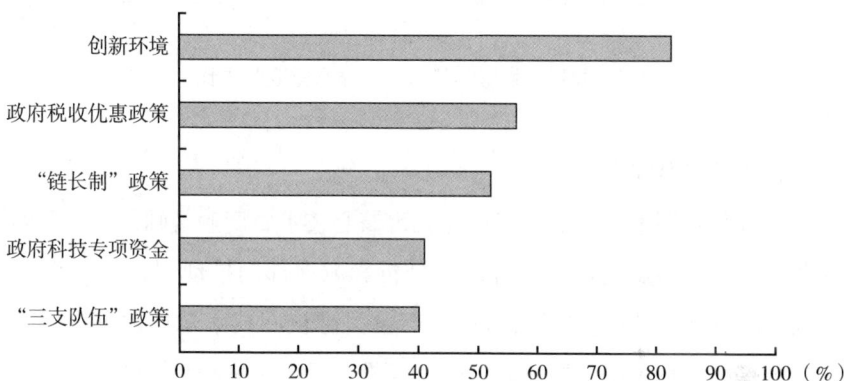

图 2 政府政策及创新制度影响子因素"非常重要"占比

2. 知识产权因素

通过知识专利、行业标准和知识共享这 3 个子因素来分析知识产权因素的重要程度。受访者中，69.57%的人认为行业标准对多部门推动"两链"深度融合是非常重要的。超过一半的受访者认为知识专利和知识共享同样非常重要。创新链中的知识产权主要表现在研发成果上，创新和研究的过程也涉及知识产权，但是最终成果却通常以知识产权的形式表现出来，并且以这种方式进入产业链中。而产业链中知识产权通常会被作价，以货币的形式成为产品的投入成本，体现在产品的附加值上，与产业链的其他环节一起参与市场竞争。最终，创新链中知识产权的产出成本将通过产业链中的产品实现价值"回笼"。

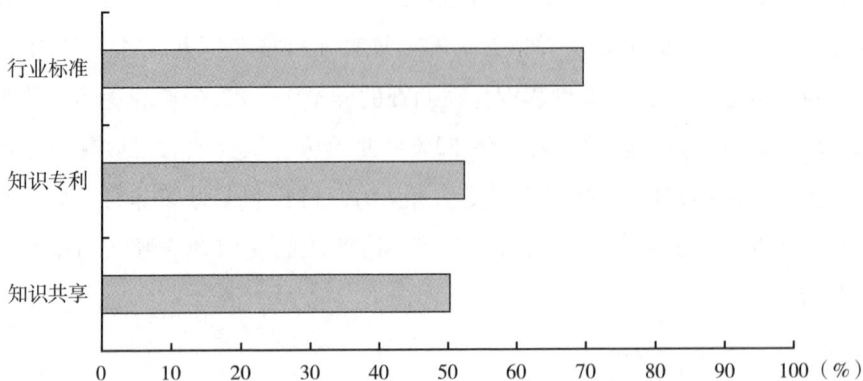

图3 知识产权影响子因素"非常重要"占比

3. 技术及平台因素

技术及平台因素主要从重点产业关键核心技术、产业基础技术、秦创原创新驱动平台和中试基地4个方面来分析影响多部门推动"两链"深度融合的因素。73.91%的受访者认为重点产业关键核心技术是非常重要的。重点产业关键核心技术研发周期非常长,且投入巨大,具有知识的高复杂性和高风险性,但是一旦取得商业化的突破,就具有一定的稳定性和可靠性。69.57%的受访者认为产业基础技术也同样非常重要。数据显示,分别有52.17%和47.83%的受访者认为秦创原创新驱动平台和中试基地都对多部门推动"两链"融合具有比较重要影响(见图4)。

4. 成果转化因素

成果转化因素主要分析了职务科技成果单列管理、技术转移人才评价和职称评定、横向科研项目结余经费出资科技成果转化、利益分配、风险共担、退出机制等6个子因素对多部门协同推进"两链"深度融合的重要程度。数据显示,超过六成的受访者明确认为利益分配和风险共担机制是非常重要的;一半的受访者认为技术转移人才评价和职称评定非常重要;认为职务科技成果单列、横向科研项目结余经费出资科技成果转化比较重要的约占四成;1/5多的受访者认为退出机制具有一般重要程度(见图5)。

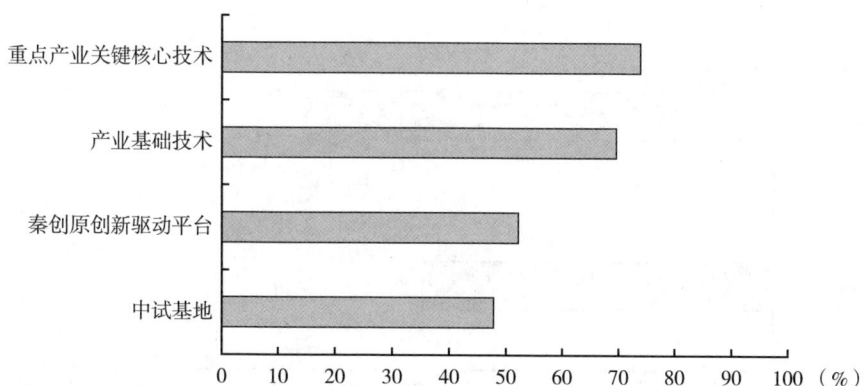

图 4　技术及平台影响子因素"非常重要"占比

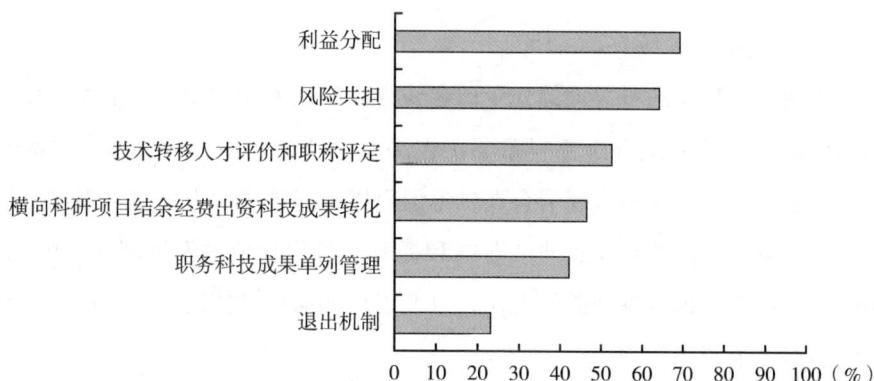

图 5　成果转化影响子因素"非常重要"占比

5. 资金因素

资金因素分析了银行贷款和风险投资这两个子因素对多部门协同推进"两链"深度融合的重要程度。数据结果分析发现，2/3 的受访者认为，银行贷款对促进"两链"深度融合非常重要；同时，大部分受访者也认同风险投资有同等重要的作用（见图 6）。在技术研发阶段，银行贷款通过支持原料设备的采购和流动资金周转，可以充盈科技企业的自由现金流，缓解企业融资约束。强化对产业链和创新链的整合和服务也将是风险资本发展的未来方向和内生需求。

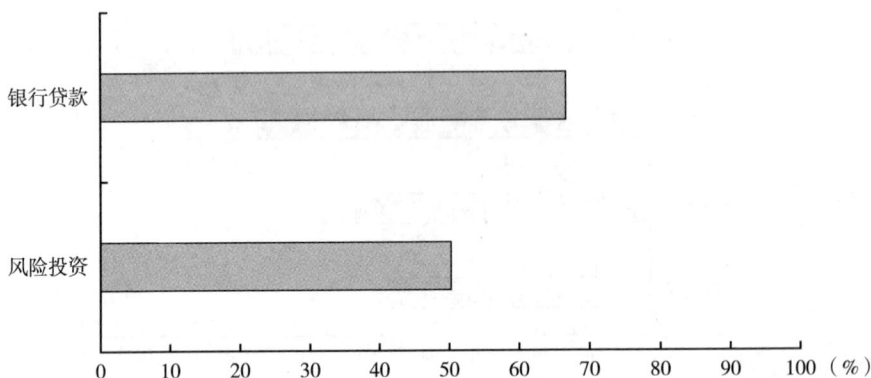

图6 资金影响子因素"非常重要"占比

6. 人才因素

从问卷的数据来看,大部分受访者认为高层次人才和专业技术人才在多部门推进"两链"融合中都很重要。在深度融合过程中,要找准高层次人才与本土产业链之间的有利契合点,不但可以提高高层次人才项目落地孵化率,也可以满足民营企业延伸产业链和提升产品附加值的发展需求。因此,如何系统规划合理引进合适的人才,以及以后如何科学使用人才,对产业升级发展至关重要。

四 多部门协同推进"两链"深度融合存在的问题

根据调查问卷所梳理的重要因素以及实际调研情况,本文分别从政府、企业、高校以及金融机构四个方面来分析多部门在协同推进"两链"深度融合中所面临的问题。

(一)政府方面

政府方面面临的主要问题如下。一是政策推动与落实不足。近些年来,陕西为促进"两链"深度融合制定了相关政策措施,也取得了一定的成绩。

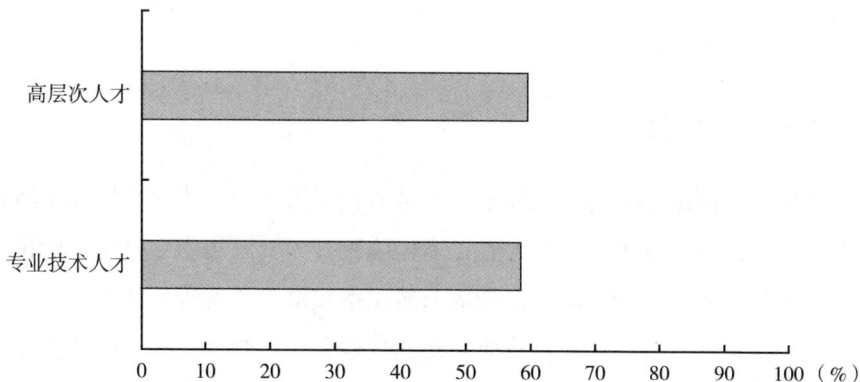

图7　人才影响子因素"非常重要"占比

但在调研过程中，发现依然有一些环节政策落实不到位，成了束缚科研单位和人员的"细绳子"。二是政策系统性待完善。在推进"两链"融合过程中，政府的不同部门推出了不同的政策和措施。这些政策措施更多地关注创新链条中部分环节、点和面，导致政策缺乏创新中的地区联动性和"两链"融合联动性，难以形成资源共享机制和区域优势互补。三是政府治理能力和水平有待提升。"两链"融合过程中会涉及人才、资金、技术等要素的多方利益主体，同时也有不同主体、层级与部门的协同配合，以及不同制度机制的协调对接。在调研过程中，课题组发现，政府仍需进一步提升其治理能力和水平，促进"两链"要素的自由流动与有机整合，提升创新资源的配置效率。

（二）企业方面

企业方面面临的主要问题如下。一是企业研发力度不足。制造业在陕西工业中占据重要的地位，也是陕西经济增长的主要动力。然而，陕西制造业整体自主创新能力比较薄弱，研发投入较低，造成陕西制造业竞争力不强。二是"链主"企业资源整合不够。在"两链"深入融合的过程中，"链主"企业创新作用不明显，没有充分发挥产业生态的主导作用。三是共性技术研发结构性缺位。共性技术研发是推动产业链中下游、大中小企业融通创新的关键环节。但是，当前创新资源较为分散、政策保障体系不健全，造成共性供给环节出现结构性缺位。

（三）高校方面

高校方面面临的主要问题如下。一是科技成果就地转化和承接技术转移能力未充分发挥。陕西是科教大省，高校院所智力资源集中、科研经费相对充足、科技成果也较为丰硕，但是依旧转化率较低，科技资源优势没有完全转化为产业发展优势。二是科技成果转化权益分配机制待完善。职务科技成果转化涉及多种利益和多方利益主体，科学合理的利益分配机制可以有效激发科研人员转化科研成果的积极性，也是多部门协同推进"两链"深度融合的重要手段。三是科技经纪人队伍缺口较大。专业的科技经纪人队伍可以有效解决科研技术与产业、市场精准匹配黏性不足问题，打通创新成果从实验室到市场的"最后一公里"。但是目前，陕西科技经纪人队伍力量还很薄弱，人才缺口较大。

（四）金融机构方面

金融机构方面面临的主要问题如下。一是企业直接融资占比较低。陕西的市场主体是省属市属国有企业和大量的中小微企业、创新型企业，银行信贷融资占到社会融资规模的70%以上，企业通过资本市场进行直接融资的占比较低。二是基金资源整合不够。在科研转化过程中，基金机构重要的职能是要引导全国的资本介入陕西产业发展。陕西科研成果相对丰富，然而缺少资本运营人才，缺少有效对接基金业的人才。

五　对策建议

（一）政府：加强政策宣传，提高政策集成，简化审批流程

对于政府来说，一是加强政策宣传。有关部门要对国家及省（区、市）

的"两链"相关政策进行梳理和系统研究，做好政策的创新、与现有政策的对接和政策的集成，通过各类项目对接会、企业培训班以及电视、报纸、网络等媒体，不断加大"两链"融合相关政策的宣传力度，便于企业及时了解和掌握。二是开展"两链"融合相关政策第三方评估。按照公开公平公正原则，引入竞争性遴选机制，通过政府购买服务的方式确定评估机构。从政策本身的针对性和可行性，政策实施落地情况，政策取得的经济效益、社会效益和生态效益，政策实施中存在的问题，政策利益相关方评价，政策终止、调整或修改，完善建议等七个方面进行综合评估。三是提升政务服务标准化、规范化和便利化。梳理"两链"政务服务事项清单，在服务事项名称、编码、依据、类型等基本要素"四级四同"的基础上，推动实现同一政务服务事项受理条件、服务对象、办理流程、申请材料、法定办结时限、办理结果等要素标准统一，编制形成政务服务实施清单。规范"一门"办理。线下"进一门、到一窗、一次办"，线上"入一口、好办事、管全程"，线上线下并行提供规范服务，满足企业多样化办事需求。高频政府服务事项和集成化办理事项全省无差别受理、同标准办理、全流程网办。

（二）企业：加强分类指导，聚焦创新生态，推动共建共享

对于企业来说，一是对现有企业研发机构分类指导，实现提档升级。引导和支持企业研发机构按照综合实力型、潜力型等特征和要点，抓住发展关键，集中资源发挥比较优势。完善企业现有研发中心、检测中心、设计中心、技术中心、中试基地等研发机构的评估与认定。二是引导有条件的中小企业立足自身实际自建或依托高校共建研发机构。按照"一本清单、一套工作体系、一场培训、一次交流观摩活动、一次督察、一项举措"的工作要求，完善省、市、县、区多部门协同推动工作机制，在达到"有技术人员、有固定场所、有研发费用、有科研设备、有具体研发方向"等条件中小型工业企业中普遍建立省市级企业研发机构。三是加强"链主"企业"强创新"，发挥产业生态的主导作用。鼓励"链主"企业联合上下游组建创新联合体，带动上下游中小企业创新发展。针对每条产业链在核心基础零部

件等方面的薄弱环节开展攻关突破，实施产业基础再造工程项目；鼓励"链主"企业率先采购、使用配套企业的创新产品，提升产业配套水平，发挥重点产业工艺"一条龙"的示范作用。四是激发共性技术研发平台创新活力。弱化或取消经营业绩考核，突出共性技术研发及行业进步贡献考核。在科研投入、工资总额、员工激励、人才引进、国际合作、科研条件建设、成果转化与价值共享等方面，给予一定的主动权。建立健全创新容错机制，实施容错负面清单制度，激发共性技术研发平台敢于创新、善于创新。

（三）高校：创新转化模式，完善分配机制，培育经纪人队伍

对于高校来说，一是探索定向研发、定向转化和定向服务"三定向"的科技成果转化模式。瞄准企业需求开展定向研发，将科技开发资源定向投放，进行专项技术攻关；瞄准市场需求开展定向转化，研发出的成果按既定需求由企业进行定向转化；瞄准企业需求开展定向服务，为企业提供后续技术支撑。二是完善科技成果转化权益分配机制。改进转让与许可利益分配模式，需在不同的研发阶段，提前引入社会资本、社会力量综合评估研发成果的社会经济价值，基于"协商自治、风险共担、收益共享"的原则进行"分段推进，分批转化"。简化股权分配模式，优化缩短审批流程，对科研人员放宽股权奖励、出售、年限和营利水平的限制，充分发挥股权分配的激励效益。实行差异化科研项目资助模式，探索建立体现科技创新人才价值和贡献的间接经费同成果转化收益相挂钩的动态浮动机制。三是加强科技经纪人队伍建设。可在二级学院增设"科技经纪专员"，受院校两级管理，拥有独立工作组群和职称序列。每月定期参加学校或政府举办的技术转移知识相关培训。科技经纪专员覆盖重点学科和重点科研领域，协助科研团队的专家和教授进行科技成果转化。

（四）金融机构：加强产品推介，培育发债主体，搭建基金平台

对于金融机构来说，一是金融机构加大产品推介力度。各金融机构利用网点多的优势，通过张贴宣传画、印刷宣传手册等方式，全方位、多形式宣

传企业直接融资基本知识，加深企业对直接融资条件、程序、优点的认知程度，增强企业的积极性和主动性。二是培育发债主体。各监管部门对全省企业进行全面摸底，筛选基本符合直接融资条件的企业，建立直接融资企业后备资源库。并通过企业申报地各主管部门推荐等方式，及时充实后备资源库。监管部门根据企业基本条件、融资需求和融资目的，"一户一策"量体裁衣制订辅导计划。三是聚焦陕西特色资源，搭建开放基金平台。基于秦创原总窗口，引入全国资本，通过有媒介载体的开发式基金平台，推出著名基金人、著名基金公司、著名项目、著名企业等资本 ID。四是建立领导挂钩服务机制。针对处于不同阶段的上市后备企业提供融资对接、推荐指导、协调推进等服务。针对企业上市过程中涉及的合规证明出具等事项，提供差异化的解决方案，持续优化流程，提升工作效率。五是推行同股不同权，保护发展科教资源。成熟的企业，可以先在秦创原总窗口进行注册登记试点，率先实施同股不同权。试点成熟后，通过自贸区和开发区两种路径复制推广。

参考文献

刘友金：《集群式创新与创新能力集成——一个培育中小企业自主创新能力的战略新视角》，《中国工业经济》2006 年第 11 期。

李晓锋：《"四链"融合提升创新生态系统能级的理论研究》，《科研管理》2018 年第 9 期。

高洪玮：《推动产业链创新链融合发展：理论内涵、现实进展与对策建议》，《当代经济管理》2022 年第 5 期。

孔祥年：《基于创新链与产业链融合的产业技术研究院运行机制及建设路径》，《中国高校科技》2019 年第 10 期。

胡乐明：《产业链与创新链融合发展的意义与路径》，《人民论坛》2020 年第 31 期。

B.9
陕西提高城乡居民收入路径研究[*]

祝 毅 王 睿 席 恒[**]

摘 要： 共同富裕是社会主义的本质要求，提高城乡居民收入是陕西推进
共同富裕的重要内容，通过对比分析全国各地区城乡收入比与陕
西省城乡居民收入结构，探寻陕西省城乡居民收入差距原因，最
后提出通过基本公共服务均等化为增加陕西省城乡居民收入创造
基础、通过实施更加积极的就业政策促进陕西省城乡居民实现充
分就业，激发中小微企业活力，鼓励并引导城乡居民积极进行创
业，增加陕西省城乡居民的经营性收入以及加大转移性支付力度
来提高陕西省城乡居民收入水平等政策建议。

关键词： 城乡居民收入 城乡收入比 收入结构 陕西

党的十八大以来，以习近平同志为核心的党中央领导全党全军全国
各族人民砥砺前行，完成脱贫攻坚、全面建成小康社会的历史任务，实
现第一个百年奋斗目标，为推进共同富裕奠定了坚实的物质条件和社会
基础。我国经济发展在取得令世界瞩目的成绩的同时，也积累了很多结
构性矛盾。城乡差距较大便是其中之一，城乡居民的收入差距是城乡差
距的集中体现，在习近平总书记 2021 年来陕西考察发表重要讲话、作出

---

[*] 课题来源：陕西省哲学社会科学重大理论与现实问题研究项目（项目编号：2021ZD1036）的
阶段性成果。

[**] 祝毅，西北大学公共管理学院讲师，研究方向为社会保障；王睿，西北大学公共管理学院博
士研究生，研究方向为社会保障；席恒，西北大学公共管理学院教授、博士生导师，中国社
会保障学会副会长，研究方向为社会保障、公共经济。

重要指示 1 周年之际，2022 年 9 月 14 日陕西省委理论学习中心组召开会议。会议强调，要加强民生保障和社会建设，着眼实现共同富裕，以增加居民收入和改进公共服务为抓手，循序渐进办好民生实事，不断增强三秦百姓的获得感、幸福感、安全感。陕西省扎实推进共同富裕战略目标，关键在于缩小城乡差距。经济、政治、文化、社会和自然资源等都是影响城乡居民收入差距的因素，因此，以实现陕西省共同富裕为战略目标，深入探究形成城乡居民收入差距的复杂成因，进而提出相应的政策建议十分重要。

一　提高城乡居民收入是陕西推进共同富裕的重要内容

作为我国重要的能源基地，自改革开放初期开始，陕西省始终是我国城乡差距较小的省份之一，这为陕西省城乡统筹发展奠定了基础。随着陕西经济的迅速发展，城乡居民生活水平都有了大幅度提高，城乡居民收入差距只有个别年份出现了短暂的下降，其他年份均呈现上升的趋势且增长的幅度很大，陕西省的城乡收入差距凸显，城乡收入差距的逐渐扩大成为阻碍陕西省推进共同富裕的最大障碍。因此，陕西推进共同富裕的关键任务在于缩小城乡差距，提高城乡居民收入是缩小陕西城乡差距的关键。

提高城乡居民收入是在陕西整体富裕水平较低的情况下，实现共同富裕的保障。共同富裕首先要富裕，生产力的高度发展、财富创造能力的巨大跃升是共同富裕实现的前提与保障；提高城乡居民收入是调节收入的基础和前提，只有实现陕西省地区经济的高质量增长，创造丰富的物质财富，不断提高城乡居民的收入水平，才能实现对于收入的调节；在陕西省促进共同富裕、缩小城乡差距的过程中，发展社会经济、提高城乡居民收入是基础，而在调节居民收入的过程中，不仅完成了全省经济发展成果共享的过程，更会进一步促进陕西省经济的发展，使更多群体参与到共建的过程中。最终按照共生—共建—共富—共享的实现逻辑，达到共同富裕。

城乡居民收入比是体现不同省份城乡居民收入差距的重要指标，即特定省份城市居民平均收入水平与农村居民平均收入水平之间的比值。如表 1 所示，基于国家统计局统计年鉴数据比较了不同省份城乡居民收入比发现，2020 年全国城乡居民收入比平均值为 2.00，河南省城乡居民收入比最低（1.86），海南省城乡居民收入比最高（3.27）。其中，2020 年陕西省城乡居民收入比为 2.08，全国排名第 4，表明陕西省城乡居民收入差距在全国范围内处于相对较低水平，全省城乡居民的富裕程度亟待提升。

表 1　2016~2020 年全国 31 个省份城乡居民收入比

省份	2016 年	2017 年	2018 年	2019 年	2020 年
海南	3.45	3.44	3.40	3.36	3.27
甘肃	3.31	3.28	3.25	3.20	3.10
浙江	3.17	3.14	3.11	3.04	2.92
辽宁	3.09	3.08	3.03	2.94	2.88
安徽	3.03	3.00	2.97	2.93	2.84
上海	3.06	2.97	2.95	2.89	2.82
河北	2.76	2.74	2.72	2.67	2.57
广西	2.57	2.57	2.57	2.55	2.51
西藏	2.62	2.62	2.60	2.51	2.51
天津	2.71	2.70	2.64	2.58	2.51
青海	2.84	2.83	2.78	2.67	2.50
北京	2.6	2.60	2.58	2.56	2.49
江西	2.08	2.07	2.00	1.85	2.48
吉林	2.80	2.79	2.74	2.64	2.48
新疆	2.56	2.55	2.53	2.51	2.45
贵州	2.73	2.69	2.61	2.54	2.42
四川	2.53	2.51	2.49	2.46	2.40
山东	2.49	2.48	2.46	2.44	2.37
山西	2.44	2.43	2.43	2.38	2.33
福建	2.55	2.55	2.55	2.47	2.31
湖南	2.40	2.39	2.38	2.38	2.28

省份	2016 年	2017 年	2018 年	2019 年	2020 年
宁夏	2.40	2.39	2.36	2.33	2.26
黑龙江	2.37	2.37	2.35	2.32	2.26
广东	2.31	2.31	2.3	2.29	2.25
江苏	2.28	2.28	2.26	2.25	2.19
内蒙古	2.26	2.25	2.24	2.22	2.19
云南	2.33	2.32	2.3	2.26	2.16
陕西	2.19	2.19	2.19	2.16	2.08
重庆	2.07	2.05	2.04	2.01	1.96
湖北	2.26	2.17	2.11	2.07	1.92
河南	1.85	1.85	1.86	1.86	1.86

注：按照 2020 年城乡居民收入比由高向低排序。

资料来源：2017~2021 年全国及各省份统计年鉴。

2020 年我国国内生产总值达到 101.6 万亿元，比上年增长 2.3%，居民人均可支配收入为 32188.8 元，比上一年度增加 1456 元，其中城镇居民人均可支配收入为 43833.8 元，农村为 17131.5 元，城乡收入差距仍然较大。2019 年陕西城乡居民收入比为 2.16，在全国 31 个省份中排名第 27 位。从陕西居民人均可支配收入构成可以看出，无论是农村还是城市居民，工资性收入的占比都是最大的，在城镇化进程中农村青壮年劳动力都选择进城务工，此时农村地区呈现空心化，严重阻碍农村地区的经济发展。其次与城镇居民不同的是，经营净收入对农村居民增收有着显著影响，说明陕西省农村居民家庭经营活动频繁，但陕西农业规模经营程度不高，以分散经营为主，产品的竞争力不强，农民收入单一且风险较大。2020 年陕西城镇居民人均可支配收入为 37868 元，比上一年度增加 1770 元，农村居民人均可支配收入为 13316 元，比上一年度增加 990 元。2020 年陕西省城乡居民收入比为 2.08，比上一年减少 0.08，从全国城乡收入比排名位次的情况来看，2020 年陕西省排在第 27 位，与上一年度保持一致。

二 陕西省城乡居民收入结构差异及其原因分析

(一)陕西省城乡居民收入现状分析

1. 全国城乡居民收入总体状况

如图 1 所示,2016~2020 年全国居民人均可支配收入实现了逐年增长,2020 年全国居民人均可支配收入较 2019 年增长 4.74%,全国城镇居民人均可支配收入较 2019 年增幅可达 3.48%,全国农村居民人均可支配收入较 2019 年则增长 6.93%,城乡居民收入差距逐步缩小。从全国城乡居民收入比来看,2016~2020 年,全国城镇居民人均可支配收入分别是农村居民的 2.72 倍、2.71 倍、2.69 倍、2.64 倍、2.56 倍。我国城乡居民的收入均呈缓慢增长态势,尽管农村居民收入的增长率高于城镇居民,但在绝对收入水平方面城镇居民远高于农村居民。

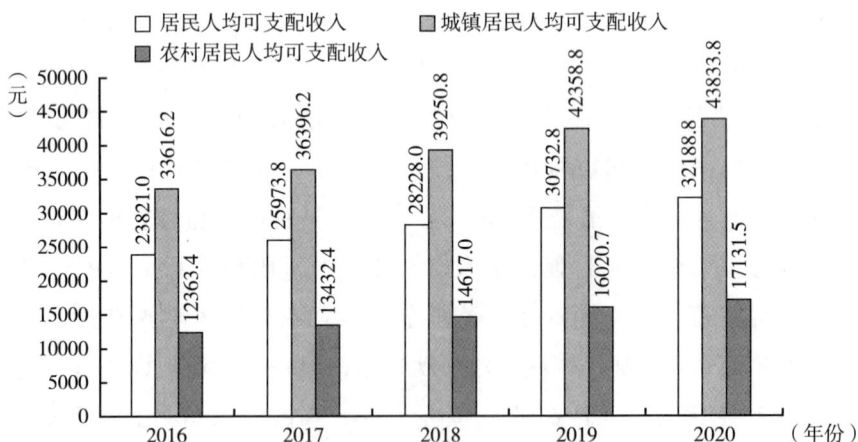

图 1　2016~2020 年全国居民人均可支配收入情况

资料来源:2017~2021 年《中国统计年鉴》。

全国居民可支配收入主要由工资性收入、经营净收入、财产净收入和转移净收入四部分构成。其中,工资性收入主要指劳动者通过各种途径获得的全部劳动报酬，包括其所从事的主要职业、第二职业以及由其他兼职所获得的劳动收入；经营净收入则主要指劳动者通过生产经营活动而取得的收益，主要包括企业在销售货物、提供劳务等日常经营活动中获取的收入；财产净收入主要指个体通过资本参与社会生产和生活活动所产生的收入，例如房屋租赁、土地流转等；转移净收入主要指国家、单位、社会团体对居民家庭的各种转移支付和居民家庭间的收入转移，包括养老金、低保金、特困供养金、生育补贴等。

首先，工资性收入在全国居民人均可支配收入中占比突出，经营净收入和转移净收入差距较小，财产净收入占比最低。图2显示，2020年全国居民人均可支配收入中工资性收入、转移净收入、经营净收入和财产净收入的占比分别为55.7%、19.2%、16.5%和8.7%。

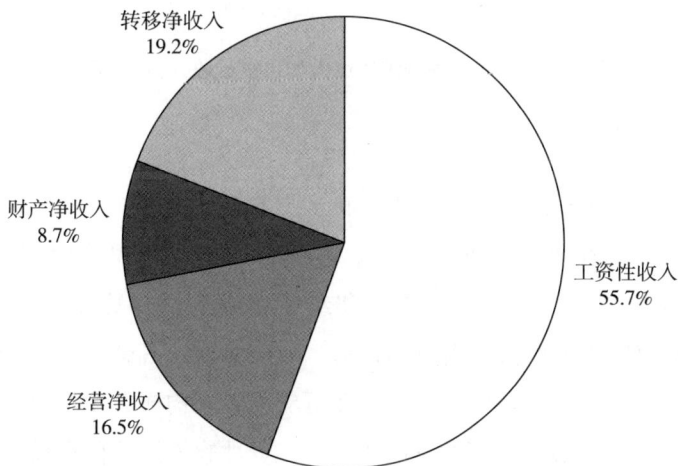

图2 2020年全国居民人均可支配收入占比情况

资料来源：2021年《中国统计年鉴》。

其次，工资性收入在全国城镇居民人均可支配收入中占据重要地位，其次是转移净收入、经营净收入和财产净收入。如图3所示，2020年工资性收入占全国城镇居民人均可支配收入的比例为60.2%，转移净收入、经营净收入和财产净收入的占比分别为18.5%、10.7%和10.6%。在全国城镇居民可支配收入中，工资性收入占比超过六成，转移净收入接近两成，经营净收入和财产净收入的占比差别较小。

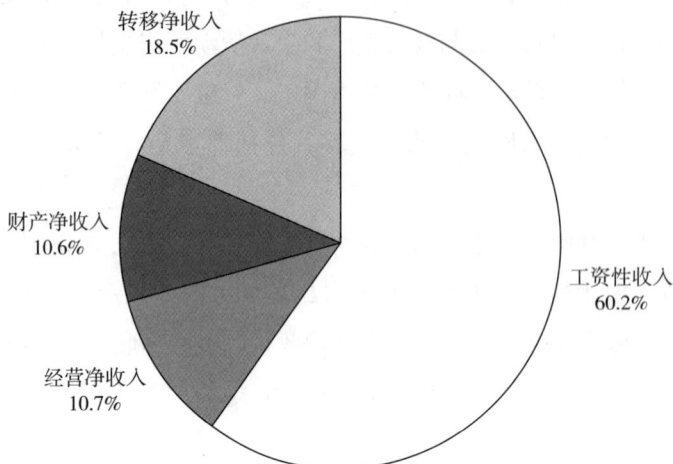

图 3　2020 年全国城镇居民人均可支配收入占比情况

资料来源：2021 年《中国统计年鉴》。

再次，工资性收入和经营净收入在全国农村居民人均可支配收入中占比较大，其次是转移净收入和财产净收入。图 4 显示，在 2020 年全国农村居民人均可支配收入中，工资性收入和经营净收入的占比分别为 40.7% 和 35.5%，转移净收入所占比例为 21.4%，财产净收入占比仅为 2.4%。

最后，全国城镇居民和农村居民在可支配收入构成方面差异较大。2020 年城镇居民可支配收入来源的排序依次为工资性收入、转移净收入、经营净收入、财产净收入；农村居民可支配收入来源的排序依次为工资性收入、经营净收入、转移净收入、财产净收入。城乡居民的主要收入来源是工资性收入，并且在财产净收入方面拥有较强的提高潜力。2020 年城镇居民的工资性收入和财产净收入占比高于农村居民，而农村居民的经营净收入和转移净收入占比高于城镇居民。

2020 年，全国城乡居民人均可支配收入为 32188.8 元，其中工资性收入为 17917.4 元、经营净收入为 5306.8 元、财产净收入为 2791.5 元、转移

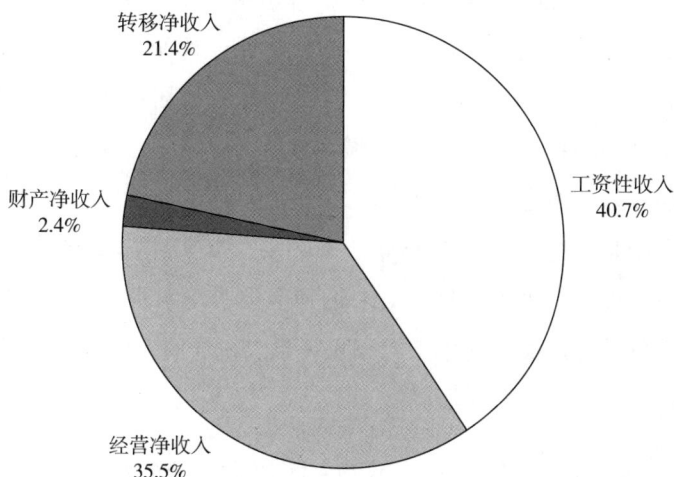

图4　2020年全国农村居民人均可支配收入占比情况

数据来源：2021年《中国统计年鉴》。

净收入为6173.2元，在全国居民人均可支配收入中的占比分别为55.7%、16.5%、8.7%和19.2%。其中，2020年全国城镇居民人均可支配收入为43833.8元，全国农村居民人均可支配收入为17131.5元，城镇居民工资性收入、经营净收入、财产净收入和转移净收入分别为26381元、4711元、4627元和8116元，而农村居民的四项收入分别为6974元、6077元、419元和3661元。

2.陕西省城乡居民收入构成

2016~2021年陕西省居民人均可支配收入稳步上升。国家统计局陕西省调查总队统计数据显示，2021年陕西省城镇居民可支配收入为40713元，较上年增长7.5%，农村居民人均可支配收入为14745元，较上年增长10.7%，为近五年最高值。基于陕西省统计年鉴数据，如图5所示，2016~2020年陕西省居民人均可支配收入分别为18874元、20635元、22528元、24666元、26226元，其中2020年全国居民人均可支配收入较2019年增幅可达6.3%；2016~2020年陕西省城镇居民人均可支配收入分别为28440.1元、30810.3元、33319.3元、36098.2元、37868.2元，其中2020年全国城镇居民人均可支配收入较 2019 年增幅可达 4.9%；2016~2020 年陕西省农村居民人均可支配收入分别为 9396.4 元、10264.5 元、11212.8 元、12325.7 元、13316.5 元，其中 2020 年陕西省农村居民人均可支配收入较 2019 年增长了 8.04%。与全国居民城乡收入差距相比，陕西省城乡收入差距较大，但收入差距也在逐年缩小。2016~2020 年，陕西省城镇居民人均可支配收入分别是农村居民的 3.03 倍、3.00 倍、2.97 倍、2.93 倍、2.84 倍。可见陕西省居民人均可支配收入虽未达到全国平均水平，但收入增幅较快；此外，陕西省城镇居民人均可支配收入高于农村居民，但是城镇居民人均可支配收入的增长率低于农村居民。

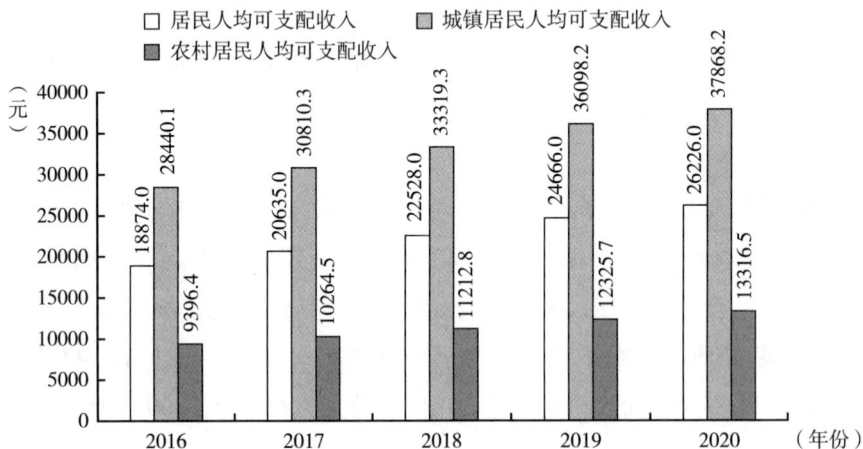

图 5　2016~2020 年陕西省城乡居民人均可支配收入情况

资料来源：2017~2021 年《陕西统计年鉴》。

首先，在陕西省居民人均可支配收入中，工资性收入的支柱作用明显，转移净收入占比较多，经营净收入和财产净收入占比较低。图 6 显示，2020 年陕西省居民人均可支配收入中工资性收入、转移净收入、经营净收入和财产净收入的占比分别为 53.5%、27.1%、13.2%和 6.1%。

其次，在陕西省城镇居民人均可支配收入中，工资性收入占比最多，其次是转移净收入，经营净收入和财产净收入占比较小且占比相同。根据图

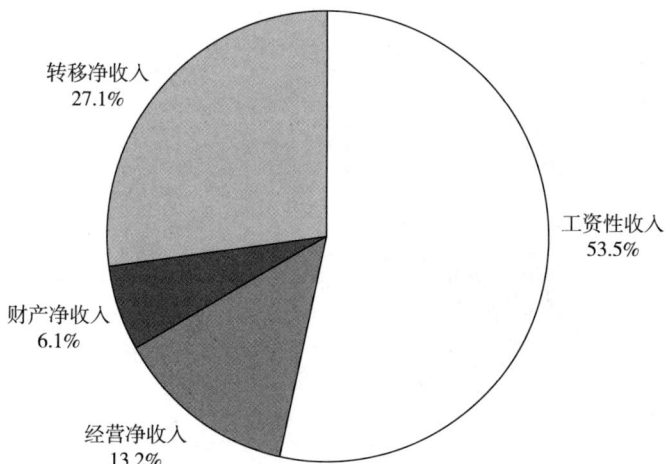

图 6　2020 年陕西省居民人均可支配收入占比情况

资料来源：2021 年《陕西统计年鉴》。

7，2020 年，在陕西省城镇居民人均可支配收入中，工资性收入的占比为 57.7%，转移净收入、经营净收入和财产净收入的占比分别为 27.3%、7.5% 和 7.5%。与全国城镇居民人均可支配收入相比，陕西省城镇居民的转移净收入的占比明显较高。

最后，陕西省农村居民人均可支配收入与全国农村居民人均可支配收入的构成情况较为相似，工资性收入和经营净收入占比较大，其次是转移净收入，财产净收入占比最低。图 8 显示，2020 年，在陕西省农村居民人均可支配收入中，工资性收入和经营净收入的占比分别为 40.5% 和 31.2%，转移净收入所占比例为 26.7%，财产净收入占比仅为 1.7%，陕西省农村居民的财产净收入非常匮乏。

陕西省城镇居民和农村居民在人均可支配收入构成方面有所差异。2020 年，在城镇居民和农村居民可支配收入中，转移净收入的占比较为相似，经营净收入和财产净收入的占比差异较大。2020 年，城镇居民的工资性收入和财产净收入占比高于农村居民，而农村居民的经营净收入占比高于城镇居民。

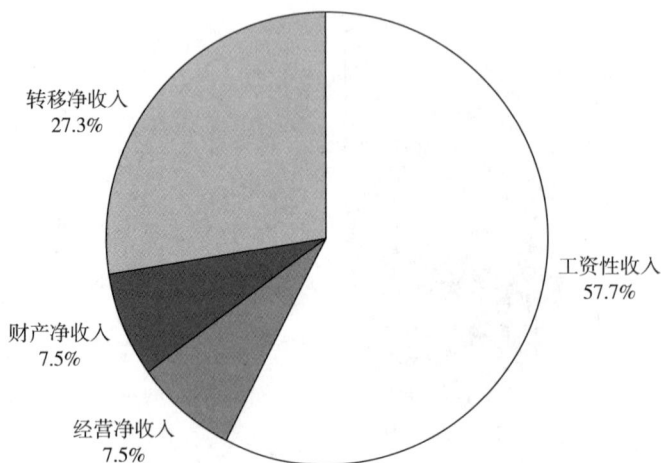

图7　2020年陕西省城镇居民人均可支配收入占比情况

资料来源：2021年《陕西统计年鉴》。

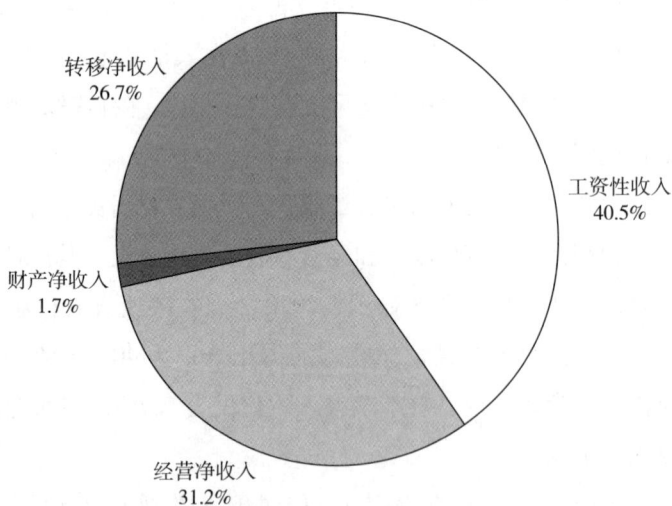

图8　2020年陕西省农村居民人均可支配收入占比情况

资料来源：2021年《陕西统计年鉴》。

3. 陕西省各地市居民收入现状

从陕西省不同地区城乡居民人均可支配收入差距来看，2021 年关中地区高于陕北与陕南，尤其是西安市已达到 17389 元的较高水平，另外杨凌示范区与榆林市均高于全省平均水平，其余地市均未超过平均水平，商洛市最低，仅为 11969 元。2016~2020 年，陕西省 10 个地级市城乡居民人均可支配收入总体呈现增长趋势。根据表 2 和图 9，西安市居民人均可支配收入最高，商洛市居民人均可支配收入最低。以西安市为例，城镇居民人均可支配收入从 2016 年的 35630 元提升至 2020 年的 43713 元，涨幅高达 22.7%；农村居民人均可支配收入从 2016 年的 15191 元提升至 2020 年的 15749 元，涨幅为 3.7%。以商洛市为例，2020 年城镇居民人均可支配收入为 26616 元，2020 年农村居民人均可支配收入为 10773 元，较 2016 年涨幅分别为 4.5% 和 28.9%。陕西省各地市居民收入状况与陕西省总体状况非常相似，城镇居民人均可支配收入高于农村居民人均可支配收入，但城乡收入差距在逐年缩小。

表 2　2016~2020 年陕西省各地市城乡居民人均可支配收入情况

单位：元

地级市	城镇居民人均可支配收入					农村居民人均可支配收入				
	2016 年	2017 年	2018 年	2019 年	2020 年	2016 年	2017 年	2018 年	2019 年	2020 年
西安市	35630	35837	38729	41850	43713	15191	12190	13286	14588	15749
铜川市	27594	27707	29996	32504	34143	9478	8507	9289	10229	11054
宝鸡市	31730	29402	31802	34446	36209	10287	10921	11936	13094	14189
咸阳市	31662	30874	33364	36187	37975	10481	9985	10893	11918	12879
渭南市	27485	28757	31133	33674	35304	9415	10655	11655	12775	13741
延安市	30693	29849	32226	34888	36577	10568	9878	10786	11876	12845
汉中市	25595	28010	30380	32828	34417	8855	9231	10088	11098	11937
榆林市	29781	28954	31317	33904	35682	10582	11031	12034	13226	14319
安康市	25962	23073	24977	27016	28247	8590	8688	9504	10475	11288
商洛市	25468	21678	23491	25503	26616	8358	8322	9112	10025	10773

资料来源：2017~2021 年《陕西统计年鉴》。

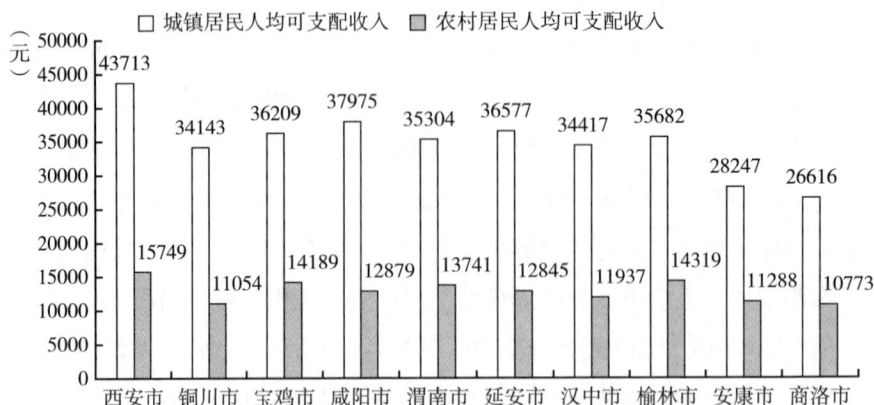

图9　2020年陕西省各地市居民人均可支配收入情况

资料来源：2021年《陕西统计年鉴》。

按照地理环境和人文民俗差异，可以将陕西省划分为陕北、关中、陕南三个区域。陕北包括榆林市、延安市；关中包括西安市、宝鸡市、咸阳市、渭南市、铜川市；陕南包括汉中市、安康市、商洛市。如表3所示，整体上关中地区居民人均可支配收入最高，陕北地区居民人均可支配收入次之，陕南地区居民人均可支配收入最低。2020年，关中、陕北、陕南三大区域居民的人均可支配收入分别为31928.3元、27451.9元、20898.3元；城镇居民人均可支配收入分别为40758.8元、36026.5元、30443.8元；农村居民人均可支配收入分别为14191.3元、13748.3元、11409.7元。陕北和关中地区居民人均可支配收入均高于陕西省居民人均可支配收入，但未高于全国居民人均可支配收入。

表3　2020年陕西省分区域城乡居民人均可支配收入情况

单位：元

区域	城乡居民	城镇居民	农村居民
陕北	27451.9	36026.5	13748.3
关中	31928.3	40758.8	14191.3
陕南	20898.3	30443.8	11409.7

资料来源：2021年《陕西统计年鉴》。

4.陕西省城乡居民消费状况分析

2020 年陕西居民人均生活消费支出 17417.6 元（见表 4），同比下降 0.27%；食品、烟酒支出，居住支出在陕西居民生活消费支出中占比较大，2019 年两项支出占比共为 47.51%，2020 年两项支出占比共为 49.82%，2020 年较 2019 年增加了 2.31 个百分点。分城乡看，2020 年陕西城镇居民人均生活消费支出 22866.4 元，同比降低 2.76%；2020 年陕西农村居民人均生活消费支出 11375.7 元，同比增加 4.03%。2020 年陕西农村居民人均生活消费支出增速快于城镇 6.79 个百分点。

具体来看，陕西城乡居民生活消费支出结构，2020 年陕西城镇居民和农村居民在生活消费支出结构上高度相似，支出排序前三位均为食品、烟酒，居住，交通通信。其中，食品、烟酒支出和居住支出在陕西城镇居民、农村居民人均生活消费支出中的占比分别为 48.91%、51.85%。2020 年陕西城镇居民人均生活消费支出是农村居民的 2.01 倍，较上年缩小 0.14。总而言之，陕西省城镇居民生活消费水平高于农村居民，但生活消费支出增速低于农村居民，城乡生活消费差距在逐渐缩小。

表 4　2019~2020 年陕西省城乡居民人均生活消费支出

单位：元

项目	2019 年			2020 年		
	城乡居民	城镇居民	农村居民	城乡居民	城镇居民	农村居民
生活消费支出	17464.9	23514.3	10934.7	17417.6	22866.4	11375.7
1. 食品、烟酒	4671.9	6376.3	2832.1	4819.5	6295.8	3182.6
2. 衣着	1227.5	1816.1	592.1	1156.6	1649.8	609.6
3. 居住	3625.3	4641.2	2528.6	3857.6	4887.6	2715.4
4. 生活用品及服务	1151.1	1610.7	655.0	1179.3	1622.3	688.1
5. 交通通信	2154.8	2890.8	1360.3	2194.0	2855.2	1460.9
6. 教育文化娱乐	2243.4	3036.8	1387.0	1756.6	2387.2	1057.4
7. 医疗保健	1977.5	2528.4	1382.6	2078.4	2608.4	1490.7
8. 其他用品和服务	413.3	613.8	197.0	375.6	560.2	170.9

资料来源：2020 年和 2021 年《陕西统计年鉴》。

（二）陕西城乡居民收入结构差异比较

1. 陕西城乡居民工资性收入差异比较

工资性收入由工资、实物福利和其他三部分构成。工资包括按月发放的工资，补发工资，不按月发放的奖金、津贴、过节费等。实物福利包括从单位或雇主得到的实物产品折价、从单位或雇主得到的服务折价。其他包含较广，包括住房公积金、辞退金、自由职业劳动所得、安家费、股票期权和其他劳动所得。表5显示，2020年陕西省城镇居民工资性收入为21850.4元，陕西省农村居民工资性收入为5387.8元，城乡差额为16462.6元，差距较大。

表5　2020年陕西省城乡居民工资性收入状况

单位：元

项　目	城镇居民	农村居民	城乡差额
工资性收入	21850.4	5387.8	16462.6
1. 工资	20565.0	5225.4	15339.6
（1）按月发放的工资	16821.2	1959.8	14861.4
（2）补发工资	350.3	170.2	180.0
（3）不按月发放的奖金、津贴、过节费等	3393.5	3095.4	298.1
2. 实物福利	78.0	22.0	56.0
（1）从单位或雇主得到的实物产品折价	34.9	4.8	30.1
（2）从单位或雇主得到的服务折价	43.1	17.2	25.9
3. 其他	1207.4	140.4	1067.0
（1）住房公积金	1079.6	——	1079.6
（2）辞退金	——	——	——
（3）自由职业劳动所得	67.5	68.5	-1.0
（4）安家费	——	——	——
（5）股票期权	——	——	——
（6）其他劳动所得	60.3	71.9	-11.6

资料来源：2021年《陕西统计年鉴》。

陕西省城乡居民的工资性收入均以工资为主，其中城镇居民按月发放的工资在工资中占比较大，比重为81.8%；农村居民不按月发放的奖金、津贴、过节费等在工资中占比较大，比重为59.2%。陕西省城乡居民工资性收入差距较大，主要是因为工资差距大，2020年工资城乡差额达到15339.6元，在工资性收入城乡差额中的占比是93.2%。

2020年陕西省城乡居民工资性收入中，实物福利占比较小，均在0.4%左右。但陕西省城镇居民从单位或雇主得到的实物产品折价和服务折价相对均衡，农村居民从单位或雇主得到的服务折价高于实物产品折价。陕西省城乡居民在其他工资性收入方面的差距主要源于住房公积金。2020年陕西省城镇居民的住房公积金收入为1079.6元，而农村居民没有住房公积金，差距显著。

2. 陕西城乡居民经营净收入差异比较

表6显示，2020年陕西省农村居民经营净收入高于城镇居民经营净收入，城镇居民经营净收入为2836.3元，农村居民经营净收入为4150元，城乡居民差额为1313.7元。

第一产业以农业为主。2020年陕西省农村居民第一产业经营净收入为3110.6元，占总经营净收入的比重约为75%；陕西省农村居民第一产业净收入高于城镇居民，城乡差额达到-2668.7元。

第二产业以工业和建筑业为主。2020年陕西省城乡居民第二产业经营净收入在总经营净收入中比重较小；陕西省城镇居民第二产业经营净收入高于农村居民，城乡差距较小，差额为237.2元。

第三产业以服务业为主。2020年陕西省城镇居民总经营净收入以第三产业经营净收入为主，占比约为74.5%；第三产业经营净收入中，城镇居民批发和零售业方面的收入占据重要地位，具体为1296.8元。2020年陕西省农村居民第三产业经营净收入为994.1元，以批发和零售业，交通运输、仓储和邮政业，住宿和餐饮业为主。

表6　2020 年陕西省城乡居民经营净收入状况

单位：元

项目	城镇居民	农村居民	城乡差额
经营净收入	2836.3	4150.0	-1313.7
1. 第一产业经营净收入	441.9	3110.6	-2668.7
2. 第二产业经营净收入	282.5	45.3	237.2
3. 第三产业经营净收入	2111.9	994.1	1117.8
(1)批发和零售业	1296.8	341.3	955.5
(2)交通运输、仓储和邮政业	229.2	202.5	26.7
(3)住宿和餐饮业	304.3	341.0	-36.7
(4)房地产业	-0.1	-0.4	0.3
(5)租赁和商务服务业	10.0	13.8	-3.8
(6)居民服务、修理和其他服务业	238.5	38.4	200.1
(7)农林牧渔服务业	10.4	32.4	-22
(8)其他	22.9	25.1	-2.2

资料来源：2021 年《陕西统计年鉴》。

3. 陕西城乡居民财产净收入差异比较

根据表7，2020 年陕西省城镇居民财产净收入为2851 元，农村居民财产净收入为228.6 元，差距较大，城乡差额为2622.4 元。2020 年陕西省城镇居民财产净收入中，出租房屋财产性收入、红利收入和利息净收入位居前三，占比分别为29.91%、14.37%和6.53%。陕西省农村居民财产净收入较低，2020 年最大的收入来源是转让承包土地经营权租金净收入，仅为84.3 元。

表7　2020 年陕西省城乡居民财产净收入状况

单位：元

项目	城镇居民	农村居民	城乡差额
财产净收入	2851.0	228.6	2622.4
1. 利息净收入	186.2	5.6	180.6
2. 红利收入	409.6	73.6	336

项目	城镇居民	农村居民	城乡差额
3. 储蓄性保险净收益	8.9	1.3	7.6
4. 出租房屋财产性收入	852.6	36.3	816.3
5. 出租机械、专利、版权等资产的收入	27.7	19.1	8.6
6. 转让承包土地经营权租金净收入	—	84.3	-84.3

资料来源：2021 年《陕西统计年鉴》。

4. 陕西城乡居民转移净收入差异比较

表 8 显示，2020 年陕西省城镇居民转移净收入为 10330.5 元，陕西省农村居民的转移净收入为 3550 元，城乡差距较大，差额为 6780.5 元。2020 年陕西省城镇居民的养老金或离退休金、报销医疗费、赡养收入、从政府和组织得到的实物产品和服务折价都高于农村居民。养老金或离退休金、家庭外出从业人员寄回带回收入在陕西省城镇居民转移性收入占比较高，比重分别为 76.6%和 12.1%。养老金或离退休金是陕西省城镇居民转移净收入的主要来源。2020 年，陕西省农村居民的社会救济和补助、政策性生活补贴、家庭外出从业人员寄回带回收入、其他经常转移收入、现金政策性惠农补贴都高于城镇居民。家庭外出从业人员寄回带回收入、养老金或离退休金在陕西省农村居民转移净收入占比较高，比重分别为 42.2%和 23.6%。家庭外出从业人员寄回带回收入是陕西省农村居民转移净收入的主要来源。

表 8　2020 年陕西省城乡居民转移净收入状况

单位：元

项目	城镇居民	农村居民	城乡差额
转移净收入	10330.5	3550.0	6780.5
1. 转移性支出	1808.0	463.3	1344.7
2. 转移性收入	12138.5	4013.3	8125.2
（1）养老金或离退休金	9301.3	948.6	8352.7
离退休金	9046.8	375.6	8671.2

续表

项目	城镇居民	农村居民	城乡差额
城镇居民社会养老保险/新型农村养老保险	46.5	480.5	-434.0
(2)社会救济和补助	83.1	250.4	-167.3
(3)政策性生活补贴	99.3	106.3	-7.0
(4)报销医疗费	520.9	276.5	244.4
(5)家庭外出从业人员寄回带回收入	1472.0	1691.9	-219.9
(6)赡养收入	547.2	426.3	120.9
(7)其他经常转移收入	41.7	44.2	-2.5
(8)从政府和组织得到的实物产品和服务折价	42.7	34.6	8.1
(9)现金政策性惠农补贴	30.2	234.6	-204.4
(10)其他	—	—	—

资料来源：2021年《陕西统计年鉴》。

（三）陕西省居民收入城乡差距原因分析

1. 陕西省城乡居民收入与全国其他省市之间差距原因分析

从陕西省城乡居民收入在全国范围内的分析结果来看，一方面，陕西省城镇居民人均可支配收入处于全国平均水平，农村居民人均可支配收入水平在全国排名相对靠后，这说明陕西省城乡居民收入总体水平不高，"富裕"水平亟待提升；另一方面，陕西省城乡居民收入比相对靠前，表明陕西省城镇居民与农村居民收入水平之间的差距相对较小，"共同"水平相对较高。因此在促进实现共同富裕过程中，应当努力通过促进城乡居民收入水平提升来提高陕西省居民的"富裕"水平；同时，也应当注重城市居民收入与农村居民收入的协同发展，避免城乡居民收入差距过大，在高质量发展的基础上继续保持陕西省居民的"共同"水平。

2. 陕西省城乡居民收入构成差距原因分析

通过分析发现，陕西省城乡居民收入中，工资性收入占比最大，转移净收入次之，经营净收入与财产净收入存在明显的城乡差异。这意味着，工资性收入无论对于城镇居民还是农村居民来说，都是重要的收入来源。城镇居民工作稳定，较少通过家庭经营来增加收入，因此未来促进城镇居民收入提升的主要途径应当是增加城镇居民的职业收入；而农村居民在工资性收入的基础上，也在保持着频繁的家庭经营活动，是其收入增加的另一个重要渠道。因此，对于农村居民而言，应当在保证其职业性收入稳步增长的基础上，适当引导其进行投资创业，通过增加经营净收入来提高自身收入水平。

3. 陕西省城乡居民收入地区差距原因分析

总体来看，陕西省城乡居民收入在地区层面呈现"关中高、陕北强、陕南弱"的区域不平衡特点，关中地区依托西安具有强劲的发展动力、陕北地区具有丰富的矿产资源，而陕南地区则具有丰富的自然与文化资源，尽管如此，各地在发展过程中仍然面临不小的阻力，在经济产业结构、劳动力资源、经济增长动力方面具有较大不同。

三　陕西省提高城乡居民收入的政策建议

在坚持我国社会主义基本经济制度的基础上，改善收入的分配格局，扩大中等收入群体队伍，多措并举提升城乡居民收入，更好地让陕西人民共享成果是推动共同富裕取得实质性进展的关键。收入是对社会资源的占有，收入水平是衡量人民生活富裕程度的重要指标。面对新时代，着力提高城乡居民收入水平，坚持在"做大蛋糕"的过程中"分好蛋糕"，即在增长中优化分配，提高陕西城乡居民收入分配的富裕程度与公平程度，在高质量发展中促进共同富裕。

第一，通过基本公共服务均等化为增加陕西省城乡居民收入创造基础。基本公共服务制度涉及的是社会领域问题，它的属性在于它的公共性、普惠性以及社会公平性。构建全民均等享有的基本公共服务体系是共同富裕现阶段的重要任务。基本公共服务的享受者是全体社会成员，而且高收入群体不享受有些项目，基本公共服务制度运行的结果往往是低收入群体、弱势群体能够得到更多的帮助。那么必须对农村公共服务体系的短板进行完善，推动提升均等化水平，缩小城乡居民享受的服务水平差距。在共同富裕现阶段，必须要增加服务的总量，向社会提供更好的公共服务，推进农村教育、医疗、养老、住房、就业等方面达到与经济发展水平相适应的基本标准，通过发挥市场的作用提供多样化的服务，以促进消费来促进经济的发展。发挥政府在农村基本公共服务体系中的主要地位，改善农村财政体制，加大财政对农村转移支付的力度，增加一般性转移支付和规范专项补助，确保农民的收入来源。为提升农村基本公共服务实施的效率还需进一步建立和完善农村公共服务绩效监督制度和考核制度。最后抓好社会保障制度的实施，充分发挥兜底功能，强化失业保险功能，并健全最低工资标准调整机制，为居民增收提供有力支撑。

第二，通过实施更加积极的就业政策促进陕西省城乡居民实现充分就业，促进陕西省城乡居民工资性收入水平提升。工资性收入在陕西省城乡居民收入中占有重要比重，如何进一步发挥就业政策的引导与促进作用，通过改善现有就业促进与就业保障政策，改善劳动者就业环境，促进陕西省城乡居民实现充分就业，在未来一段时期内对于提升陕西省城乡居民收入具有重要的基础性作用。具体而言，应当立足于陕西省疫情防控常态化背景下促进经济社会复工复产的现实情况，尽可能加大对于陕西省中小微企业的减税降费力度与纾困解难的帮扶程度，通过稳市场来稳定城乡居民就业创业。基于现有就业促进政策，拓宽中小微企业减费降税范围，纾困解难。对于用工需求大的中小企业进行政策服务保障倾斜，加大企业贷款发放额度与速度、加大财政补贴扶持政策，将这些优惠政策向有助于促进城乡居民就业的企业、新型精英主体、社会化服务组织等倾斜。只有解决好中小微企业的实质性困难，考虑到其生产经营成本等困难，为其增加生存能力，此时其才会有更多的劳动力需求，进而促进城乡居民就业。

第三，激发中小微企业活力，鼓励并引导城乡居民积极进行创业，使其能够创造更多就业岗位带动城乡居民就业，增加陕西省城乡居民的经营性收入。积极促进创新创业带动就业作为实现居民经营净收入增长的关键举措，陕西应当通过营造良好的创业环境，注重创新技术的提升，促进陕西省城乡居民创业效率提高。陕西政府要发挥引导作用制定创新带动就业政策和创新制度设计，以"秦创原"为龙头，加强互联网和多媒体发扬辅助作用，尽可能地向陕西居民传播创新政策理念，解释清创新驱动平台带动就业的效应，积极推进创新文化从而提升创业的活跃度。高校和企业作为创新技术的发展主体，在核心技术方面当领头羊，来提升创新能力，为创新驱动平台的发展做榜样，建议通过创新型中小企业的创办来吸纳和培育创新型人才，利用激励机制留住高技术人才，推进创业带动就业的倍增效应从而提高经营净收入。同时，陕西省各个政府部门应降低创业门槛，帮助农民工、青年大学生等自主创业群体，为其提供创业补贴，实行税费减免政策，鼓励合理的投资，不断增加取得经营净收入的渠道。特别是围绕农民创业就业主题，做好农业农村各项工作，让农民利用好未开发的资源，加快发展特色现代农业，吸引更多的投资者来促进就地就近就业，从而夯实农民稳定增收的基础。

第四，基于收入结构分析结果，陕西省城乡居民收入的提升空间还在于促进其财产净收入的增加。城乡居民收入的增加主要是靠提高劳动报酬来积累形成财产，长期的低收入会减少农村居民财富的积累，研究结果显示，目前陕西省城镇居民的财产净收入占比很高，但农村居民的财产净收入占比最低。因此，不断拓宽农村居民的财产净收入渠道，让发展的红利惠及更多农村居民，提高财产净收入在总收入构成中的比例迫在眉睫。首先，扩展投资理财增值渠道，对农民进行理财投资相关知识的培训，试图让小农经济转变为大规模经济，支持农村非农产业的投资经营增加农民财产净收入的机会。鼓励更多农村高收入者将其储蓄转化为非农投资，扩大非农就业，将农民资源转化为资产、资产转化为股权、农民转化为股东，才能让更多的农民增加非农产业收入。其次，制定有效的政策来促进土地使用权的合法流转，吸引专业的农业人才，并实施更加有效的农业生产战略。在政策上政府通过给经营主体和农业从业人员提供税收减免及财政补贴措施来保障农业从业人员的人均收入以及经营主体盈利。最后，通过建设劳务协作服务站，对农村劳动者进行专业化的培训培养来提升劳动者技能，尤其是对弱势群体以及失业人员提供就业服务和培训，提高从培训到就业的一条龙式劳务服务，发展好农村富余劳动力的流动性，确保农村务工人员与用人单位的快速对接，突出抓好就业困难人员和失业人员等群体，来扩大就业从而促进劳动者收入水平的提升。

第五，改善城乡居民收入分配格局，在增加基础性收入的同时，还应进一步通过加大转移性支付力度来提高陕西省城乡居民收入水平。一方面，应当积极发挥社会保障政策对于促进城乡居民收入提升的作用。就业保障的核心目标在于通过就业保障政策提升劳动者就业能力、增加就业机会，促进劳动者收入水平提升。陕西省应当在现有失业保险与工伤保险基础上扩大受众范围、提高福利待遇水平，使更多城乡居民能够参与并享受相关福利待遇。同时还应当重视就业服务供给与就业培训支持，政府就业部门需要通过多种方式为城乡居民提供职业培训、就业信息投放、就业质量监管等服务，尤其需要从源头上为在城市中失业、待业的劳动者提供技能培训与提升方面的资金与政策条件支持，使得劳动者能够依靠自身能力获得体面工作与收入，增强就业能力，使其能够适应新时期陕西省劳动力市场的发展需求。另一方面，应当促进和发挥第三次分配功能，鼓励高收入群体对低收入群体帮扶。为低收入群体提供物质和精神上的获得感，激发社会的活力从而推进更多低收入人群转化为中等收入群体，为实现共同富裕迈进一大步。公共资本的投资是促进经济增长的重要手段，可以通过公共资本来实现初次分配和再次分配过程中不同群体的收入调整。适当比例的公共资本不仅对收入的不公平分配有很大的缓解作用，还有利于形成收入分配的公平制度环境。因此要加强公共投资与市场的联系，优化生产资源的配置。

参考文献

席恒、王睿、祝毅、余澍：《共同富裕指数：中国现状与推进路径》，《海南大学学报》（人文社会科学版）2022年第5期。

席恒、余澍：《共同富裕的实现逻辑与推进路径》，《西北大学学报》（哲学社会科学版）2022年第2期。

梁运文、霍震、刘凯:《中国城乡居民财产分布的实证研究》,《经济研究》2010 年第 10 期。

刘社建、徐艳:《城乡居民收入分配差距形成原因及对策研究》,《财经研究》2004 年第 5 期。

马从辉:《我国城乡居民收入差距原因分析》,《经济学家》2002 年第 4 期。

B.10
后疫情时代陕西应对
系统性金融风险策略研究

沈 悦　焦培昕　张贝宁*

摘　要： 重大突发公共卫生事件给陕西省经济和金融等方面发展带来一系列负效应，导致实体经济发展受阻，系统性金融风险加大。在这种背景下，研究如何提高陕西金融业应对新冠疫情冲击能力，保持金融业平稳健康发展具有重要理论和现实意义。本文以陕西省经济金融状况为主要研究对象，分析突发公共卫生事件冲击对系统性金融风险防控的影响，揭示新冠疫情冲击给陕西省系统性金融风险防范带来的挑战，提出陕西省金融业应对新冠疫情挑战、提高金融业应对突发公共卫生事件能力的政策建议。本文研究发现：①新冠疫情会通过实体经济、投资者情绪、地方政府债务、国内外市场联动对系统性金融风险产生影响；②新冠疫情冲击给陕西省系统性金融风险防控带来了一系列新挑战；③陕西省应对新冠疫情冲击带来的系统性金融风险防控挑战应当多措并举、综合防控。

关键词： 系统性金融风险　金融风险　陕西

一　引言

党的十九届五中全会提出，"沉着有力应对各种风险挑战，统筹新冠肺

---

* 沈悦，西安交通大学经济与金融学院教授，研究方向为金融市场与投资；焦培昕，西安交通大学经济与金融学院硕士研究生，研究方向为金融市场与投资；张贝宁，西安交通大学经济与金融学院硕士研究生，研究方向为金融市场与投资。

炎疫情防控和经济社会发展工作，把人民生命安全和身体健康放在第一位"。新冠疫情被世界卫生组织宣布为 21 世纪以来第六次"全球关注的突发公共卫生事件"，它不仅是人类生命安全和身体健康的主要杀手，也严重阻碍了社会生活的正常进行，对全球各国的经济稳定和发展产生了巨大的威胁与冲击。

历次突发公共卫生事件表明，其冲击会通过经济、政治、社会、文化、法律、心理、生态、医疗卫生、公共管理等领域传导至金融领域，引发系统性金融风险，甚至诱发系统性金融危机。在突发公共卫生事件冲击下，系统性金融风险可主要通过实体经济、金融机构、投资者预期和市场情绪四个路径进行生成与传导：①突发公共卫生事件→供需两端受到挤压→实体经济遭受冲击→通过产业链、供应链和资金链传导至金融体系→系统性金融风险生成；②突发公共卫生事件→部分金融机构面临风险→金融关联致使风险传染至整个金融体系→系统性金融风险生成；③突发公共卫生事件→投资者预期→系统性金融风险生成；④突发公共卫生事件→网络舆情→恐慌情绪蔓延→系统性金融风险生成。

陕西省的经济和金融发展也在这次突发公共卫生事件中受到一系列负面影响，省内实体经济发展受阻，金融体系风险加大。在这种背景下，本文从新冠疫情冲击引发系统性金融风险的本质特征出发，将新冠疫情冲击纳入陕西系统性金融风险防控研究的框架，分析新冠疫情与系统性金融风险之间的内在联系，揭示新冠疫情发生给陕西系统性金融风险防控带来的挑战，并提出相应的系统性金融风险防控对策建议，以提高陕西金融业应对新冠疫情的冲击能力，保持金融业平稳健康发展。

二 新冠疫情冲击给陕西系统性金融风险防范带来挑战

（一）实体经济受冲击增风险

在新冠疫情阴影的笼罩下，全球经济一派低迷，而中国以 GDP 增长

2.3%成为2020年唯一实现GDP正增长的主要经济体。尽管新冠疫情的冲击对中国经济并未产生不可挽回的后果，但仍然给实体经济运行带来不可忽视的负面影响，给防范系统性金融风险爆发带来严峻的挑战。

1. 中国经济短期内受冲击，实体经济运行艰难

新冠疫情发生初期，总供给方面受到影响，各地出于疫情防控的要求出台了一系列人口流动限制的措施，疫情初期更是一度停工停产，全国经济进入停摆状态。停工停产的举措保证了人民的生命安全，却使得生产停滞、产品供应不足。全球的供应链与产业链均遭到不同程度的破坏，从生产到物流、销售的一系列生产经营活动也受到严重干扰，企业因此停工减产。总需求方面同样受疫情影响下降。同时，相关投资也因工人停工停产、生产活动停止而停滞，出口在新冠疫情在国外的蔓延扩散后受到限制，总需求"三驾马车"皆受到不同程度负面冲击。但疫情在2020年第一季度对经济造成较大负面影响，第一季度GDP同比下降6.8%，第二季度开始回正，增长3.2%，第三季度增长4.9%。从社会消费品零售总额来看，1~2月的社会消费品零售总额同比下降20.5%，12月同比增长4.6%，全年同比下降3.9%，疫情影响有限。2020年第一季度陕西省生产总值5439.66亿元，同比下降5.6%，其中，第一产业增加值221.74亿元，下降3.1%；第二产业增加值2422.75亿元，下降6.9%；第三产业增加值2795.17亿元，下降4.6%。同时期陕西省社会消费品零售总额为1844.05亿元，同比下降25.4%。①

相应地，陕西省的三大产业也受到一定程度的影响。农副产品生产停滞、劳动力短缺，物流不畅、产品滞销，活动下降、消费萎缩等，供应链受到严重冲击，2020年第一季度规模以上工业增加值同比下降3%。其中，第三产业受到的冲击最为严重，疫情"人传人"的特性对于人口聚集型的服务类产业而言无疑造成严重干扰，尤其是餐饮业。为防止疫情传播，陕西省餐饮行业基本全面停业至4月才陆续放开堂食，餐饮行业第一季度营业额跳

---

① 数据来自陕西省统计局，下同。

水下跌，同比下降 37.4%。疫情对旅游业同样打击巨大，2020 年全省接待境内外游客 3.57 亿人次，比上年下降 49.5%；旅游总收入 2765.55 亿元，下降 61.7%。

与此同时，各国进出口也因新冠疫情而被限制。数据显示，2020 年第二季度，全球货物贸易量出现历史性下滑，环比降幅达 14.3%。陕西省 2020 年第一季度对外贸易放缓，出口总值 862.59 亿元，增长 0.4%。

2. 企业与家庭债务加重

疫情不仅影响宏观经济，更是渗透于经济中的每个微观个体。在疫情的威胁下，大量企业无法进行正常的生产经营活动。生产成本上升快、市场需求不足等问题纷至沓来，企业为维持正常周转向银行进行借贷，短时间内债务扩张速度加快将为未来偿还埋下隐患。同时，又因为停工停产，家庭收入降低，资金短缺，向银行借贷成为其纾困的主要方式之一。企业与家庭的负债在疫情时期的增长带来多重风险，一方面增加了未来利息支出，另一方面增加了银行无法及时回收借款而危及己身的可能性。

新冠疫情由影响实体经济造成对系统性金融风险的挑战是环环推进的，可以被总结为以下逻辑传递关系：疫情冲击→全球供应链断裂→产业链断裂→贸易额下降→经济下滑甚至衰退→企业和家庭债务负担加重→……经济危机爆发，传导至金融体系→系统性金融风险上升→……系统性金融危机爆发。在这样涉及范围甚广的传递逻辑下，系统性金融风险在逐渐蓄积，如若不及时采取措施，最后将导致危机爆发。据统计，陕西省 2020 年第一季度金融机构的人民币贷款余额为 35679.53 亿元，同比增长 11.26%，较年初新增 1566.34 亿元，其中包含定向给予小微企业的金融支持，以帮助小微企业渡过疫情难关。由此可见，债务的增加仍是陕西省面对新冠疫情的重要挑战之一。

（二）投资者情绪受影响加风险

新冠疫情对人类的身体健康造成直接伤害，同时也间接地影响到人类心理健康，如投资者在疫情发生后产生恐慌、焦虑之类的负面情绪，从而产生对未来投资不看好、过度悲观的预期，导致资产价格发生波动，投资者情绪的影响贯穿金融风险生产和扩散的各个环节，系统性金融风险由此被放大。

1. 羊群效应产生

羊群效应在股票市场中表现为投资者之间互相模仿对方的投资方式，导致同一段交易期内证券的买卖有很大的相似性。人获取信息的能力不同、路径不同以及信息传播过程中的扭曲，难免造成信息的不对称，投资者在有限信息内作出判断产生的观点也难免会与他人产生差异。当投资者放弃自我判断而选择相信他人的情报信息，跟随他人交易判断，随之而来的将是市场异常波动，风险水平上升。在疫情下，信息敏感型投资者出于悲观预期纷纷抛售股票，短期内市场出现争抢行为，投资者争相抛出股票造成市场拥挤。

据中国证券投资者保护基金有限责任公司所发布的《全国股票市场投资者状况调查报告》统计，中国的股票市场个人投资者的占比远高于机构投资者。截至2019年底，中国股票市场个人投资者占比高达99.76%。个人投资者的大量占比使市场更容易陷入非理性情绪中，从而导致股票市场的大幅波动，增加系统性金融风险。

2. 注意力配置转移

投资者所受的影响同样会反映在其注意力的配置上，这是由于人的认知能力有限，外部信息的突发性出现会分散其注意力，使注意力的配置发生转移。一方面，短期内注意力配置的改变影响投资决策。有研究发现疫情会作为一种外生冲击来分散金融分析师的注意力，对分析师的预测能力产生不利影响[1]，从而影响机构投资者的策略。对个人投资者而言，他们同样需要在各种信息中进行取舍，将有限的注意力配置到不同的信息上再进行决策。因此，在新冠疫情的冲击性新闻被媒体密集报道的时期内，投资者情绪难免出现波动，从而将其更多的注意力配置其中，在负面预期的共同作用下调整原有投资，注意力配置的影响同样使得资产价格发生波动。另一方面，长期内

---

[1] Cen Ling, Hertzel, Michael G., Schiller, Christoph. Speed Matters, "Limited Attention and Supply-Chain", *Information Diffusion*, 2017, 25.

投资者注意力受疫情信息影响表现为投资方向与风格的变化。根据 2021 年 6 月的《瑞银投资者观察》，新冠疫情带给投资者的深刻影响使他们对各项目标的优先性重新评估，投资者的注意力将集中在更深层次的领域，并利用资本力量推动进行，与疫情前相比，近 60% 的受访者对可持续投资更感兴趣。投资者注意力的长期转移将使资金的配置方向产生变化，被关注的领域将获得更大的支持，也将产生更大波动。

3. 资产配置改变

对于个人投资者而言，新冠疫情的突发性和严重性使投资者产生负面的预期，面对不确定性增高的市场，投资者出于规避风险的心理会调整资产的配置，通过合理规划资金提高资产的抗风险能力，将突发事件的影响降至最小。相比于疫情之下较为动荡的股票市场，出于更为谨慎的预期，投资者将降低股票的投资比例转向债券等风险水平较低的资产。

在疫情的悲观情绪之下，投资者交易行为、注意力配置与资产配置在短期和长期内的反应与调整，对市场而言埋下了风险，每当突发信息传入市场，在投资者的共同反应下，市场就会发生震荡，系统性金融风险由此产生。

（三）地方政府债务问题严峻埋风险

新冠疫情冲击给系统性金融风险带来的挑战还体现在地方政府债务问题的累积上。近年来，地方政府债务问题越发凸显，张晓晶等提出，中国在 2020 年地方政府债务增长了 4.35 万亿元，地方政府债务的年末余额为 25.66 万亿元，地方政府杠杆率达到 25.6%，虽然规模不大但增速较快，应当引起关注与重视。[①]

1. 地方政府债台高企，杠杆率提升

中国在进行转型的过程中，各地利用基础设施建设企图拉动当地经济增

---

① 张晓晶、张明、董昀：《新发展格局下的金融变革》，《金融评论》2021 年第 1 期。

长，地方债务扩张的问题日渐严重①。2020 年在新冠疫情的影响下，尽管国家 GDP 增速下降，但保持正增长已十分不易，各省份的 GDP 均在不同程度上受到挤压，叠加因调节疫情逆周期而愈发积极的财政政策，2020 年末已有近 1/3 省份的政府债务达万亿元水平，各省份的地方政府杠杆率均有所上升。从图 1 来看，我国呈现东部部分区域地方政府债务余额高、东北及西北地区地方政府债务余额低的特点，这与各省份的债务承担能力也相适应。2017 年受到去杠杆等相关政策的影响，地方政府债务余额增速放缓，2020 年，由于新冠疫情对社会造成全方位的负面影响，国家决定发行抗疫特别国债以及扩大地方政府专项债务规模，通过实施积极的财政政策刺激经济快速复苏和社会恢复发展，地方政府债务大幅提高，2020 年末余额超过 25 万亿元。由图 2 可以看出，与债务余额的阶段性提升相比，2020 年全年的地方政府杠杆率增幅尤为明显。高杠杆反映出地方经济体量与债务规模的不匹配，西北西南地区的省份杠杆率较高，债务压力较大。加之新冠疫情暴发，不仅实体经济生产经营难以正常进行、利润下降，而且也使得地方政府收入减少。与此同时，各地政府所推行的各项疫情防控措施的成本增加，财政支出相应提高，进一步加大了政府债券按时还本付息的难度。地方政府与金融机构之间存在的业务关系会使风险传染到其他金融机构，从而触发系统性金融风险。

2. 隐性地方政府债务风险难控

若显性债务是地方政府债务浮在海面上的冰山一角，那么隐性债务则是海面以下的庞然大物。隐性债务比起显性债务规模更大且难以准确计量，包括基于道德上的预期压力承担兜底责任而形成的社会保障资金缺口的直接债务，以及基于公众利益而需承担责任的间接债务。庞大的隐性地方债具有高隐蔽性、低透明性的特点，容易引发金融风险。隐性债务类型多样，有担保类企事业债务，也有通过政府购买服务方式形成的债务等，种类之多给界定

---

① 谢思全、白艳娟：《地方政府融资平台的举债行为及其影响分析——双冲动下的信贷加速器效应分析》，《经济理论与经济管理》2013 年第 1 期。

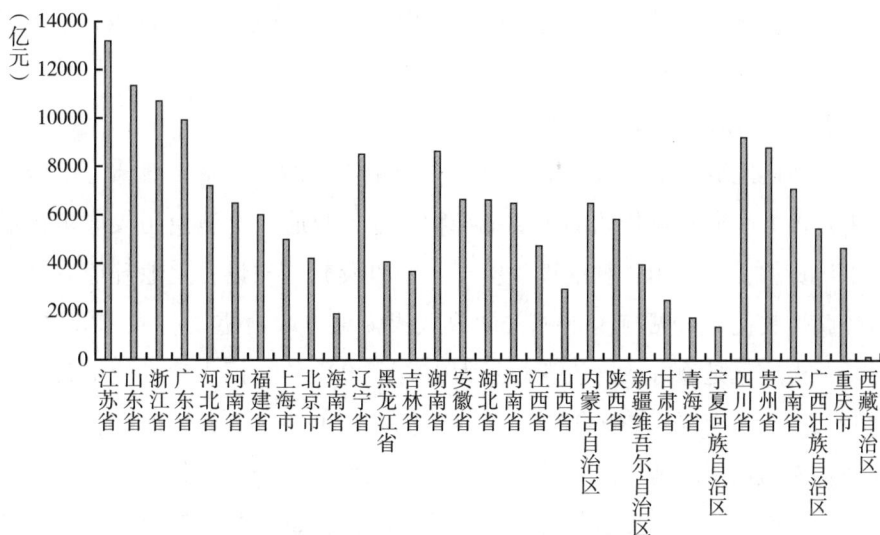

图1 2019年全国31个省份债务余额

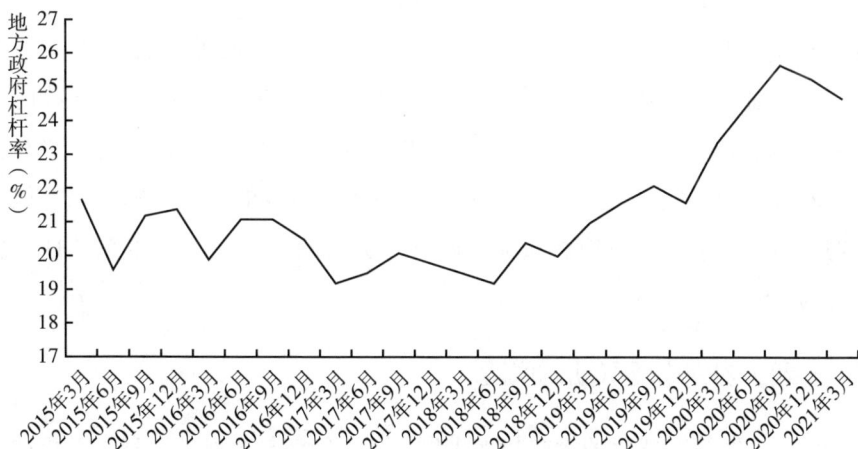

图2 2015～2021年地方政府杠杆率

增加了难度，故对于何种债务属于隐性债务的具体定义标准目前尚未形成，也没有相关的披露政策与相关部门负责。另外，投资者无法获知其具体规模、期限、利率与流向信息，且政府投资的项目存在一定的公益性，如水利

171

工程等，资金周转周期长、收益不高，投资者难以判断其信用度以及偿还可能性，增添了投资风险。

3. 地方政府过度投入土地市场

土地已经成为地方政府筹措资金和运用资金的一个重要载体。土地资源更是地方政府获得贷款的主要抵押物，地方政府以土地使用权向银行抵押申请贷款，再利用贷款继续投资于土地以及其他建设，土地升值后进行出让获得收益，可见与土地相关的收入成为地方政府重要收入来源之一。另外，土地又是地方政府投资的一大去向，2009 年全国土地出让金收入为 1.59 万亿元，而在 2019 年增至 7.8 万亿元，土地市场成为地方政府拉动经济发展的重要阵地。地方政府以土地作抵押获得贷款，其背后还有政府信用的支持，当贷款无法偿还，银行等金融机构也将受到波及，伴随市场繁荣而来的还有房地产的泡沫，房地产泡沫一旦破碎或将引发系统性金融风险。

对陕西省而言，地方政府债的显性债务部分规模尚在警戒线内，且在政策的导向下降杠杆效果逐步显现。然而新冠疫情的冲击打乱了这一节奏，为应对疫情以及更好地建设城市，陕西省于 2020 年发行地方政府债券 1533 亿元，2021 年共发行地方政府债券 2196.6 亿元，同比增长 43.29%，规模骤增，且隐性地方债务与对土地财政的依赖问题也仍然值得警惕，新冠疫情之下更应注重地方政府债务问题，守住不发生系统性金融风险的底线。

（四）内外市场联动诱风险

如今，经济全球化的大趋势促进世界各国经济与金融的各种相关机构与相关市场间的联系更加紧密，金融自由化风潮下金融衍生品不断推陈出新，以多样的方式加固这一联系，国家间的机构与市场形成了一张愈发紧密的网。当其中一个要素因外部冲击而出现风险时，风险立即顺着联系网蔓延开来，使得其他组成部分受牵连，出现"多米诺骨牌"效应。

1. 股票市场间的联动

自新冠疫情发生以来，许多学者对这次疫情对股票市场风险的影响进行研究分析，刘精山认为新冠疫情增加了证券市场的风险压力水平，不但使得一开始仅在市场内部的风险溢出效应随着疫情的扩散演变为金融市场间的风险溢出显著增加，而且增加了潜在的系统性金融风险，与此同时，研究还发现股票市场在风险的传染过程中起着主要的作用。

新冠疫情冲击不仅造成单个股票市场的风险，而且会引起风险的跨市场传染[①]。钟熙维和吴莹丽分析出此金融风险在中国、美国和中国香港的三大指数之间风险传染的传导路径为上证指数引起道琼斯指数波动、道琼斯指数与恒生指数相互传导。杨子晖等考察了国内股票市场各部门间的风险传导的情况，认为新冠疫情的冲击使行业间风险传导关系出现了显著变化。方意等基于事件分析法量化研究了新冠疫情对单个市场的风险，发现疫情增大了货币市场、外汇市场、债券市场和股票市场之间原有的关系，在冲击发生的2~4天后各市场的风险溢出均有所增强，这表明疫情的冲击的确给各市场造成了风险的上升。

上证指数、标普500指数和富时100指数以及日经225指数在2019年11月1日至2020年4月30日内每日涨跌幅的走势如图3所示。观察曲线走势可知，中国股市最先受到新冠疫情的冲击，2020年1月23日上证综指下跌7.72%，出现了自1997年以来的单日最大跌幅，随着国内防疫政策逐项落实，严格的措施将失控的局面拉回，疫情被控制，复工复产有序进行，同时中国股票市场也在逐渐恢复。

2. 银行间市场的联动

银行之间同样具有风险相互传染的特性。一方面，银行间的债权债务关系，如同业拆借、同业存放等业务使银行违约的关联性和传染性大大增强，金融风险会通过借贷关系渠道进行直接传递。这一传染路径最为明显，当疫

[①] 蒋海、吴文洋、韦施威：《新冠肺炎疫情对全球股市风险的影响研究——基于ESA方法的跨市场检验》，《国际金融研究》2021年第3期。

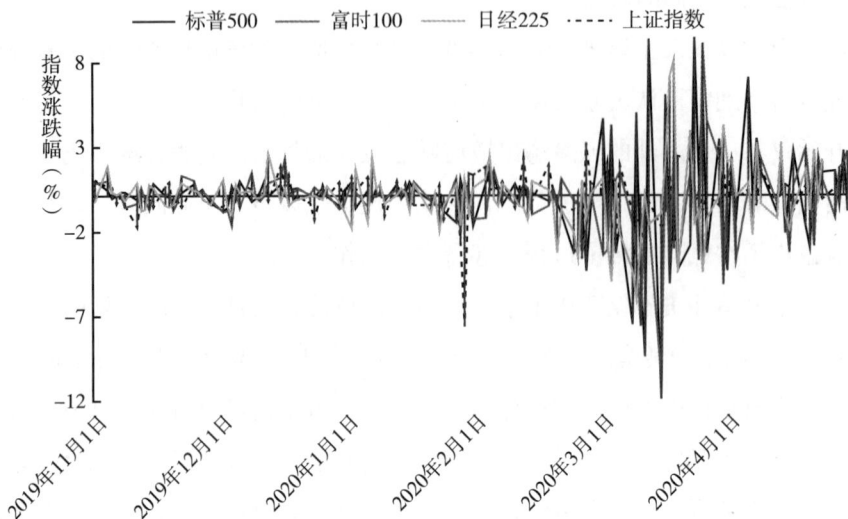

图3　2019 年 11 月 1 日至 2020 年 4 月 30 日四大指数涨跌幅走势

情冲击一国经济，违约风险升高，使银行资产负债表恶化，与其具有直接联系的银行同样受到冲击影响资产负债表。另一方面，风险通过银行间共同持有的风险资产进行传递，疫情的冲击之下资产价格受影响发生波动，导致不同银行的风险状况同方向变动，风险通过资产价格渠道引发连锁反应。在以上渠道的相互作用下，突发公共卫生事件冲击使得单个金融机构的风险增大，银行作为金融市场的重要主体，与国内外众多金融机构都有交易或合作，形成许多节点，这使得风险在国内外金融市场之间相互传染，引发系统性金融风险。

3. 外汇市场间的联动

外汇市场作为金融市场的重要组成部分，必然也受到新冠疫情外部冲击的影响。由于疫情和中美贸易摩擦升级等多重因素共同作用，本次冲击对我国的货物贸易和服务贸易的出口产生负面影响，人民币兑美元汇率的升值在疫情发生后转为贬值，2020 年春节期间人民币兑美元汇率持续贬值跌破"7"关口，同时，确诊病例数量的升高加剧了汇率波动，增加了外汇市场的风险。

与银行间的风险传染类似的是，外汇市场之间会通过各国货币之间汇率波动的相关关系产生的联系渠道发生联动。对本次疫情发生前后的全球外汇市场风险溢出情况进行分析发现，世界各国的外汇市场中主要的风险输出方为新兴市场国家，此类国家本身的汇率风险较高，在疫情的负面冲击下汇率的波动愈发剧烈[①]，中国在从风险输出方变成风险输入方的转变后应当提高对外来输入性风险的警惕。

三 陕西省应对新冠疫情冲击对系统性金融风险的对策建议

新冠疫情是一起公共卫生突发事件，由它导致的众多企业的停工、停产，使金融系统及机制运行、金融资源配置等出现问题，造成金融机构业务中断、盈利急速下降，众多企业甚至出现倒闭风险，进而引发系统性危机，使全球经济发展面临极大的不确定性，直接影响金融业及金融系统的稳定性。在后疫情时代，结合疫情的实际及金融系统的特征，针对陕西应对系统性金融风险冲击提出一些对策措施，以下从实体经济、投资者情绪、政府债务以及外贸企业这四个方面，提出对策措施保障金融体系的稳定与安全，防范系统性金融风险。

（一）针对实体经济的对策措施

新冠疫情不可避免会对经济社会造成较大冲击，宏观经济的变化可能会对金融体系产生系统性冲击，在新冠疫情的影响下，各类经济主体受到不同程度的影响，经济发展速度迅速下滑，形势不容乐观，且风险不断向金融系统蔓延。实体经济受疫情冲击较大，新冠疫情对餐饮业、旅游业和交通运输业的影响尤为严重。要发挥金融对实体经济的服务支撑作用，有效应对新冠

---

① 方意、贾妍妍:《新冠肺炎疫情冲击下全球外汇市场风险传染与中国金融风险防控》,《当代经济科学》2021 年第 2 期。

疫情对陕西经济发展的负面影响，避免实体经济受到十分严重的冲击并传导至金融体系，助力陕西疫情防控，帮助中小企业渡过难关。

陕西省委省政府一手抓疫情防控，一手抓经济社会发展。2022年1月24日，陕西省政府工作报告中就提到要推动经济平稳健康发展，加快产业结构转型升级。陕西作为中华民族重要的发祥地之一，现有国家历史文化名城6处，有全国重点保护文物多处、5A景点多处，每年都有许多国内外游客来到陕西，旅游业也是陕西的重要产业。2021年8月7日，陕西省文化和旅游厅召开全省文化和旅游行业疫情防控工作电视电话会议，全面部署文化和旅游行业疫情防控工作。会议要求，要高度重视文化和旅游行业疫情防控工作，杜绝麻痹思想、松懈心理。各部门、各单位要从严从紧、从细从实抓好防控工作，坚决防止疫情通过文化和旅游活动传播蔓延。同时政府可出台相关重大公共安全事件的应急处理预案及对策措施。

1. 各企业间增强联系，政府帮扶各企业

遇到重大公共安全事件时，旅游、餐饮等企业能够快速上下联动，积极响应，科学应对，减少相关损失。出台相关政策为特殊时期受到巨大损失的中小企业提供优惠信贷、多渠道融资平台、减税免税等政策及官方宣传推广免费渠道。

为降低疫情对陕西文旅企业的影响，掌握当前全省文旅企业面临的主要困难和政策需求。陕西省政府为陕西省餐饮、文旅等企业继续做好服务保障工作，积极推动相关政策尽快出台、落实到位，也鼓励广大餐饮、文旅等企业严格落实好疫情防控和安全生产要求，确保餐饮、文旅等娱乐领域不出问题。同时，也可以推动文旅企业积极探索转型升级之路，为陕西文旅的高质量发展作出贡献。

2. 完善特殊时期法律法规、引入相关人才

要完善特殊时期旅游、餐饮、交通等行业的相关法律法规，减量增质，完善消费者权益保护法，鼓励消费者出行。同时更要加大陕西省对突发事件应对精准人才的引入，陕西政府在旅游、餐饮、交通等方面规划和运营中，

应培养和引入一批能够应对大突发公共卫生事件、熟悉陕西省的特点与未来发展方向、有创新精神和服务精神的专项人才。陕西省的企业在风险控制方面做好智能化建设，运用5G网络和人工智能等技术，提高自身的风险防范意识，制定应对机制，加强对突发应急预案的规划。各大媒体要运用好舆论宣传的力量，密切关注网络舆情，准确研判网络舆情，引导广大陕西省民正确、积极地进行网上评论。

3. 鼓励消费、释放积极信号

2022年5月，陕西省政府印发《陕西省进一步激发消费活力促进消费增长三年行动方案（2022—2024年）》，按照"一年强基础、两年上台阶、三年大提升"的工作目标，从商品消费提档、服务消费扩容、消费平台升级、消费品质提升、市场主体培育、市场供应保障和消费环境优化七个方面促进多层次消费体系完善。

疫情过后政府应带头鼓励民众出行，国内不少城市的政府官员扫健康码"下馆子"带头消费，这对于提高消费信心、释放复工复业的积极信号具有示范意义。为公众发放消费券、消费补贴等也可以作为刺激政策的选项之一。鉴于疫情相当程度上影响了居民收入，应一方面加大对中低收入群体的救济，确保基本消费稳定。另一方面进一步激发社会消费，如加大宣传力度，吸引更多省外、国外游客，推进旅游景点减免门票费用，大力发展夜间经济，延长居民消费时间、拓展居民消费空间。

（二）针对投资者情绪的对策措施

疫情导致全球经济不断衰退、失业人数不断攀升，经济的波动性严重影响着投资者的投资心理。投资者情绪会在一定程度上影响企业的经营，当企业的管理层对市场持悲观的预测时，会影响管理层对企业的管理，管理层可能会为了自身的利益，弃股东和企业的利益于不顾，这样会对整个企业和市场造成不良的影响。当悲观的情绪不断蔓延，市场中企业不断倒闭，大量债务无法偿还，银行的贷款收回遥遥无期，可能会引发系统性金融风险。

总体来看，2020年3月全球疫情蔓延以后，中国已经处于疫情防控的新阶段，投资者情绪虽然有下跌，但总体没有特别悲观。同时，中小企业、成长型企业、不适应线下转变为线上的企业更容易受投资者情绪变化的影响。政府既需要从整体上稳定投资者情绪、保持金融市场稳定，也需要根据不同的群体的敏感度，出台有针对性的政策。在后疫情时期，为了稳定金融市场、加快恢复经济建设，可以有针对性地采取以下措施。

1.加强对网络舆论的监督

针对网络舆论的监督工作，一方面，政府要正确处理网络负面情绪，有效防止情绪扩散。投资者关注和投资者情绪已经成为影响股票市场表现的重要潜在因素，会导致系统性金融风险的产生。所以尤其是在重大不确定性事件发生前后，政府相关监管机构需要加大对干扰市场信息传播秩序、恶意引导舆论走向等行为的处置力度，防止虚假消息造成投资者恐慌。

另一方面，要重视互联网信息传播渠道，有效发挥互联网在信息传播中对投资者情绪的积极引导作用。研究发现互联网的相关信息传播渠道对投资者情绪的影响越来越大，政府重视互联网传播渠道，不仅可以在一定程度上有效遏制谣言的扩散。而且也能通过互联网平台及时公布疫情时事、防控举措及其积极效果等消息，缓解政府与群众之间信息不对称的关系，让投资者、群众能够通过更加真实、完整的信息作出更加理性的判断，从而抑制预期偏差的产生，在一定程度上减少陕西省内民众的恐慌情绪。

2.特殊时期设立特殊的防范体系

应完善企业投资的风险监测和防范体系，对于股市应制定灵活的股市规范，防范和减缓由政策出台或其他事件导致的市场波动，避免投资者情绪剧烈波动，维持市场信心。在后疫情时代，可以看出，私人投资已经在慢慢地恢复，但初期受投资环境还没有完全恢复的影响，恢复的速度较慢，尤其是地方政府会更了解当地企业的具体发展情况和投资环境，对于一些创业企业，政府应加大对受疫情影响个人和企业的创业担保贷款贴息支持力度。从长远的眼光来看，我国经济增长的势头、投资环境以及企业对我国社会经济发展的信心不会因一次突然发生的疫情出现彻底的转变。在未来应对突发事件时，应及时采取有效措施，积极发挥政府的宏观调控功能，果断遏制由突发性事件产生的恐慌情绪，稳定金融市场并且防范风险。

3. 投资者要保持理性

投资者要保持理性的投资决策以及高度审慎的态度。疫情从长期来看并未使我国的基本面出现改变，对于股市来讲，整个股市的环境如果好了，全国各地股民的信心也就有了，陕西省的投资环境也会随之变好。

以价值型企业为主的上证板块受到投资者情绪的影响更小，在疫情的冲击下，股票市场收益的波动幅度最小，抗风险能力更强。但是中小板、创业板两个板块在疫情的冲击下，波动剧烈，其波动偏离公司内在价值更为明显，受到情绪等因素的影响更大，容易被机构以及游资操控股价，投机交易明显，风险难以规避。因而，在之后遇到突发事件时，应保持清醒的头脑、高度审慎的态度，避免被情绪左右，根据市场短期情况以及我国长期基本面状况作出理性的投资者决策，合理规避短期冲击，获得长期收益，关注价值投资，规避风险。

（三）针对政府债务的对策措施

在疫情冲击下，经济增长存在较大不确定性，为应对疫情，政府任务重、责任大，政府债务规模也在不断扩大。早在 2020 年 3 月，中共中央政治局召开会议提出，宏观政策力度要加大，要推出一揽子宏观政策措施。在财政扩张上，主要做了三点部署：增加地方政府专项债规模、适当提高财政赤字率以及发行特别国债。

在后疫情时代，各地都处于企业复产、项目开复工、商场陆续开业的重要时期。各地区地方政府积极强化增加地方金融机构资金流动性措施，鼓励其向中小微企业倾斜贷款投放，加大对重点企业、重点产业、重点项目以及中小企业的省级专项资金支持力度。地方政府债务限额增加，很多地方政府形成了庞大的地方政府债务规模，很可能会引发系统性风险。

防范化解地方政府债务风险是党中央、国务院作出的重大战略部署，也是推动陕西省高质量发展的内在要求。省财政局认真贯彻落实中央和陕西省决策部署，按照"坚定、可控、有序、适度"要求，用足用好财政政策，严格管理政府债务，同时提出一些对策措施积极对冲新冠疫情造成的不良影响，防范系统性金融风险，也为陕西经济社会发展打好基础。

1. 举债融资要规范化，并且加大政策扶持力度

疫情期间政府债务的扩大是不可避免的，但在疫情期间更应该科学管理地方政府债务，在制度层面上更好地进行完善，做到债务信息尽量地公开。政府给予中小企业和低收入人群的大力度补贴支出，以及相关的失业救济支出都是新冠疫情下政府支出的重要部分。所以在后疫情时代，为了促进经济发展，陕西政府应该持续或加大对企业特别是中小企业复工复产支持力度，取消超出防疫必要的各种不合理限制，统筹做好交通物流、防控物资等服务保障工作。

以"防风险"为前提，要求政府树立底线思维。一是确保法定政府债务按时还本付息，设立预算前置审核程序，对债务偿还设置对账提醒。二是规范政府再融资债券管理，合理确定再融资上限。三是确保举债与偿债能力相匹配，统筹考虑债务风险水平、财力状况、重大项目需求等因素测算分配新增政府债务限额。四是增强政府债务管理透明度，健全政府债务信息公开披露制度，规范政府债务预决算公开及债券发行等重大事项公开。

2. 多措并举，多渠道化解政府债务

疫情对经济构成了一系列影响，政府可以采取减税等措施，同时企业停工停产导致收入减少，会进一步影响税收，政府应想办法多渠道进行融资。2021年陕西省在北京成功发行新增地方政府债券263.87亿元。其中，一般债券66.14亿元，专项债券197.73亿元，发行加权平均利率为3.33%，全场投标总量超过7200亿元，投标倍数超过27倍，这都表明大量的资金在支持陕西省抗疫，支持陕西省的经济发展。

3. 特殊时期，政府支出应有侧重

首先要确保经济社会发展资金供给，财政方面，积极争取中央转移支付和债券发行规模，适度超前规划，在确保民生、重大项目资金需求的同时，将资金更多投向拓展社会消费潜力方面，在疫情期间，个人和企业对资金的需求都更大。对于政府支持的建设项目提前开工和加快建设，对于在建项

目，在保证施工安全和建设标准的基础上，通过增加排班、并行推进等方式加快建设进度。

（四）针对外贸企业的对策措施

在疫情的影响下，国内的传统外贸企业遭受沉重打击并很难恢复元气，这些外贸企业继续依赖以出口为中心的外循环拉动经济增长的模式难度在不断加大，国家构建了双循环新发展格局，加快形成以国内大循环为主体、国内国际双循环相互促进的新发展格局。陕西省一些外贸企业运营和发展举步维艰，对此提出以下对策措施。

1. 利用自身优势，打造特色品牌

在后疫情时代，机遇与挑战是并存的，陕西企业也应该适时把握好海外投资机会，机电产品一直是西安出口的主力产品，2021 年，陕西省机电产品出口 2318.8 亿元，同比增长 35.6%，占全省出口总值的 90.1%。

陕西的突出战略节点地位要求陕西更应紧紧抓住"一带一路"、自贸区建设等一系列机遇，激发内生动力，进一步地扩大对外开放。例如，"一带一路"蕴藏巨大投资机遇，可以加快建设都市圈，强化国家中心城市带动作用，打造引领关中平原城市群、西北地区高质量发展和"一带一路"建设的重要区域。

2. 鼓励传统外贸企业创新与转型升级

2021 年 10 月 18~21 日，欧亚经济论坛经贸合作博览会暨中国（陕西）进出口商品展在西安举办，进行了模式上的创新，首次开通智能、便捷"线上云展"系统平台，展商风采全方位曝光，观众看展一键登记，实现展商、观众云交互。这样的活动可以很好地构建交流合作新平台，实现东部优质资源与西部市场联动，促进内外双循环发展。并且当商品出不去的时候，在当前双循环新发展格局下，陕西部分外贸企业可以将一些商品转为内销，尽可能地融入国内市场，使陕西省外贸企业转型发展也呈现新的气象。因此，想要突破传统的销售模式，外贸企业就要善于利用互联网平台，改革和创新跨境物流模式，拓宽销售渠道，进行线上推广宣传，采用数字化营销模式。

3. 提高市场应变能力，科技创新是重要的原动力

后疫情时代，世界经济仍然低迷，外需减弱，陕西一些企业产能过剩，世界经济低迷将会减少中国相关产品的进口，一些企业的产品销不出去。面对以上困难，陕西可以通过科技力量来弥补自身科技优势不足的短板，西安的高校有 60 多所，应多培养这方面的人才，使得陕西尽可能地向产业链上端靠拢，提升企业的价值，使企业高质量发展，使企业的产品尽可能变得不可替代，从而提升企业在全球市场上的竞争力，这样才能在国际市场上走得远。

参考文献

刘精山：《新冠肺炎疫情冲击背景下金融风险的传导与防范研究——基于金融压力视角的实证分析》，《华北金融》2021 年第 1 期。

钟熙维、吴莹丽：《新冠肺炎疫情下全球股票市场的联动性研究》，《工业技术经济》2020 年第 10 期。

杨子晖、陈雨恬、张平淼：《重大突发公共事件下的宏观经济冲击、金融风险传导与治理应对》，《管理世界》2020 年第 5 期。

方意、于渤、王炜：《新冠肺炎疫情影响下的中国金融市场风险度量与防控研究》，《中央财经大学学报》2020 年第 8 期。

区域篇

Regional Economy

B.11
发挥新发展格局下战略纵深区
和交汇地优势 加快陕西建设全国
统一大市场步伐

王 飞*

摘 要： 2022年3月，《中共中央 国务院关于加快建设全国统一大市场的意见》发布，提出加快建立全国统一的市场制度规则，打通制约经济循环的关键堵点，打破地方保护和市场分割，促进商品要素资源在更大范围内畅通流动，加快建设高效规范、公平竞争、充分开放的全国统一大市场。党的十八大以来，陕西发展迈上新台阶，综合实力不断提升，但仍存在经济结构不优、民营经济发展滞后、市场化水平低、营商环境仍需优化以及城乡区域发展不充分不平衡等问题和短板。面向加快建设全国统一大市场，陕西迫切需要从全局高度清晰认识，找准主攻方向，把握未来发展的

---

* 王飞，陕西省社会科学院党组副书记、院长，研究方向为应用经济学、区域经济、资源环境与可持续发展、对外开放和公共管理等。

主动权，全面推进陕西高质量发展迈向新台阶。

关键词： 统一大市场　新发展格局　高质量发展　陕西

2022 年 3 月，《中共中央 国务院关于加快建设全国统一大市场的意见》（以下简称《意见》）发布。《意见》涵盖了总体要求、市场规则、市场设施、要素和资源市场、商品和服务市场、市场监管、市场规范、组织保障等 8 个方面 30 条。全国统一大市场的建设是立足新发展阶段、深化改革开放、发展高水平社会主义市场经济、构建新发展格局的一项具有全局性和战略性的顶层设计和制度安排，是各地各部门推进经济建设和高质量发展必须遵循的行动纲领。陕西作为西部大开发桥头堡和内陆地区改革开放高地，承东启西、连接南北、科教资源富集、创新实力雄厚、产业基础完整、辐射带动力强，集合了深度融入共建"一带一路"、新时代推进西部大开发形成新格局、黄河流域生态保护和高质量发展等重大发展机遇，必须深入挖掘新发展格局下战略纵深区腹地优势和战略交汇地枢纽优势，在支撑国内大循环和链接国内国际双循环上准确定位、科学谋划、主动作为，加快推进统一大市场建设，形成在新一轮国家竞争发展中的平台汇聚、开放环境和创新引领等新的比较优势，推动经济高质量发展，谱写新时代追赶超越新篇章。

一　建设统一大市场是陕西在构建新发展格局中的先手棋

当今世界正经历百年未有之大变局，国际经济关系和治理体系深刻变革，全球经济、科技、文化、政治格局深度调整。国内经济已转向高质量发展阶段，正处在转变发展方式、优化经济结构、转换增长动力的攻关期，结构性、体制性、周期性问题相互交织。以习近平同志为核心的党中央深刻把握国内外主要矛盾发展变化带来的新挑战新特征，指出我国发展仍然处于重要战略机遇期，但机遇和挑战都有新的发展变化，应增强忧患意识、坚持底线思维，在危机中育先机，于变局中开新局，在努力打通国际循环的同时，进一步畅通国内大循环，以加快建设全国统一大市场为先手棋，将有力提升我国经济发展的自主性和可持续性，增强产业链供应链韧性与安全，保持经济平稳健康发展，是构建新发展格局的基础性工程。陕西需从全局高度准确把握构建全国统一大市场的紧迫性和必要性，发掘自身优势，找准主攻方向，积极推进。

（一）在畅通、做强国内市场循环上具有独特区位优势

大国经济的重要特征和优势，是能够提供稳定且强大的国内市场和供给能力，以内部循环支撑并带动外循环。"国内大循环"与稳中求进、扩大内需方针贯通一致，更加强调要解决经济循环不畅问题，着力打通生产、分配、流通、消费各个环节并实现循环畅通。我国有 14 亿人口，人均 GDP 突破 1 万美元，是全球最大和最有潜力的消费市场。西部地区包含 12 个省（区、市），有全国 71.4% 的土地，承载全国 20% 的 GDP，是扩大内需巨大的潜力所在。陕西地处中国大陆地理版图几何中心，周边与 8 个省区接壤，历来就是国民经济循环的重要枢纽。同时，陕西也是资源大省，煤、油、气产量均居全国前三，是西气东输、西电东送、西煤东运的重要基地和通道。1999 年 5 月，西部大开发的号角正式在陕西西安吹响。加快建设全国统一大市场，陕西不仅要利用好西部地区纵深广阔的优势，为国内大循环提供稳定可持续支撑；还要发挥枢纽节点优势，在破题市场循环的分割化和碎片化上创新引领，提高市场整体效率。

（二）在布局、开拓国际市场循环上具有长远战略担当

当前，尽管经济全球化遭遇逆风和回头浪，但国际经济联通和交往仍是世界经济发展的客观趋势和要求。习近平总书记在国内外不同场合多次深入阐述关于经济全球化的中国主张、中国方案，强调坚定不移全面扩大开放，推动建设开放型世界经济。陕西辐射亚欧、联通世界，历史上就是我国对外开放的重要门户，公元前 138 年，张骞"凿空之旅"开启的丝绸之路构筑

起东西方交往的重要通道，唐代长安城曾是世界上第一个人口过百万的大都市。随着"一带一路"建设的深入推进，陕西站在了我国新一轮对外开放的最前沿。陕西目前已与190多个国家和地区建立了经贸关系，西安咸阳国际机场航线已通达全球，长安号开行量、货运量、重箱率均居全国第一。以更高水平对外开放加快建设全国统一大市场，陕西要充分发掘历史文化优势，发挥丝绸之路经济带重要通道、节点作用，加快形成面向中亚、南亚、西亚国家的通道、商贸物流枢纽、重要产业和人文交流基地，构筑内陆地区效率高、成本低、服务优的国际贸易通道。

（三）在链接、协同国内国际市场循环上具有先行带动效应

以国内大循环为主体、国内国际双循环相互促进，不是有内无外，也不是有外无内，而是要处理好自主和开放的关系，更好地统筹国内、国际两个大局，使两个市场、两种资源有机结合、更好联通。陕西既链接西部深广腹地又联通世界，是多项国家对外开放、区域协调合作、流域治理保护高级别"俱乐部"的重要成员，在加快建设全国统一大市场中需发挥先行带动作用。党的十八大以来，陕西发展迈上新台阶，综合实力不断提升，GDP已经越过3万亿元，人均收入水平跨入中等省份，实现了内陆封闭经济向开放型经济的转型，但仍存在产业结构不优、不平衡不充分矛盾突出、市场化水平低和开放创新不足等问题和短板。加快建设全国统一大市场，陕西有基础有空间，也有动力，要把更多精力放在打通国内国际双循环的痛点、堵点和盲点上，不仅有效对接供给和需求、经济和金融、商品和服务，更应着眼于规则、制度、政策、标准、法治的有机融合与相互促进，创新形成既符合社会主义本质要求和国家根本利益，又具有高度开放性、能够推动我国积极参与全球经济治理体系改革的体制机制，形成新的比较优势。

二 以更加开放的视野和思维推动陕西 加快建设全国统一大市场

加快建设全国统一大市场的关键词是高效规范、公平竞争、充分开放，

是着眼于全国发展大局的系统工程。习近平总书记2020年4月下旬来陕考察时指出，开放不足是制约陕西发展的突出短板。在新发展阶段，陕西要树立更加开放自信的眼界、思维和心态，坚持问题导向、深化改革创新，不就陕西看陕西，而是要在全国看陕西，不搞"小而全"的自我封闭循环，而是率先抓住全国统一大市场建设的机遇，积极融入双循环大格局，加强国内国际、省内省外、线上线下等的协同，以系统思维、系统观念推动市场资源配置效率最大化，实现多目标平衡，促进经济发展持续、安全、高效、稳定，提升在全国发展大局中的地位和作用。

（一）以"链式"思维增强在全国产业链供应链中的地位

抗击新冠疫情的历程说明，国家的产业竞争力取决于整个产业链的综合竞争力，国民经济安全同样取决于整个产业链的安全，必须保持好产业链供应链的自主、完整并富有韧性和弹性。陕西工业体系比较完整、产业集聚度较高，具有良好的制造业基础，要瞄准国家统筹推进补齐短板和锻造长板之需，与其他地区错位发展，制定有针对性和差异化措施，补国家所需之"链"，锻自己所长之"链"，坚定围绕产业链部署创新链、围绕创新链布局产业链，构建起具有陕西特色、竞争力强的现代产业体系，建成全国重要的高新技术产业和先进制造业基地，提升在全国全球产业链供应链价值链中的地位。针对数控机床、光子、航空、新能源、生物医药、钛及钛合金、集成电路、太阳能光伏等优势领域，培育壮大24条重点制造业产业链；培育壮大"链主"企业，为其营造良好的发展环境，支持"链主"企业充分利用产业链核心优势做大做强做优，围绕自身技术需求、市场需求，引进和培育配套企业，加大产业链配套企业智能化、绿色化、数字化改造提升，以龙头带动和产业链配套相协同，推动产业集群化发展。同时，坚持"延链补链"，针对重点产业链所需，面向东部沿海、京津冀、长江经济带等区域主动精准招商，承接产业转移。

（二）以"流量"思维提升在国内国际市场循环中的价值

市场经济越发达，流通的地位和作用就越重要。现代流通已成为国民经济的先导产业、支柱产业，决定经济运行效率与效益，反映市场经济成熟程度。在双循环新格局中陕西具备陆空内外联动、东西双向互济之利，各类资源要素在这里集聚、交换、循环、流通，应以"流量"的指标来认识和衡量陕西的价值和贡献，全力在"畅通"上做文章，把建设现代流通体系作为一项重要战略任务，加快构建陆空海铁一体、联通全国、辐射全球的现代化综合立体交通网络。积极对接和参与新亚欧大陆桥、中国—中亚—西亚经济走廊建设和西部陆海新通道建设，加强与东部沿海地区城市、港口合作，推动形成亚欧陆海贸易大通道。加强西安国际港务区、西安临空经济示范区、咸阳临空经济带建设，大力发展多式联运，打造国际性综合交通枢纽、航空枢纽和全球性国际邮政快递枢纽集群。加快构建生产、运输、仓储、流通、配送全链条服务，积极发展高铁快运、冷链物流、智慧物流等业态，打造综合性专业性物流园区、信息平台和货物配载中心，健全"通道+枢纽+网络"物流运行体系。

（三）以"平台"思维优化国内国际双市场资源要素配置

平台是开放的、互联互通互动的。用好平台，促进人流、物流、资金流、信息流、能量流高效集聚和优化配置，能够扩大交易范围、推动分工深化、提高生产效率、促进财富创造，获得"乘法"效应。陕西在推动国内国际双循环中做好市场要素配置和供需对接，关键举措就是加快打造多层次开放平台，围绕技术、标准、品牌、服务和环境形成综合竞争新优势，持续提升集聚和辐射能力。要加快建设"一带一路"交通商贸物流、国际产能、科技教育、文化旅游、金融等五大中心。高水平建设自贸试验区，在贸易、投资、监管体制机制和行政管理制度等方面开展首创性、差别化探索，创新自贸区协同创新区建设。推进西安"一带一路"综合试验区、国际商事法律服务示范区建设。提升西安领事馆区涉外服务能力。加快上合组织农业技术交流培训示范基地建设，打造"一带一路"现代农业国际合作中心。办好丝博会、欧亚经济论坛、杨凌农高会等国际会议和展会，积极申办承办高级别国家级活动，形成全国重要会议会展中心。

（四）以"走出去"思维拓展"陕西人经济"

习近平总书记在《之江新语》中以"'浙江人经济'拓展浙江经济"，阐述浙江经济不仅是富民强省的发展模式，也是能够为全国乃至世界经济作出重要贡献的发展模式，指出浙江既需要"立足浙江发展浙江"，又必须"跳出浙江发展浙江"。陕西历史文化底蕴深厚，科研教育水平高，文化、科技、人才的外溢成效显著。《大秦帝国》《长安十二时辰》《白鹿原》《装台》等剧作火热荧幕、广受好评，嫦娥奔月、北斗组网、天问探火、载人深潜等关乎国家安全的重大工程科技领域的多项关键技术和产品制造来自陕西。在新发展格局下，支持和鼓励陕西经济"走出去"，做强"陕西人经济"，继而带动反哺陕西经济，要围绕提升"陕西品牌""陕西IP"的含金量，从战略高度加快推动标准、质量、品牌联动建设，坚持培育"陕西智造""陕西服务""陕西质量"竞争力，打造一批具有全国和全球影响力的"陕企""陕文""陕货""陕味"。同时，高水平推进"海外陕西"建设，在共建"一带一路"重点国家、传统经贸往来国家和新兴市场国家设点布局，巩固拓展国际友城、海外秦商等各类交流合作渠道，推动外向型经济发展迈上新台阶。

（五）以"法治"思维领先形成市场的制度型保障

市场经济就是法治经济。习近平总书记指出，法治是一种基本的思维方式和工作方式，法治化环境最能聚人聚财、最有利于发展。在高质量发展阶段，传统的劳动力、土地、资本等生产要素的比较优势将逐渐减弱，制度的创新和供给成为重要的核心竞争力。高质量推动全国统一大市场建设，陕西要在完善内外贸、投融资、财税金融、产权交易、技术转让等体制机制和政策措施上探索创新，率先实现以良法善治对经济的保驾护航，以法治方式固化好经验、好做法，在适应和创新国内外规则的法治保障上走在前列，降低制度性交易成本，稳定市场预期，提振发展信心。重点在加强知识产权保护、营造各种所有制企业依法平等使用资源要素、公开公平公正参与竞争、同等受法律保护等方面持续完善法治保障，积极稳妥推进各领域法规的"立改废释"，优化内部协调和衔接，加快推进制度优势向治理效能转化，成为在建设全国统一大市场中具有带动示范作用的法治创新和法律服务高地。

（六）以"协同"思维熨平市场差异

加快建设全国统一大市场，必须形成一体谋划、协同推进的全国一盘棋，防止"木桶效应"。陕西需要主动靠前、扬长避短、破立并举、系统推进，率先开展区域市场一体化建设工作。首先，要推进物流通道、交易平台等市场流通基础设施互联互通，加快跨区域、跨类型市场流通体系有效对接，以及管理和服务的统一。其次，下决心清理省内市场分割和地方保护，加快建立全省范围内统一的市场监管规则、标准和秩序，打通经济循环关键堵点，实现城乡间、区域间、行业间资源要素的顺畅流动和高效配置。最后，通过建立健全区域合作机制和利益补偿机制，加快推进形成关中、陕北、陕南区域协调发展新格局。坚持关中协同创新，以发展先进制造业和现代服务业为重点打造引领全省高质量发展的核心动力源；陕北转型升级，建设高端能源化工基地和能化装备制造基地；陕南绿色循环，以做强做大绿色生态产业为重点打造全国优质生态产品供给基地。加强三地基础设施互联互通、产业分工协作、优势和功能互补、公共服务均衡，率先形成区域市场一体化。

三 在建设统一大市场的关键领域发力见效

2023年是我国现代化建设进程中具有特殊重要性的一年。陕西突出推动高质量发展主题，贯通落实习近平总书记来陕考察提出的"五项要求""五个扎实"，加快建设全国统一大市场，要在科技创新、数字经济、基础设施、营商环境、区域和城乡协同等关键环节上布局落子，努力把习近平总书记擘画的宏伟蓝图变为现实。

（一）高标准建设秦创原平台，打造面向世界科技前沿的创新高地和人才中心

充分发挥秦创原作为陕西省科技创新总窗口作用，引导创新要素和创新资源在更大范围内有序流动、合理配置，提升全要素生产率，培育经济增长新动能。一是积极对接国家资源争取各类政策支持，在特色领域布局建设国家级创新平台，争取创建国家科技成果转移转化示范区，打造西部地区创新重镇。二是聚焦秦创原建设两链融合"促进器"目标，全面推进6大支柱14个重点产业领域的制造业24条、文旅产业7条、现代农业9条重要产业链延链补链强链，全面提升产业链核心竞争力，构建陕西特色、竞争力强的现代产业体系。三是积极引入新型智库建设，形成种类齐全的智库矩阵，大力培养使用战略科学家，突出问题导向和服务导向，围绕国家和陕西省战略需求，聚焦陕西省经济社会发展中的重大理论和现实问题，有针对性地开展高层次应用研究和对策研究。四是打造吸引和汇聚高等级人才平台，形成战略支点和雁阵格局，深化人才发展体制机制改革，创新人才发展体制机制，打造一批科技领军人才和创新团队，造就一批青年科技人才，培养一批卓越工程师。

（二）发力靠前，统筹推进基础设施建设

利用当前宏观调控有利时机，推进"两新一重"建设，优化基础设施布局、结构、功能和发展模式，加快构建和完善畅通高效、安全可靠的现代市场基础设施体系。一是推进交通强省建设，完善"米"字形高铁网，优化提升公路网。加快大西安轨道交通建设，发展多制式、多层次、一体化城市轨道交通网。支持各地合作共建物流枢纽，调动社会力量参与物流中心、货运场站建设，推进物流设施共建共享。二是加快布局5G、物联网、工业互联网、人工智能、大数据、云服务、超级计算、现代物流技术、区块链技术等新型基础设施建设，千兆光网工程覆盖全省所有中小城市和重点城镇，畅通数据要素流动。三是建设"基建+网络"模式，推动传统基础设施与互联网平台融合，实现线上线下一体化衔接，缩短要素流通全过程时间，降低流通成本。

（三）抢抓先机，培育数据要素市场

数据已成为新的生产要素和国家基础性战略资源，要把握数据要素发展规律，抢抓数字技术发展先机，努力实现西部地区与先进地区在一些领域"并跑"甚至"领跑"。要大力推动数字经济创新发展行动计划，积极培育新模式新业态新应用，打造具有国际竞争力和陕西特色的数字产业集群。利用数字赋能，加快数字农业发展，推动制造业、服务业数字化转型升级，推动企业"上云上平台"。加快建设西安新一代人工智能创新发展试验区、西咸新区国家级大数据和云计算产业基地、全省能源大数据中心，创建国家数字经济创新发展试验区。加快数字政府、数字社会建设，提升公共服务、社会治理等数字化智能化水平，提升全民数字技能，实现信息服务全覆盖。

（四）发挥乘数效应，加快推动全省要素资源市场整合

加强资源要素市场一体化建设，为经济发展增添新动能。一是建立健全城乡统一的建设用地市场。依法探索建立农村集体经营性建设用地入市制度，建立公平合理的农村集体经营性建设用地入市增值收益分配制度，完善土地利用计划管理，健全"增存挂钩"机制；建立完善省内建设用地指标、补充耕地指标跨区域调剂机制。二是建立健全统一开放、竞争有序的人力资源市场。支持推动劳动力要素畅通有序流动，构建多元化公共就业服务体系，落实城乡劳动者平等就业制度，依法纠正身份、地域、性别等就业歧视现象。三是有序推进能源市场建设。依托陕北能源储备、石化产业优势，推动油气管网互联互通，健全油气期货产品体系，布局油气交易中心。积极参与组建和完善全国统一的电力、煤炭交易中心。四是加快培育壮大全国性技术市场，完善知识产权评估与交易机制，推进科技资源合作共享。五是高度重视参与全国碳市场建设工作，营造公平的碳汇市场交易环境，规范碳汇市场交易行为，提升碳汇市场交易技术水平，增强市场活跃度，形成统一的市场化碳价；加大政策法规和技术培训力度，创新帮扶能源企业，全面提升陕西碳排放权交易水平。

（五）对标对表，加快打造市场化、法治化、国际化的营商环境

营造稳定公平透明可预期的营商环境。一是打破行业垄断、地方保护和进入壁垒，全力清废妨碍统一市场和公平竞争的各种明规则和潜规则，构建政策统一、标准互认、城乡连接、要素自由流动的市场体系。二是深化"放管服"改革，加快权责清单标准化，解决政策执行"中梗阻"；加快服务事项标准化，实现平等、透明和阳光服务；加快政务数据标准化，由"一网通办"迈向"一网好办"，打造快办事、办成事的"高效陕西"。三是实施外商投资准入前国民待遇加负面清单管理制度，推进金融、教育、文化、医疗等服务业领域开放，保障内外资企业公平竞争。同时，在加强知识产权保护、营造各种所有制企业依法平等使用资源要素、公开公平公正参与竞争、同等受法律保护等方面持续完善法治保障。

（六）以西安都市圈、关中平原城市群为试点，优先开展区域一体化建设工作

发挥西安都市圈、关中平原城市群的核心引领作用，缩小区域发展差距，实现区域发展协同均衡化，进而推动区域一体化发展。加快推进西安—咸阳一体化、西安都市圈一体化和关中平原城市群一体化，积极推动基础设施互联互通、产业分工协同合作、公共服务共享共建、生态环境共保共治，建立健全一体化协同发展机制和成本共担利益共享机制，提升对西北地区发展的辐射带动能力。支持陕南三市深度融入关中平原城市群和成渝地区双城经济圈。积极推进呼包鄂榆城市群建设，加快榆林交通枢纽城市和区域中心城市建设。

参考文献

国家外汇局陕西省分局课题组：《陕西：立足科技赋能　支持中欧班列高质量发

展》,《中国外汇》2021 年 11 月 1 日。

《中共陕西省委关于学习贯彻习近平总书记来陕考察重要讲话精神奋力谱写陕西新时代追赶超越新篇章的决定》,《陕西日报》2020 年 7 月 13 日。

《中共陕西省委关于制定国民经济和社会发展第十四个五年规划和二〇三五年远景目标的建议》,《陕西日报》2020 年 12 月 14 日。

马太建:《习近平法治思想中的推进依法行政建设法治政府理论》,《法治现代化研究》2022 年 2 月。

《关于构建更加完善的要素市场化配置体制机制的实施意见》,《云南日报》2021 年 2 月 22 日。

B.12
陕西打造国内国际双循环战略支点研究[*]

王慧珍 贾果玲^{**}

摘　要： 构建新发展格局是一项复杂的系统工程，是由不同战略支点构成的整体战略布局。不同区域和省份必须找准自己在国内国际双循环中的位置和比较优势，打造具有优势特色的战略支点。基于国内国际双循环战略支点的特征和构成理论基础，深入剖析了陕西打造国内国际双循环战略支点的坚实基础和优势条件。对陕西打造国内国际双循环战略支点的成效与不足进行总结：成效有生产总值及对外贸易规模持续增长、双循环物流通道建设加快推进、枢纽地位不断提升；不足有经济实力和消费能力有待提升、开放不足、商货物流通道不完全畅通。从七个维度提出陕西加快打造和完善国内国际双循环战略支点的对策建议：深化供给侧结构性改革和实施扩大内需战略；强化产业转型升级，大力发展"链型"产业形态；强化创新驱动提供双循环新动能；扩大高水平开放激发双循环战略支点效能；加快提升交通商贸物流中心枢纽功能；发展多元化多式联运模式，全方位疏通堵点；创新金融支持商贸物流发展。

关键词： 产业体系　商贸物流　科技创新　陕西

---

* 本文为陕西省社科基金项目（项目编号：2020D042）、西安市社科基金项目（项目编号：JG59）、陕西省哲学社会科学重大理论与现实问题研究项目（项目编号：2021ND0319）、陕西省科技厅项目（项目编号：2023-GHYB-10）和2022年陕西高校青年创新团队（国际陆港物流运营管理创新团队）的阶段性成果。

** 王慧珍，陕西高校青年创新团队国际陆港物流运营管理创新团队负责人、西安外事学院自贸区研究院副院长、教授；贾果玲，西安外事学院商学院副教授。

一　国内国际双循环战略支点的特征和构成

（一）区域差异必然形成国内国际双循环战略支点的特殊性

构建新发展格局，是以习近平同志为核心的党中央根据当今时事变化，结合我国经济状况，为加强国际合作和突出自主优势所提出的新战略。在新发展格局下，要着力提高经济循环流畅性、提升产业联通度和疏通供应链产业链各环节的堵点。补齐短板，解决各类"卡脖子"和瓶颈问题，持续升级国内市场需求，不断提升供给能力，实现供需更高水平的动态均衡。

新发展格局的构建是一项复杂的系统工程，它是由不同战略支点构成的一个整体战略布局。经过新中国 70 多年，特别是改革开放以来 40 多年的奋斗，我国已经建成了全面小康社会，但是发展不平衡不充分的矛盾仍将长期存在。由于我国地域广阔，东、中、西部和南北两地的经济发展级差、地理区位和资源禀赋差异等不同，在构建新发展格局过程中，不同区域和省份必然会形成差异化定位、功能和作用。不同区域和省份必须找准自己在国内大循环和国内国际双循环中的位置和比较优势，打造具有优势特色的战略支点，走出一条具有区域或地方特色、服务和融入构建新发展格局的新路子，为构建我国新发展格局承担特殊使命和任务，发挥独特功能和作用。

（二）国内国际双循环战略支点的基本特征

为了实现我国新发展阶段的高质量发展必须构建新发展格局，不断进行总体战略部署，实现不同阶段的发展目标，必须打造一批能够支撑总体战略部署推进的战略支点。所谓"新发展格局的战略支点"，就是在构建新发展格局过程中可以支撑和撬动战略目标加快实现的关键支撑点。其基本特征如下。

1. 区域差异性

新发展格局战略支点的差异性是其基本特征。不同区域和地方存在的优势差异主要表现在区域位置、资源禀赋、经济能级、产业发展与结构、创新资源与能力、城市化发展与结构、历史文化差异等方面。因此，要求不同地方在规划打造战略支点中，必须清楚自己的比较优势，找准在总体战略格局中的科学定位，充分释放特殊功能作用，作出自己的独特贡献。

2. 战略支撑性

新发展格局战略支点的支撑性是其关键特征。规划布局打造的战略支点具有能够支撑一定地方和辐射区域高质量发展的支撑能力。这样的战略支撑能力主要体现在现代化产业优势产业链水平、先进制造业实力、战略性资源能源供给能力、交通枢纽及网络体系水平、科技创新能力、市场消费水平、营商环境质量等方面。

3. 循环联通性

新发展格局不是只注重国内的封闭式循环，而是更加开放的国内国际双循环，经济循环的畅通是做实做强新发展格局战略支点的目标。通过强化战略支点的服务和循环联通功能作用，充分利用国内国际两个市场优势、两种资源，实现产业链、供应链、价值链的畅通，实现经济高质量发展。实现循环联通目的需要高效率经济组织与运行管理体系、现代化交通体系建设、发达的商贸物流体系及信息化系统。

4. 辐射带动性

战略支点承载着引领区域发展的重要使命，所以要能对周边区域经济具有强大集聚和辐射带动作用。所以，新发展格局的战略支点一般由战略支点城市构成，辐射全省区域，由全省辐射周边省份，进而带动多区域高质量发展，畅通国内国际双循环。

（三）国内国际双循环战略支点的基本构成

1. 高质量的经济供需体系

首先，需要完善具有优势的产业体系，完善供给侧结构性改革，使具有优势的产业体系为参与国内国际双循环提供支撑；其次，需要一定的消费能力，坚持把实施扩大内需战略同深化供给侧结构性改革有机结合起来，让内需更好地成为经济发展的基本动力；最后，需要建设开放性经济，经济开放性能为国内市场和资源提供有益补充，形成更高质量的经济供需体系，为新发展格局的畅通循环提供动力。

2. 现代化的物流交通体系

完善的现代物流和交通体系是构建新发展格局的重要支撑和保障。首先，优先发展交通基础设施，现代化的交通基础设施对经济的高质量发展具有支撑作用；其次，完善现代物流与交通体系相关制度、法律法规，为现代化的物流交通体系提供保障；最后，构筑新型基础设施，高水平的产业链、基础设施网、贸易桥，为建设现代化的物流体系提供了新型基础，助力经济发展和双循环更加畅通。

3. 强大的创新驱动体系

科技创新在新发展格局中承担着引擎作用。不仅有助于畅通国内循环，还能够提升我国在国际循环中的话语权。具体到微观层面，科技创新能够强化企业的核心技术力量、催生新动能，进而充分发挥其所在供应链产业链优势，弥补不足之处。以产业创新为主攻方向，围绕产业链部署创新链，加强科技创新平台建设，建设优势特色产业创新高地，同时持续加强科技教育基础能力建设，为国家保障产业安全、建设科技强国作出贡献。

二　陕西打造国内国际双循环战略支点的坚实基础和优势条件

（一）经济高质量发展迈出坚实步伐，为打造双循环战略支点提供了坚实的经济基础

1. 经济规模和产业结构水平持续提升

2021年陕西省实现生产总值2.98万亿元，增长6.5%，居民人均可支

配收入增长 8.9%，一般公共预算收入增长 22.9%，实现了"十四五"良好开局。从 2012 年到 2021 年，10 年间产业体系得到了提升，工业经济的总量居全国第 12 位，突破 1 万亿元大关。服务业经济产值占 GDP 比重提升了 8.7 个百分点，达 1.3 万亿元。

2. 现代化交通体系建设加快推进

中共中央、国务院印发的《国家综合立体交通网规划纲要》中明确提出建设西安国际性综合交通枢纽城市，建设宝鸡、榆林和安康为国家综合交通枢纽城市。目前全省高速公路通车总里程达到 6171 公里，实现了"县县通高速"，2020 年全省累计完成公路货运量 11.6 亿吨；铁路营业里程达到 6030 公里，"米"字形高铁骨架网加快完善。中铁西安局集团公司货运量从 2016 年的 1.22 亿吨提高到 2020 年的 2.22 亿吨，年均增长 12.8%。截至 2022 年 8 月，中欧班列长安号常态化运行干线通道 17 条，覆盖亚欧大陆全境。截至 2022 年 9 月，陕西省累计开通 42 条全货运航线，覆盖布鲁塞尔、莫斯科、洛杉矶等全球 13 个国家和地区。航空货运量从 17 万吨增长到近 40 万吨，排名跻身全国第九，航空枢纽优势正在加速凸显。

3. 平台及物流体系不断完善

西安被确定为国际性综合交通枢纽城市、国际航空货运枢纽、全球性国际邮政快递枢纽，延安获批陆港型国家物流枢纽，宝鸡被列入国家骨干冷链物流基地。西咸新区空港获批建设临空经济示范区，西安陆港被列入中欧班列集结中心示范工程和多式联运全国示范工程。西安阎良航空基地、宝鸡、陕西西咸空港、陕西杨凌等 4 个综合保税区先后获批建设。全省物流相关企业法人单位达 1.34 万个，近 800 家年营业收入超过 1000 万元。A 级物流企业达 174 家，其中，3A 级物流企业 98 家、4A 级物流企业 45 家、5A 级物流企业 11 家。中外运、中远海运、京东集团、菜鸟网络等大型物流企业与陕西深化合作；顺丰速递、传化智联等在陕设立区域总部；省物流集团增资重组，延长石油、陕煤化工、西部机场集团等大型国企设立专业物流公司；和硕、货达、陆运帮等网络货运平台企业快速发展。

（二）内陆改革开放高地建设不断取得新突破，为打造双循环战略支点提供了高效率的制度保障

1.各主要领域通过全方位深入推进改革，初步形成了基础制度体系

取得较大突破的体制改革有：混合所有制改革、战略重组和市场化经营机制。"放管服"改革深入推进，陕西建工、轨道交通集团、法士特、国网地电等企业获得显著收效。营商环境不断优化，助企纾困有力有效，实有企业总量实现翻番。农村集体产权制度改革全面完成。从2012年到2021年10年时间，市场主体数量增长3倍多，上市企业近5年增量接近之前15年增量之和。

2.对外开放水平加快提升，陕西经济融入国际经济循环的效率和成效不断提升

陕西是"一带一路"建设的重要节点，立体化的综合物流运输体系与广阔的消费市场空间，为打造新发展格局战略支点奠定了坚实基础。通过陆空运输通道强大的运载能力和陕西自贸区的改革试点，陕西省与全球200多个国家和地区有贸易联系，进出口总值年平均增速比全国平均水平高14.4个百分点。2021年，陕西省利用外资超过100亿美元，引进内外资10000亿元。

3.中欧班列集结中心和大通道加快建设提升了国际供应链参与度

随着长安号的运营，陕西越来越深入地参与国际供应链与产业链分工中。中欧班列从无到有，东联西拓，在中国对欧盟、共建"一带一路"国家贸易中的角色已不可替代，大动脉齐发力，为双循环注入"陕西动能"。中欧班列长安号不断开拓新线路和新站点，全力保障供应链、产业链。加快构建亚欧陆海贸易大通道，目前西安已建成亚洲最大的铁路物流集散中心，长安号通过西欧集结货源已扩大到国内17座城市，全国首个陆路启运港退税于2022年4月在西安港落地。国际航线也已初步形成丝路贯通、欧美直达、五洲相连的格局。

（三）科技创新的突破发展，为打造双循环战略支点提供了新动能

1.陕西强化科技创新赋能高质量发展和双循环战略支点

陕西具有"高校+科研机构+重点实验室"的强大的科研机构团体和优

势，为航空航天、北斗导航和火星探测等众多领域提供了强大科技力量和支持。2021年高新技术企业数量、科技型中小企业数量、技术合同交易额增速均超过30%。陕西有一批国家级高新区、经济开发区、示范区和大学科技园区；高端能源化工、装备制造、航空航天等产业实力雄厚，电子信息、汽车制造、新材料等产业发展势头迅猛，产业结构转型升级和高质量发展成效显著。

2. 陕西省加快推进"数字产业化、差异数字化"进程

近年来，陕西通过数字化为各产业加速。一方面促进数字产业化，大力培育和引进数字经济龙头企业，在卫星导航和集成电路等产业领先全国水平。另一方面促进产业数字化，使数字化和智能化融入各产业，为各产业赋能。制造业、农业和服务业获得突飞猛进增长与升级。2021年陕西省数字经济规模占国民生产总值比重超过30%。

3. 建设秦创原平台，大力促进了创新链和产业链深度融合

秦创原平台自2021年3月30日成立以来，以整合全社会各行业创新资源为目标，成立一年引进近1100家科技型企业、65家金融机构、275家科技成果转化企业，成为陕西省创新创业的新高地。

综上所述，陕西在高质量发展、产业转型升级、建设内陆改革开放高地、科技创新、交通体系、商贸物流通道平台体系、数字经济方面为建设发展打造双循环战略支点奠定了坚实的基础和条件。

三　陕西打造国内国际双循环战略支点的成效与不足

（一）陕西打造国内国际双循环战略支点的主要成效

1. 陕西生产总值及对外贸易规模持续增长

首先，2012~2021年陕西省生产总值总体呈持续增长，2021年实现生产总值2.98万亿元，增长6.5%（见图1），全国排名第14位（见图2）。

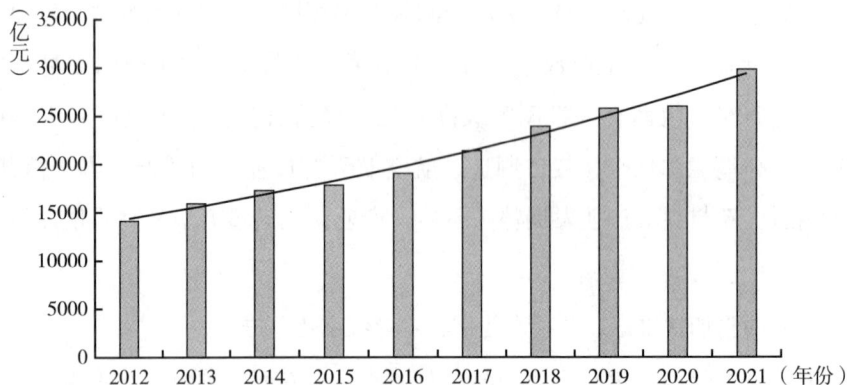

图 1 2012~2021 年陕西省生产总值

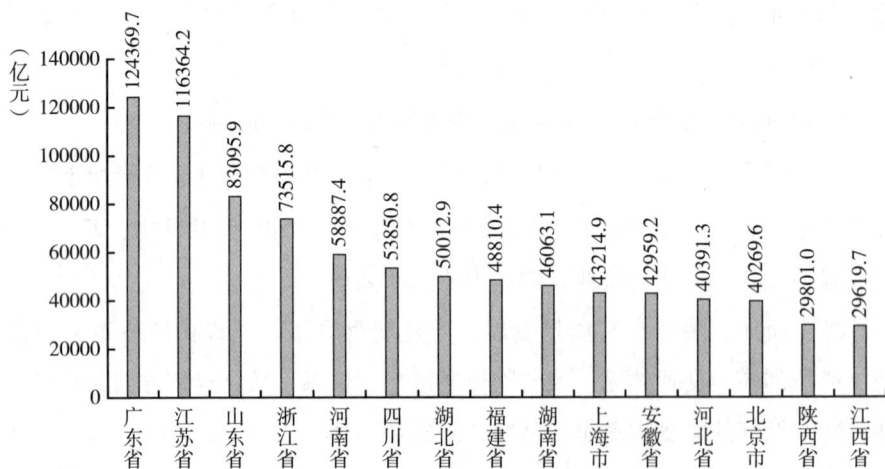

图 2 2021 年生产总值排名前 15 省市

其次，陕西对外贸易规模持续增长，2021 年进口额 2191.70 亿元，出口额 2566.10 亿元（见图 3）。据西安海关最新统计，2022 年 1~5 月陕西累计实现外贸进出口总额 1968.69 亿元，同比增长 9.6%。

2. 陕西国内国际双循环物流通道建设加快推进

（1）中欧班列（长安号）发展迅速，集结中心地位快速提升

从长安号 2013 年开行到 2014 年底，中欧班列长安号开行 46 列。此

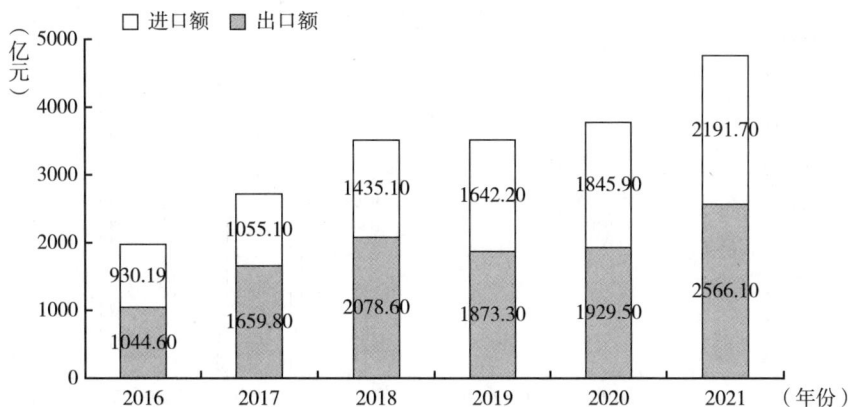

图 3 2016~2021 年陕西省进出口贸易额

后逐年增加，2018 年长安号增长迅速，从 2017 年的不到 20 列增长为 1235 列；此后的三年，长安号开行平均增速每年都在 1000 列左右。2021 年，中欧班列长安号全年开行超过 3800 列，运送货物总重近 300 万吨。从 2013 年到 2021 年，中欧班列长安号累计开行突破 11000 列，开行量、重箱率、货运量等指标稳居全国前列，成为中欧班列高质量开行的典范（见图 4）。中欧班列（长安号）通过"+西欧"的集结体系，聚集长三角、珠三角、京津冀等国内货物。通过欧亚地区全覆盖的国际联运网络吸引日韩等过境货物开拓第三方国际市场和来自共建"一带一路"国家的货物在西安港集散分拨。目前西安已成为辐射全国、连通欧亚的货物集散中转枢纽，中欧班列（西安）集结中心的聚集效应和辐射效应进一步凸显。

（2）航空口岸辐射带动作用不断增强

西安空港型国家物流枢纽是国家发改委公布的首批 25 个"十四五"国家物流枢纽之一，是西北唯一的空港型国家物流枢纽，将成为西咸新区空港新城承载的又一重要国家级平台，将为促进西安、陕西经济高质量发展、构建新发展格局提供有力支撑。首先，2021 年全行业完成货邮周转量 278.16 亿吨公里，比上年增长 15.8%。国内航线完成货邮周转量

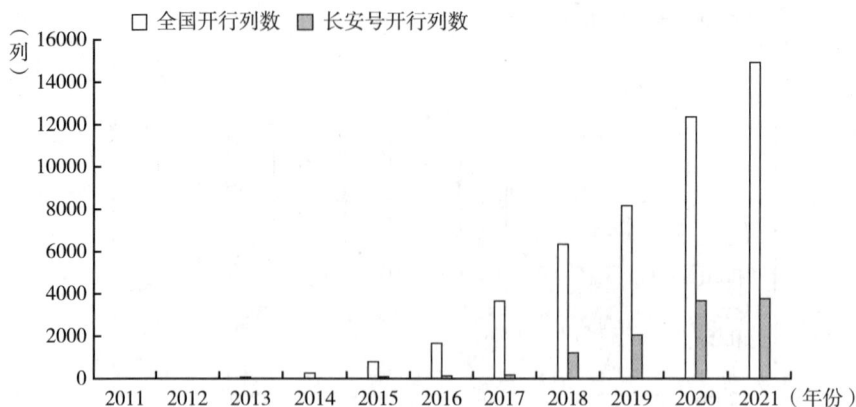

图4 全国和长安号历年开行班列数量对比

资料来源：国铁集团发布，中新网、新华社及地方媒体公开报道。

70.59 亿吨公里，比上年增长 4.0%；完成国际航线货邮周转量 207.57 亿吨公里，比上年增长 20.5%。空港新城联合西部机场集团累计开通全货运航线 42 条，覆盖韩国首尔、俄罗斯莫斯科、美国洛杉矶等 13 个城市。越织越密、越飞越畅的"空中丝路"构建起效率高、成本低、服务优的国际贸易通道。其次，立足区位优势，加快西安国际航空枢纽建设步伐，进一步助力企业实现生产、经营全球化资源配置，打造临空高端服务业，吸引了更多临空指向性企业聚集空港。2021 年，空港新城临空经济规模达到 126 亿元。最后，将科技创新作为推动临空经济高质量发展的重要抓手，先后引进 771 所、大唐 5G、华科光电等一批优质项目，承办全国航空航天创新创业大赛，建设 120 万平方米的自贸蓝湾科创区，形成临空经济全产业链。

（3）海铁联运通道建设不断加强

中欧班列（长安号）经过几年的发展，在海铁联运方面取得了一定的成绩。2017 年 5 月，西安港与青岛港联手打造货运班列，实现两港信息互通、一站式通关监管模式。经过几年的发展，中欧班列（长安号）不但实现了北上、南下、西进的稳定运输通道，还进一步加大东扩的力度，进一步畅通与胶州、宁波、黄岛、北仑等港口合作。通过中欧班列实现"丝绸之路经济带"和"21世纪海上丝绸之路"互联互通，进一步扩大中欧班列（长安号）的"朋友圈"。

3. 陕西国内国际双循环枢纽地位提升

（1）国际陆港枢纽

陕西省目前在建和运营陆港有西安国际港、延安陆港和宝鸡陆港。宝鸡处于大陆桥走廊和西部陆海走廊两条综合性交通走廊的交汇点上，于2018年成为生产服务型国家物流枢纽。2019年，西安获批陆港型国家物流枢纽。2020年，延安陆港入选国家物流枢纽，为加快建设"通道+枢纽+网络"的现代物流运作体系、促成双循环新发展格局提供了有力支撑。西安国际陆港是国内最早设立的内陆港，以打造世界一流水平为目标。新发展格局背景下，联合中欧班列（西安）集结中心进一步承载了双循环核心枢纽的重任。通过"+西欧"线路的增加不断扩大货源范围，同时干线线路也在不断增多，并积极推动创新，于2022年4月启动兑现了启运港退税政策，减少了内陆港出口业务的差异性和不便性，使企业通过西安港出口货物享有与河港、海港出口货物同等的退税服务。此外，连通性不断提高，高标准推动港产港贸港城联动发展。已引进50家以上经济主体，带动各产业入驻港区，面向"一带一路"国家建设临港产业园区，为长安号成为跨境电商全国集结中心提供保障。

（2）国际空港枢纽

近年来，西咸新区空港新城以大通道联动大枢纽，以大项目支撑大门户，成为全省对外开放的重要窗口。2022年，西安空港型国家物流枢纽成功获批，成为全国"十四五"首批3个空港型国家物流枢纽之一。西安空港型国家物流枢纽整合机场与临空、适空资源优势，开拓国内外市场，先后获批自贸区、临空经济示范区、跨境电商综试区、综保区，临空产业规模突破100亿元，聚集东航、南航等14家航企总部，东航赛峰、梅里众诚等77个临空项目，已经成为国际国内双循环的重要节点。

（二）陕西打造国内国际双循环战略支点存在的不足

1. 经济实力和消费能力有待提升

2021 年陕西实现生产总值达到 2.98 万亿元，人均生产总值超过 1 万美元，GDP 规模排名全国第 14；但是仍然属于我国的欠发达地区，高质量发展任务仍然艰巨。

陕西居民人均消费支出从 2013 年的 11217 元增加到 2021 年的 19347元，近 10 年间增长了 72.48%，整体增加速度较快。不过，与全国居民人均消费支出相比，陕西居民人均消费支出水平仍然偏低。无论是从居民人均消费支出的绝对额看，还是从居民人均消费支出的相对额比较来看，陕西居民人均消费支出水平都比较落后，如果跟全国超一线城市消费水平相比，这一差距则更大。全国居民人均消费支出与陕西居民人均消费支出比较情况见图5。另外，从表 1 可以看出，陕西居民消费率整体偏低，保持在 26% 左右，说明在陕西人均 GDP 中陕西居民消费作出的贡献较小，陕西居民消费整体水平较低，提升居民消费水平有较大的空间。

表 1　2013~2021 年陕西居民人均消费支出与陕西居民消费率

指标	2013 年	2014 年	2015 年	2016 年	2017 年	2018 年	2019 年	2020 年	2021 年
全国居民人均消费支出（元）	13220	14491	15712	17111	18322	19853	21559	21210	24100
陕西居民人均消费支出（元）	11217	12204	13087	13943	14900	16160	17465	17418	19347
陕西人均 GDP（元）	41812	45473	46654	49341	55216	61115	65506	66292	75360
陕西居民消费率	0.2683	0.2684	0.2805	0.2826	0.2698	0.2644	0.2666	0.2627	0.2567

资料来源：根据《中国统计年鉴》和《陕西统计年鉴》整理。

2. 开放不足仍是制约发展的突出短板

"十三五"时期，陕西全面深化改革，营商环境明显改善，实有市场主

图 5 2013～2021 年全国居民人均消费支出与陕西居民人均消费支出

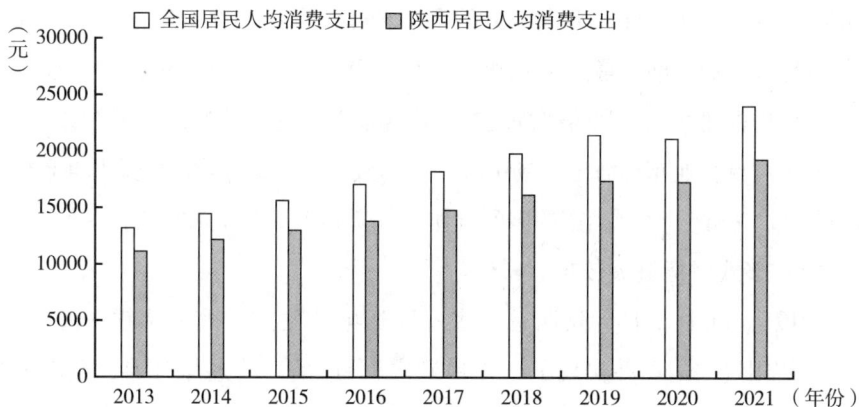

体达到 442.1 万户，居全国第 12 位，实际利用外资年均增长 12.8%，引进内资年均增长 13.9%，对外贸易总额平均每年增长 14.8%。但是陕西重点领域和关键环节改革任务仍然艰巨，开放不足仍然是制约发展的突出短板。对外开放与经济增长呈正相关关系，也与双循环新发展格局关系密切，开放不足将极大制约打造双循环战略支点的进程。

在陕西省 GDP 增长较快的背景下，进出口总额所占比重却相对增长较为缓慢，反映出陕西经济开放程度表现不佳。以 2021 年陕西省和广东省对外开放相关指标对比来看，广东省 GDP 是陕西省的 3.95 倍，进出口总额却达到陕西省的 66.48 倍，经济开放度则是陕西省的 108.8 倍。进口、出口依存度也分别高达陕西省的 16.9 倍和 16.8 倍。

3. 商贸物流通道不完全畅通

（1）亚欧陆海贸易通道枢纽作用发挥不够

虽然陕西交通物流枢纽特征日益凸显，但是枢纽作用还未充分发挥。首先，枢纽对国际通道的成熟发展带动性需要提升。以日韩为重点方向的东向海铁联运国际贸易通道、南向连接的国际陆海新通道、西安和宝鸡等地市开行的中老铁路国际货运班列通道需要继续开拓和延伸。其次，亚欧陆海贸易通道枢纽的联运性不强。畅通扩能国际通道需要多方联动才能充分发挥枢纽作用。在搭建合作平台、促进各方的深度合作过程中存在政策规划和协作方式等有待统一的局面。最后，共建"一带一路"国家贸易通道枢纽功能有待加强。促进枢纽功能加强需要深度挖掘市场潜能，进一步扩大RCEP成员国市场，通过重点企业布局海外市场中心、离岸接包中心，并建设服务RCEP成员国和共建"一带一路"国家的国际合作产业园和重点企业来实现。

（2）多式联运进展较慢

2019年11月1日，陕西首开多式联运中欧班列，采用"铁—海—铁"方式，使用统一运单并实现了"一单到底"。此后，陆港与海港、空港的多式联运进展速度不尽如人意。例如，韩国企业的出口货物在进入东欧之前，采用航空运输、韩中海运等方式与中欧班列进行联运，经常发生货物预约时间长、货物转载空间不足的问题。对于以时间为核心竞争力的中欧班列而言，有时也会出现无法保障准时、准点，导致运行时间延长。多式联运过境通关手续烦琐、文档制作要求复杂，这些无疑增加了通关难度。在推进国内国际双循环、对接RCEP区域构建多式联运物流网络时，以陆港和空港为枢纽而形成的陆海空多式联运发展还不成熟。两港在口岸服务、保税服务和贸易服务等方面未完全实现数据信息互联互通和设施资源共享并建立高效的大通关和跨境服务体系。

（3）中欧班列开行分散，资源整合不足

截至2021年底，全国开行中欧班列的城市达91个，势头如火如荼，但也有"成长的烦恼"。基础设施方面，中欧班列运力饱和、沿线持续拥堵、班列时效进一步延长；市场方面，各自为政情况明显，整体市场化水平仍需提升，良性竞争机制有待完善，资源整合力度有待加大。

（4）国际航空货运能力有限

2019年西安/咸阳国际机场货邮吞吐量38.19万吨，排名第8位（见图6）。2020年货邮吞吐量37.63万吨，2021年货邮吞吐量38万吨，虽挤身全国第十（见图7），但在已获批的国家级临空经济示范区中，排名也偏后，这与其优越的区位优势不相匹配。国际航线数量不多。国际化航线少，一定程度上将制约陕西国际开放大通道建设。

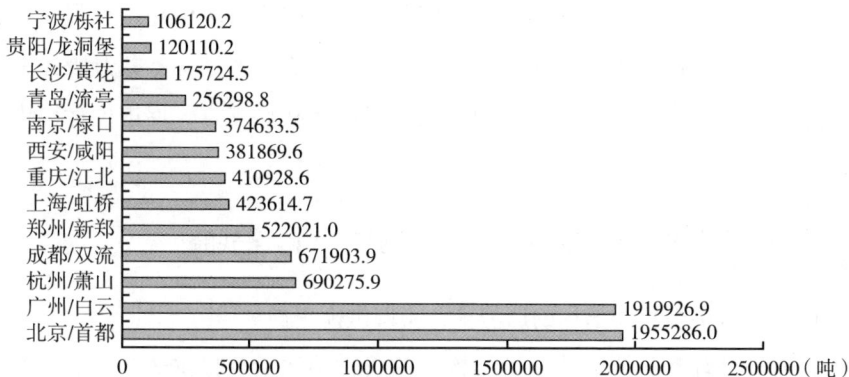

图6　2019年我国主要临空经济示范区机场货邮吞吐量

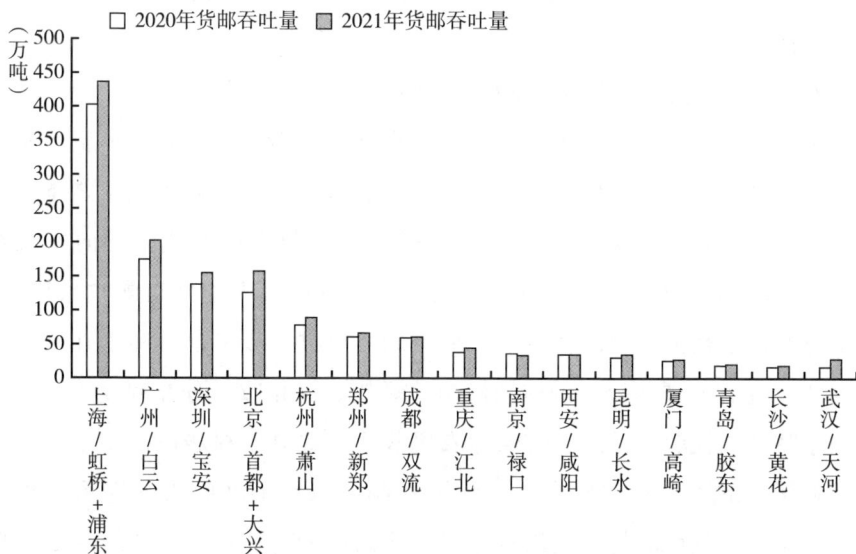

图7　2020年和2021年我国主要临空经济示范区机场货邮吞吐量

四　陕西加快打造和完善国内国际双循环战略支点的对策建议

陕西省无论经济实力、科技创新能力还是区域影响力，在西北地区都高居首位，西安将以科技创新为驱动，以关中平原城市群为依托，加强跨省交流与合作，不断深化供给侧改革，扩大内需，促进产业结构不断升级，并强化国际贸易大通道畅通，打造成国内国际双循环战略支点，促进国际国内双循环畅通。

（一）深化供给侧结构性改革和实施扩大内需战略

1. 推动供给引领需求和创造需求，实现供需平衡

畅通双循环首先要优化供给结构，改善供给质量，提供适合消费者的产品；其次要优先改造提升传统产业，发展具有战略意义的新兴产业，供给更适合消费者的产品；最后要依法保护产权，为企业家发展新技术、研发新产品提供良好的环境。

2. 持续扩大内需，提高居民的收入水平

全面促进消费，提升传统消费，培育新型消费，发展服务消费。①坚持经济发展就业导向，保障居民收入水平稳步提高。就业是民生之本，劳动所得是居民消费的基本保障。陕西省政府部门要以就业为导向发展经济，不断增加就业容量，提高就业质量，促进居民人均可支配收入增加。②坚持共同富裕方向，改善收入分配格局。要进一步贯彻落实十九大报告提出的"完善按要素分配的体制机制"举措，深化收入分配制度改革，逐步缩小陕西居民收入差距。③保障农民收入，提升农村居民消费水平。陕西农村居民的平均消费倾向、边际消费倾向以及消费收入弹性系数均表明，无论是从陕西农村居民消费在居民收入中的占比看，还是从陕西农村居民消费与居民收入的增速看，陕西农村居民消费会成为提升陕西居民消费水平的下一个重点领域。

3. 采取措施激发消费活力

针对近三年来遭遇多轮疫情冲击，消费市场受到较大影响。为稳定消费市场预期、激发消费市场活力，促进消费市场稳步恢复需采取以下措施。①统筹推进疫情防控和消费促进工作，采取措施防止"过度防疫"，对零售、餐饮等消费场所关停条件进行严格审查，避免随意关停。②全面创新提质，推动消费稳步增长。可以通过发放各类消费券，组织各类促销活动推动消费回暖。支持发展农村电子商务。③夯实消费基础，全面激发消费潜力。支持县域商业体系建设，加快建设一批夜间经济示范区、步行街等。

（二）强化产业转型升级，大力发展"链型"产业形态

1.加快构建现代产业体系

抢抓新一轮产业变革机遇，加快产业转型升级和新旧动能转换，畅通产业循环、价值循环和市场循环，构建具有陕西特色的现代产业体系。做实做强做优制造业，加快推进基础制造业升级，向绿色化、低碳化、智能化、数字化和现代化发展。例如，有色、纺织等传统产业以绿色化和智能化为方向进行转变。同时，能源化工产业提高能源利用率，向低碳化发展；提高光伏、地热等新能源利用比例。通过数字化，加强产业间互相融合，促进产业创新集聚发展。

2.以"链式思维"促进产业集群化发展

目前，陕西省重点规划发展的制造业产业链有航空、光子和数控机床等24条，通过链长主导方式延长、弥补和增强产业链。围绕核心链主产业，对上下游和周边产业进行延伸，拉长拉宽产业链条。各产业链分别组建工作专班，根据产业链特色打造升级和高端化发展路径，并以专家智库团队保驾护航。根据生产规模、技术条件和产业链地位，推举"链主"企业，鼓励"链主"企业联合上下游企业组建创新联合体，对企业年度研发投入增量部分按照一定比例予以奖励。

3.以数字经济为契机促进产业数字化发展

迎接数字时代，建设数字陕西。推动数字技术与实体经济深度融合，打造西部数字经济产业发展高地。狠抓数字经济基础工程，打造创新试验区和重点实验室，加快理论研发进度，突出数字经济核心产业的引领性。建成国内有重要影响力的大数据、集成电路、软件和信息服务、光子等4个千亿级产业集群。提升工业互联网平台应用普及率、规上工业企业关键工序数控

率、两化融合发展水平指数，推动网络化、智能化、个性化生产方式在重点领域得到深度应用，培育一批数字化转型标杆企业。

4.大力培育发展优质企业

加快培育发展以"专精特新"中小企业、制造业单项冠军企业、产业链领航企业为代表的优质企业体系。聚焦重点行业和领域、重点产业链，筛选一批有能力、有志向引领产业链发展的优秀企业开展培育提升，引导"专精特新"中小企业快速成长，进而在国内国际达到领先水平。发挥优质企业领头雁、排头兵作用，促进产业基础高级化、产业链现代化，打造优良产业生态，推进制造强省建设不断迈上新台阶。

（三）强化创新驱动，提供双循环新动能

1.完善和发挥秦创原创新总平台的功能和作用

抢抓新一轮科技革命机遇，深化军民融合、部省融合、央地融合，以科技创新催生双循环新动能，打造丝路科创中心和西部创新高地。以秦创原建设为引领，加速释放陕西创新驱动发展活力。

2.强化实施科技型企业"四大工程"

从科研、资金、政策等方面为公司提供有针对性的指导和支持。科技型企业按照梯队步骤，实施"登高、升规、晋位、上市"四大工程，实现质量和数据的双突破。政府金融政策尽力向创新积分高的企业倾斜，激发科技型企业创新动力。

3.加强与国内外高能级创新平台交流合作

按照"引进+共建+协同"的思路强化国内外创新主体和平台的协作。大力支持国家级平台和机构入驻，形成辐射性和共享率高的创新体系。

4.强化创新人才支撑

依托秦创原人才大市场，建设省级人才发展改革试验区。建设创新人才库，加强人才吸引力，形成人才合作的多样化合作机制，为高级人才与产业互联创造条件，加大创新发展智力支持力度。

（四）扩大高水平开放，激发双循环战略支点效能

1. 加快形成面向中亚南亚西亚国家的通道

以现有通道和平台为重点，持续拓展功能，强化通道的连通性。具体表现为：提升陆港、空港枢纽能级，优化口岸服务。构建面向双循环新发展格局的货运网络。织密航线，推动第五航权航线的发展，优化中欧班列线路，拓展对外开放的深度和广度。大力促进中俄丝路创新园、中哈现代农业示范园、上合组织农业技术交流培训示范基地的发展。释放枢纽+通道的开放综合效力。

2. 大力优化营商环境

着力塑造市场化、法治化、国际化的营商环境，开拓多元化出口市场，形成全方位、多层次、宽领域的全面开放新格局，以高水平对外开放塑造国际合作和竞争优势。升级法律服务，让企业更顺畅对接国际规则。提供公正、高效、便捷、低成本的"一站式"国际商事纠纷解决服务。

3. 创新发挥陕西自贸试验区的引领示范作用

充分利用 RCEP 带来的新机遇，加大企业积极开拓 RCEP 市场动力，打造对外开放新名片。加快自贸区创新成果产出和转化，复制推广更多实践案例。利用大数据区块链技术为企业提供报关、金融等一站式、一票制国际联运全程服务。推进"一带一路"建设，让陕西成为对外开放的前沿和中国走向世界的重要门户。提高出口退税、出口信贷、信用保险等支持出口政策的便利度，引导企业用好零关税、原产地累积等规则开拓发展新空间。

（五）加快提升交通商贸物流中心枢纽功能

1. 加快立体交通枢纽建设

充分发挥核心枢纽港口的优势，全力构建"陆+空+公+网"立体交通枢纽。注重与青岛、宁波和连云港等沿海海港的合作联动，并进一步扩大海港

核心枢纽合作圈。加快宝鸡、延安、汉中陆港建设，加强陕北、关中和陕南陆港运作省内联动。完善西安空港航线，释放第五航权红利，提升航权开放水平和直航比例，促进交通商贸物流枢纽的智慧化和网络化运作，完善核心枢纽的功能布局和产业关联度，加强数字化应用，使得枢纽平台在互联互通的基础上高度共享资源、衔接顺畅。

2. 推进枢纽与亚欧陆海贸易大通道的联动

通道的连通性和畅通性与枢纽的高效运作息息相关。因此，在重视枢纽建设的同时，需要大力推进陕西亚欧陆海贸易通道建设。同时携手西部陆海贸易大通道衔接国际运输，提升货物集散能力、资源的高效配置率和东盟、中亚、南亚、欧洲等海外市场的开拓力。加强通道与中欧班列（长安号）的耦合，优化中欧班列运行线路，扩大中欧班列优势，形成畅通的运作体系。

3. 推进枢纽的国际化进程

加大开放力度，全方位推进出境通道建设。大力发展跨境电商、对外贸易等国际业务，挖掘经贸和物流业的潜力。建设海外仓，打通国际物流的末端环节。减少国际物流通关时间，构建多元化、国际化的物流产业体系。创新政策体系，探索各市（区）经西安直达亚欧的国际班列，大力发展通道经济，提高参与全球资源配置的能力。

（六）发展多元化多式联运模式，全方位疏通通道堵点

1. 探索发展多元化多式联运模式

中欧班列由点到线、由线成网组成的干支线网络将成为内陆开放的重要平台。例如，西安可考虑与成都、重庆进行线路整合；也可以与中欧班列（郑州）和中欧班列（武汉）进行通力合作，不断进行资源整合，集拼集运，提高中欧班列运营效率。发展多式联运从以下几种模式考虑。①中欧班列+国内外货源企业专列物流模式。国内出口欧洲的大型外贸型货源企业可以通过"+西欧"模式把货物集结到西安，把国内有强大需求的欧洲企业生产的货源通过建立海外仓提前集结进口货物，通过专列提高长安号运输效率。②对于物流量相对较小的进出口企业可以采用"中欧班列+零担"整合

物流模式。提前在国内仓库和海外仓进行集结，组合装车通过中欧班列运至海外或回程至西安。③西安咸阳国际机场是北方第二大机场、十大国际航空枢纽之一，为"航空+中欧班列"提供了有利条件，对于距离西安较远的货物可以通过航空物流或者海铁联运集结西安，从西安通过中欧班列到达欧洲。同样欧洲货物也可以通过中欧班列到达西安，然后通过航空物流或者陆海物流分拨到货物需求地。

2. 提高监管与合作效率效能

首先，加强与沿线国家海关国际合作。通过与中欧班列沿线国家建立信息互换、监管互认的国际合作机制，让企业可以选择任何一个海关办理通关手续，提高通关效率。其次，加快推进物流过程监控信息化建设，让物流过程更透明，形成更安全的多式联运监管模式。最后，加强与重庆、成都、合肥、义乌、苏州、郑州等地中欧班列货运班列运行的合作。加强与东部海港合作。加快推进"内陆港+自由贸易+多式联运"的功能叠加，不断增强对国际高端资源要素的吸附力和整合力。共同推进两地海关和铁路的合作，为铁路运输服务争取更多优惠政策，创造便捷、高效的物流服务。

（七）创新金融支持商贸物流发展政策

1. 支持金融机构完善金融综合服务

建议各类金融机构创新产品服务和解决方案，将内外贸、本外币和境内外业务统筹发展。金融服务和产品与经济环境和具体的贸易特点息息相关。后者在一定程度上受前者的影响。当宏观经济环境有所改变时，外贸企业的结算方式、贸易流程及风险性相应变化。通过金融产品创新可以最大限度保障企业规避风险、优化流程和效率、提高应收账款的可控性。

2. 扶持供应链金融发展

支持银行通过有效把控供应链信息流、物流、资金流和完善交易结构，围绕核心企业开展面向上下游的境内外供应链金融服务。鼓励融资租赁企业和商业保理企业提供适合供应链企业特点的产品和服务。

3. 支持创新金融产品

出口退税账户质押融资。鼓励和支持陕西省内商业银行等金融机构在有效把控出口退税账户变更情况等基础上开展出口退税账户相关融资，未退税款可视同企业应收账款一并进行质押融资。出口信用保险保单融资。鼓励和支持陕西省内商业银行等金融机构结合企业需求和自身风险管理要求，积极扩大出口信用保险保单融资规模。开展其他外贸金融服务时，银行可结合企业持有的出口信用保险保单综合考虑授信风险。鼓励银保双方深化互信合作、信息共享、系统对接，围绕更好地发挥出口信用保险风险缓释作用和融资功能开展产品服务创新。支持铁路运单（提单）金融化创新。在中欧班列（长安号）常态化、规模化、规范化运营的基础上，探索赋予国际铁路运单物权凭证功能，将铁路运单作为信用证议付票据，创新中欧班列（长安号）贸易融资新模式的支持政策。

4. 创新航空枢纽设施融资模式

鼓励借鉴国际经验，可采取 BOT、BOO、BOO 等模式由地方政府、机场公司、航空物流企业等多方合作建设和管理货运设施，由航空物流企业出资建设适合自身运营发展需要的转运中心、航空货站、仓储设施等，实施专业化运营。

参考文献

蔡昉等：《双循环论纲》，广东人民出版社，2021。

陈元、黄益平：《双循环：中国经济新格局》，人民日报出版社，2021。

贾康、刘薇：《双循环新发展格局》，中译出版社，2021。

袁国宝：《双循环：构建以国内大循环为主体、国内国际双循环相互促进的新发展格局》，中国经济出版社，2021。

《陕西省国民经济和社会发展第十四个五年规划和二〇三五年远景目标纲要》，http://www.shaanxi.gov.cn/xw/sxyw/202103/t20210302_ 2154680.html。

《陕西省"十四五"深度融入共建"一带一路"大格局、建设内陆开放高地规划》，http://www.shaanxi.gov.cn/xw/sxyw/202111/t20211126_ 2201850.html。

《牢记嘱托　感恩奋进　解放思想改革创新再接再厉　谱写陕西高质量发展新篇章——在中国共产党陕西省第十四次代表大会上的报告》，http：//www.shaanxi.gov.cn/xw/sxyw/202205/t20220528_ 2222645_ wap.html。

《中国这十年·系列主题新闻发布｜陕西：谱写高质量发展新篇章》，http：//www.xinhuanet.com/2022-08/31/c_ 1128966129.htm。

《陕西省人民政府办公厅关于进一步提升产业链发展水平的实施意见》，2021 年 6 月 30 日。

《陕西省人民政府办公厅关于印发加快推进数字经济产业发展实施方案（2021-2025）的通知》，2022 年 4 月 22 日。

谢雨蓉、陆成云、刘文华等：《加快内陆地区“大循环”与“双循环”物流战略新支点建设》，《中国经贸导刊》2021 年第 6 期。

夏杰长等：《中欧班列与“一带一路”》，中国社会科学出版社，2022。

王慧珍：《加快推进中欧班列（西安）集结中心的思考与建议》，《大陆桥视野》2020 年第 10 期。

王慧珍：《中欧班列（长安号）高质量发展路径探讨》，《大陆桥视野》2021 年第 11 期。

B.13
聚焦中欧班列长安号高质量发展
构建陕西对外开放大平台[*]

陕西省社会科学院经济研究所课题组[**]

摘　要： "一带一路"倡议提出以来，我国开行中欧班列班次飞速增长。作为陕西省开放经济发展的标杆，2022年，中欧班列长安号开行量、重箱率、货运量等核心指标稳居全国前列，但同时存在通道承载空间不足、货源组织能力有待提升、多元功能整合有待深化等问题。基于当前国家向西开放、全国统一大市场建设以及多项政策叠加等背景，提出推动中欧班列长安号高质量发展实现路径：一是解放思想，加快对外开放步伐；二是推进港口建设，提升发展承载能力；三是拓展财富源泉，加快外向型经济发展；四是加大合作力度，打造国内外双循环链接地；五是加强制度创新，塑造开放经济发展新优势；六是整合平台功能，构建陕西对外开放大平台。

关键词： 中欧班列　高质量　开放平台　陕西

中欧班列长安号是陕西省开放经济发展的标杆，在推动陕西省开放经济

* 本文为陕西省社会科学院重大理论与现实问题研究项目"中欧班列长安号高质量发展研究"（项目编号：2022ZD01）的阶段性成果。

** 课题组组长：裴成荣，陕西省社会科学院经济研究所所长，陕西省社会科学院智慧城市智库负责人，二级研究员，研究方向为区域经济。课题组成员：冉淑青，陈光；执笔：冉淑青，陕西省社会科学院经济研究所副研究员，陕西省社会科学院智慧城市智库专家，研究方向为城市经济与区域发展。

发展中发挥着重要作用。2022 年 6 月，课题组围绕中欧班列开放平台建设对西安海关、国际港务区、"一带一路"第二国际商事法庭等开展了实地调研，本文通过对中欧班列长安号发展现状、存在问题的总结，站在陕西开放经济发展宏观视角，分析推进中欧班列开放平台高质量发展的实现路径，以此为突破口，提出陕西推动开放经济高质量发展的对策建议。

一　中欧班列运行情况

（一）我国中欧班列总体发展情况

自 2011 年重庆至杜伊斯堡国际列车开通以来，国内多个城市相继开通中欧班列，2021 年中欧班列开行数量实现突破增长，全年开行 15183 列，发送 146 万标箱，其中，霍尔果斯、阿拉山口口岸出入境班列数量最多，分别为 6362 列、5848 列（见图 1）。截至 2021 年底，中欧班列通行亚欧 78 条运行线，物流网络覆盖欧洲 23 个国家的 180 个城市，带动了共建"一带一路"国家交通基础设施优化升级，随着经济溢出效应与国际影响力的增加，中欧班列国际物流品牌的辐射力、带动力也更加强大，在复杂的国际环境下，发挥着国际产业链供应链稳定器的重要作用。

截至 2021 年底，国内开行中欧班列城市共 68 个。其中，中欧班列长安号 2021 年开行 3841 列，运送货物总重达 284.8 万吨以上，各项核心指标稳居全国前列。成渝号作为成都、重庆两地合作打造的中欧班列品牌，2021 年开行班列超过 4800 列。山东齐鲁号、江苏江苏号 2021 年开行班列均超过 1800 列，河南中豫号开行班列超过 1500 列。浙江义乌义新欧中欧班列以及湖南长沙中欧班列开行均突破 1000 列（见图 2）。

（二）中欧班列长安号开放平台发展现状

1. 开行数量平稳回升

2021 年，中欧班列长安号累计开行 3841 列，约占全国开行总量的

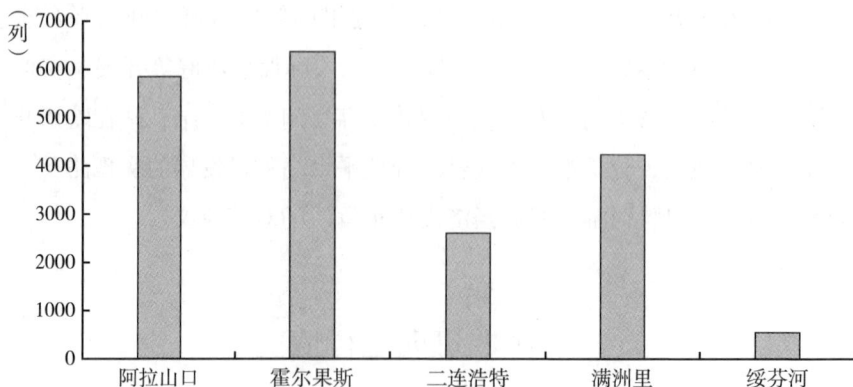

图1　2021年中欧班列重要口岸出入境班列数量

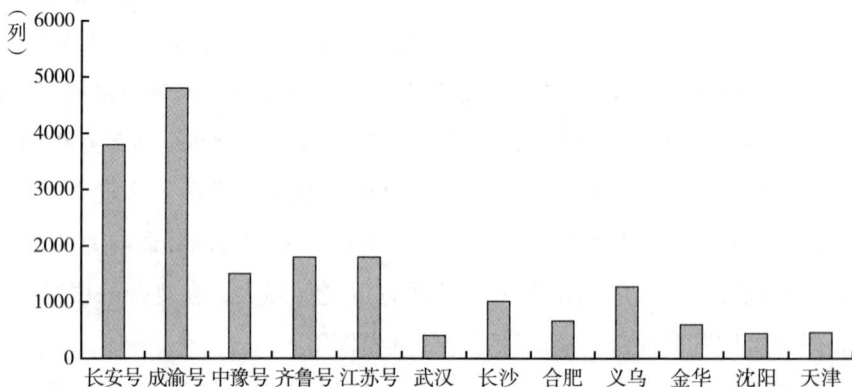

图2　2021年国内主要城市开行中欧班列数量比较

25%。2022年初，受乌克兰危机持续发酵、汇率波动、经济制裁、疫情蔓延等多种因素影响，开行数量有所下降，自2022年2月起中欧班列长安号开行数量平稳回升。2022年1~9月，中欧班列长安号累计开行突破3000列；截至2022年10月，中欧班列长安号累计开行突破1.4万列，开行数量稳步回升，开行量、重箱率、货运量等核心指标稳居全国前列。

2. 集结中心功能不断增强

2022年，中欧班列长安号新开辟了西安—圣彼得堡—曼海姆、西安—

波季—康斯坦察—曼海姆、海防—西安—阿拉木图等多条新线路，常态化开行国际主干线达 16 条；发挥承东启西、连接南北的区位优势，联手多个城市深度融入共建"一带一路"大格局，"+西欧"班列实现 17 个城市常态化开行；加强与青岛港及青岛西海岸新区合作，常态化组织西安至日韩过境青岛的海铁联运五定班列；加强与山东港口集团合作，推动集国际贸易、集散分拨、冷链物流等功能于一体的青岛港分拨基地建设；与中远海运集团加大合作力度，不断降低企业海铁联运综合物流成本，深度融入全球港航物流体系。

3. 通关效率持续提升

2022 年 2 月 28 日，财政部、海关总署、国家税务总局联合印发《关于陆路启运港退税试点政策的通知》，批准符合条件的出口企业从西安国际港务区铁路场站启运报关出口，在西安国际港务区开展出口业务的企业享有与海港、河港相同的退税政策，全国首个陆路启运港退税政策正式落地西安；西安海关智慧物流系统不断升级，地方政府、铁路部门、平台公司、报关企业联席会议机制不断完善，海关、铁路、场站数据共享推动物流运输持续提速。2022 年 8 月，中欧班列长安号铁路运输进口平均通关时间为 90.68 小时，较上年同期缩短了 22.1%。

4. 港产联动发展持续推进

依托国家加工贸易产业园，高质量承接东部先进制造业转移。引进康佳智能制造、汇芯 5G、京虹显示、硕达视创、中科光电子等消费电子企业 30 余家，香港恒星联、深圳华晟物联、深圳畅享视界、北京博创立讯等企业研发中心加速聚集。结合国家医学中心建设，立项西部超导医工科技项目，将建造具有完全自主知识产权的全球首台超导重离子放射医疗装置并实现产业化。加大央企招商力度，吸引中石化西北总部、国家电网、中国农行数字化总部等项目落户，区域总部经济聚集区建设实现进一步发展。举办最高法国际商事专家委员会第三届研讨会、国际大法官论坛等活动，引进高水平国际国内顶级赛事，着力打造面向"一带一路"文化、体育、教育、科技、法律的国家级人文交流平台。

5. 港贸融合发展态势明显

围绕金属、能源化工、粮食、木材等大宗商品领域，引进中国五矿、中石化、中林、中远海、山东港、厦门信达等一批具有国际国内资源配置能力的央/国企贸易总部。依托中央商务区"丝路电商中心"建设，吸引金畅科技、贞知科技、诺士兰、吉客印、万轲通达等亿元跨境电商企业以及蜜芽直播中心、今日头条海外直播基地等入驻。吸引法国达飞、大洋物流、深圳华运等 36 家国际物流企业入驻，与阿里菜鸟合作打造全国首个跨境电商非空业务总部，不断拓展国际贸易合作新模式。

二　当前存在的主要问题

（一）通道承载空间严重不足

随着国际物流市场需求持续攀升，中欧班列长安号贸易通道品牌知名度快速提升，新的贸易线路不断开拓，西安中欧班列集结能力与辐射范围迅速扩大，未来中欧班列长安号运行数量仍有较大的上升空间。但当前国铁集团给予陕西省中欧班列长安号的运输计划难以满足国际贸易市场快速扩张的需求。由于建设用地指标不足，集结中心项目建设面临土地手续批复难等问题。随着港产港贸融合的进一步发展，整体储备用地不足与产业发展之间的矛盾将进一步加剧，严重制约着开放大通道承载能力的提升。

（二）货源组织能力有待提升

中欧班列长安号货源 70% 来自省外。缺乏具有全国乃至全球号召力的服务平台，与合作城市、合作企业之间的常态化沟通协调机制尚不健全，货源组织平台服务功能不完善，货源磋商能力与通道组织能力亟须进一步提升。国际港务区在吸引产业链龙头企业入驻方面的宣传力度需要进一步加大，尤其是围绕中欧班列长安号的品牌营销宣传不足，中欧班列长安号品牌效应发挥不够。

（三）多元功能整合有待深化

陕西拥有自贸区、口岸、综合保税区等多个开放平台，其中，中国（陕西）自由贸易试验区包括中心片区、西安国际港务区片区、杨凌示范区片区，综合保税区包括西安综合保税区、西安高新综合保税区、西安航空基地综合保税区、西咸空港综合保税区、宝鸡综合保税区、杨凌综合保税区以及由西安出口加工区整合的西安关中综合保税区。由于部分自贸区、综合保税区片区分属不同单位主管，规划存在重叠、包含关系，实际管理中存在利益冲突、权责归属不清等问题，一定程度上制约了开放平台开放效能作用的最大化。

三　中欧班列长安号高质量发展的政策背景

（一）国家向西开放宏观背景为中欧班列高质量发展带来重要利好

"十四五"时期，我国持续推动共建"一带一路"高质量发展新趋势、新要求更加明确，继续推进西部大开发，加快形成陆海内外联动、东西双向互济的开放格局，强化开放大通道建设，构建内陆多层次开放平台。习近平总书记 2020 年 4 月来陕考察明确提出"打造内陆改革开放高地"新要求。陕西地处向西开放的前沿位置，以中欧班列高质量发展为重要抓手，深度融入共建"一带一路"大格局，实现高水平对外开放面临大有可为的重要机遇期。

（二）全国统一大市场建设为中欧班列高效运行提供政策保障

2022 年 4 月，《中共中央国务院关于加快建设全国统一大市场的意见》发布。意见明确提出，加快建立全国统一的市场制度规则，打破地方保护和市场分割，打通制约经济循环的关键堵点，促进商品要素资源在更大范围内畅通流动。该意见的实施有利于突破跨省区信息传递壁垒，推动陕西与周边区域之间实现信息共享、政务联通，提升区域间要素流动水平。以此为契机，建立全国统一的中欧班列运行制度规则，推进国内中欧班列开行城市货源整合与物流组织，为提高中欧班列运行效率、推动中欧班列高质量发展提供了政策保障。

（三）政策叠加为陕西中欧班列高质量发展聚集新的动能

《国家综合立体交通网规划纲要》将西安列为"京津冀—成渝主轴""大陆桥走廊""福银通道"的重要支点。《国家"十四五"口岸发展规划》提出，支持内陆地区口岸创新发展，支持沿海沿边地区口岸与内陆地区口岸加强通关制度衔接，开展西安铁路口岸中欧班列枢纽节点场站建设试点。未来，陕西联通欧亚、承东启西、连接南北的交通枢纽和物流枢纽地位将进一步强化，陕西铁路口岸扩大开放及高质量发展面临新的发展机遇。陕西还承担着自贸试验区、创新城市发展、"一带一路"综合试验区建设等多项国家级创新改革试点任务，关中平原城市群建设、西安国家中心城市建设、大西安都市圈建设等多项政策叠加，为陕西着力构建亚欧陆海贸易大通道、健全国内国际物流网络、推动中欧班列高质量发展聚集了新的动能。

四 推动中欧班列长安号高质量发展实现路径

（一）解放思想，加快对外开放步伐

扩大外商投资范围。紧抓国家持续推动对外开放和稳外资各项政策措施落地机遇，不断提升陕西省对外开放水平，以开放主动赢得发展主动。深入实施外资准入负面清单，落实好国家发展改革委、商务部发布的《鼓励外商投资产业目录（2022年版）》和中西部地区鼓励类产业目录，鼓励外商投资元器件、零部件、装备制造等中高端制造业领域，引导外资投向专业设计、技术服务与开发等生产性服务业，促进服务业和制造业融合发展。继续清理外资准入负面清单之外的限制，保障外商投资企业准入前国民待遇。

优化营商环境。利用自贸区、保税区、港口等各开放平台开展制度创新

试点，对标国际规则，推进规制、规则、管理、标准等制度型开放，探索更加完善的开放型经济新体制。全面落实外商投资法，保障外资企业平等适用各项政策，加强知识产权保护，持续打造市场化、法治化、国际化营商环境。

用好各种对外交流合作平台。用好国家发改委组织开展的国际产业投资合作促进活动，用活外资企业直接联系点机制，畅通沟通渠道。依托陕籍侨商华商，在条件成熟的国家开设境外联络点，助力推动在陕设立领事机构，帮助对接我国驻国外使领馆、各商/协会、产业联合会等，支持陕西省企业与境外资源顺畅链接，更好更快地拓展境外市场。

（二）推进港口建设，提升发展承载能力

超前规划，留足发展空间。站在国家战略高度，按照合理布局、超前规划原则，借助本轮国土空间调整和城市边界划定契机，加大基本农田一次性调减力度，为中欧班列长安号提升承载力及临港产业发展预留一定空间。全力推行"标准地"供给改革，建议尽快建立省市土地供应审批"直通车"，创新产业用地利用管理方式，落实差别化供地政策，有序开展工业用地弹性年期出让和低效建设用地再开发等工作。

推进在建项目加快进度。充分发挥重大项目对稳大盘、稳外贸、稳外资的推动作用，落实国家33条及陕西39条稳经济措施，加强对重大项目的规划、筛选和储备，实行重大项目清单化精细管理、专班服务，加快签约重大产业项目的实施。统筹加大对以中欧班列为中心布局的物流园区、外贸企业以及产业项目支持力度，前期项目抓对接、保开工，在建项目抓进度、保节点，竣工项目抓配套、保投用，健全晾晒督查、压力传导等机制，千方百计加快推进项目建设。

做好口岸疫情防控工作。充分发挥全球疫情监测网的作用，密切关注国际国内疫情信息，强化多部门联防联控。加大直接接触入境人员、货物的口岸检疫等一线人员力量配备，从严顶格做好个人安全防护，严格实施封闭管理的同时，加大口岸一线人员力量配备，做好相关服务保障。

（三）拓展财富源泉，加快外向型经济发展

积极拓展海外市场。支持高端装备制造、输变电设备、汽车制造、电子信息、新材料等优势产业龙头企业"走出去"，积极参与全球产业链供应链价值链竞争合作，在果业、畜牧业、设施农业等领域拓展国际农业合作。积极关注共建"一带一路"国家市场需求，率先布局成长性好、市场前景广阔的重点行业。鼓励企业用足 RCEP 成员国优惠关税政策，用好原产地区域累积规则的商业价值，扩大中间品生产规模，吸引更多有竞争力的投资者开展合作，积极参与 RCEP 区域市场产业链供应链重构，借 RCEP "东风"推动企业向生产和服务价值链高端迈进。

推动境外合作园区建设。制定省内优势产业"走出去"发展计划，支持省内龙头企业根据共建"一带一路"国家需求，共建或自建海外园区和制造基地。鼓励企业参与"一带一路"重大基础设施、重点产业项目建设，在资源要素、经营管理、技术模式等方面拓宽业务合作空间，推动优势互补，逐步建立成熟稳定的盈利模式。

（四）加大合作力度，打造国内外双循环链接地

加大国内合作力度，畅通国内大循环。拓宽与上海、浙江、山东等省市合作，探索陆运体系与全球海运体系无缝对接机制，助推形成东西双向互济、陆海内外联动的全方位开放新格局。增强中欧班列长安号综合竞争力，拓展"+西欧"朋友圈，全方位布局国内支线，扩大辐射腹地范围。加强与重庆、四川、河南、新疆、内蒙古等省（区、市）合作，共同推动中欧班列高质量运营和差异化发展，以"建设世界一流内陆港，打造'双循环'核心枢纽"为目标，加快中欧班列长安号与西安集结中心建设，着力构筑内陆地区效率高、成本低、服务优的国际贸易通道。

积极拓展对外通道，联通国际外循环。拓展国际干线，以国内外各大中城市为支点，拓展新亚欧大陆桥"亚欧干线"通道、蒙俄—东盟"南北干线"通道、亚欧干线中巴"南亚支线"通道、亚欧干线地中海"西亚支线"

通道，构建与欧洲核心经济区、地中海地区、南亚地区、东盟的经济交流通道。深化与中远海运、中铁等央企合作，争取进入国外港航体系、物流配送体系；加大"长安号+跨境电商"融合力度，提升跨境电商专列开行频次，以"班列+口岸"模式推动粮食、汽车整车等特色班列发展。推动中欧班列长安号与西部陆海新通道、长江黄金水道以及中老铁路的有机衔接，联合RCEP国家，共同建设综合性国际货物运输通道，推动通道、物流与商贸、产业协同发展，畅通资源要素国际流转大循环。

（五）加强制度创新，塑造开放经济发展新优势

深化贸易服务制度创新。加快国际贸易"单一窗口"功能向口岸政务服务、物流服务、数据服务等全链条拓展，探索将技术贸易、服务外包、国际会展等纳入国际贸易"单一窗口"管理，持续推动海关监管便利化改革，打造具有国际先进水平的国际贸易"单一窗口"服务。对标CPTPP、RCEP等国际贸易新规则，争取关税裁定前争议付款放行制度等贸易便利化制度在陕试点，推进贸易证书证明文件电子化。

健全境外投资服务保障体系。完善境外投资项目管理工作机制，支持企业开展多种形式的境外投资合作；加强境外投资事后管理和服务保障，探索建立境外投资会商制度，为企业提供涉及境外项目和境外企业核准（备案）"一站式"服务；探索建立海外政治风险保险机制和海外投资风险准备金制度，完善境外资产和人员安全风险预警和应急保障体系。

深化金融领域改革创新。充分利用陕西自贸试验区、全口径跨境融资宏观审慎管理等政策，争取国家金融外汇改革试点落地陕西自贸试验区。围绕自贸试验区产业发展需求，引导金融机构稳妥开展金融创新，培育可复制、可推广的金融创新案例。加快多层次资本市场、产权交易市场、产业投融资平台建设，推进金融科技创新和新业态试点。积极对接国家平台，争取获得亚投行、丝路基金、中非基金、国开行、进出口银行等中央金融机构对陕西"走出去"的支持。主动与共建"一带一路"国家和地区银行建立合作关系，培育服务"一带一路"建设的跨境票据市场体系。坚

持"本币优先"理念，持续推动人民币结算和回流，支持银行按规定发放境外人民币贷款。

（六）整合平台功能，构建陕西对外开放大平台

整合各类开放平台功能，搭建对外开放大平台。依托西安高新区、西安经开区等产业发展基础，更好发挥中国（陕西）自由贸易试验区对外开放引领作用，整合西安国际航空枢纽、中欧班列（西安）集结中心以及海关特殊监管区体系功能，搭建引领陕西开放经济发展的统一大平台，推动综合保税区、自贸试验区、高新区、经开区等政策叠加、功能互补，以更高能级平台协领大市场、大通关、大发展。健全平台服务体系，提高货源组织、交易撮合能力，扩大宣传，提升中欧班列长安号品牌影响力，形成"产业+口岸+物流+贸易"一体化发展模式，实现区域联动、协同、融合发展。

提升各类合作交流平台功能，推动国际务实合作。依托各类国际交流合作机制和平台，加强与我国驻外机构及世界旅游联盟等国际组织开展合作。拓展文化遗产保护、文化旅游、非物质文化遗产等领域对外人文交流合作，积极参与亚洲文化遗产保护行动，持续提升陕西省丝绸之路考古中心影响力，推动共建中亚丝绸之路考古合作研究中心。加强上合组织农业技术交流培训示范基地对外合作，抓好国际合作产业园区建设，联合福建共同争取举办"一带一路"国际合作高峰论坛框架下的高级别论坛，提升丝博会、欧亚经济论坛、杨凌农高会等展会层次，办好"一带一路"媒体合作论坛、丝绸之路国际电影节、丝绸之路国际艺术节、西安丝绸之路国际旅游博览会等。

参考文献

陕西省人民政府办公厅：《陕西省"十四五"深度融入共建"一带一路"大格局、

建设内陆开放高地规划》，2021 年 10 月 23 日。

张杨：《打造内陆改革开放高地：现实逻辑、价值意蕴和实践路径》，《理论导刊》2022 年第 6 期。

黄承锋、曾桃：《国际陆海贸易新通道发展的时空结构》，《重庆交通大学学报》（社会科学版）2021 年第 4 期。

安蓓、潘洁：《加快建设全国统一大市场　筑牢构建新发展格局的基础支撑》，《光明日报》2022 年 4 月 11 日。

本刊编辑部：《2021 年中欧班列开行数据大幅增长》，《大陆桥视野》2022 年第 1 期。

B.14
西安都市圈推进西咸一体化发展研究

李　栋*

摘　要： 西安—咸阳一体化（以下简称"西咸一体化"）是全球范围内区域一体化理论和实践的地方投射，是陕西省统筹推进区域协调发展的重大制度创新。20年来，一体化领域易于实施的"低垂的果实"业已采摘，以区域分治为核心的制度障碍亟待打破。2022年2月批复实施的《西安都市圈发展规划》提出构建"一核两轴多组团"的空间格局，明确了以西安市中心城区、咸阳市主城区和西咸新区作为核心区的定位，强调要率先实现核心区同城化，进而带动全域一体化的发展目标。本文认为，培育现代化都市圈赋予西咸一体化以双重机遇，在空间尺度上跨越政区分割、在制度尺度上跨越治理分治，探索形成政区型跨界治理新模式，破除政区分割天然阻隔，促进要素、市场、制度一体化，推动西咸一体化向纵深迈进。

关键词： 西咸一体化　区域协调发展　西安都市圈

一　区域一体化理论

自20世纪50年代开始，全球范围内区域一体化实践和理论加速演化，不同类型区域协同发展组织和区域一体化组织陆续出现，成为推动全球合理分工、促进要素自由流动、加强经贸联系的重要手段。

---

* 李栋，西安通济区域规划研究院院长、西安市科技创新智库专家、"西安国际化大都市发展蓝皮书"主编，研究方向为区域经济、城市经济、产业经济。

（一）区域一体化概念

"区域经济一体化"实践始源于二战之后的西欧地区。美国经济学家贝拉·巴拉萨在其著作《经济一体化理论》中据此提出经典定义：经济一体化既是一个过程（a process），又是一种状态（a state of affairs）。就过程而言，包括采取措施消除各国经济单位之间的歧视；就状态而言，表现为各国间各种形式差别的消失。随着 1952 年欧洲煤钢共同体成立，1958 年《欧洲共同体条约》生效，以及 1993 年 11 月欧洲联盟正式成立，区域经济一体化从理论探讨走向成熟实践，进而全球范围内相继涌现出以北美自由贸易区、亚太经合组织和东盟等为代表的一体化组织。

与此同时，我国内部存在空间联系的区域亦显现出一体化发展趋势，宏观如长三角一体化，中观如广州佛山一体化，微观如长三角（青浦吴江嘉善）生态绿色一体化，均通过打破空间及行政界限、明确分工定位、建立统一市场、加快要素流动等区域一体化举措促进区域协调发展，上述实践业已成为构建经济发展新动能、打造空间新增长极的战略选择。

本文所称"区域一体化"是促进区域协调发展的重要手段和最终结果，是通过目标区域内中心城市发挥引领带动作用，促进域内城市体系实现整体性整合的全过程，旨在打破区域间地方保护和行政分割，促进区域分治向区域融合转变，在多个子区域之间谋求共同发展取向，建立相互联结、跨区整合的分工与合作关系，构建内生性互惠的动力机制，实现跨区域整体利益和子区域利益的共赢。

（二）区域一体化内涵

综合学术界相关研究，从实现区域协调发展路径选择来看，区域一体化包括治理、市场、产业和空间一体化四个维度，既共同构成一体化的主导过程，又共同成为一体化的主导目标。其中，治理一体化是关键，致力于削弱行政分割与地方保护；市场一体化是前提，致力于形成统一开放的区域共同市场，促进要素自由流动；产业一体化是核心，通过建立合理的主导产业分工和合作体系，实现资源优化配置；空间一体化是载体，致力于建立功能明确、规模合理的区域空间结构。

（三）区域一体化动力

在我国，推进区域一体化的动力机制，集中体现为有为政府和有效市场的双重作用。

在有为政府层面，区域一体化往往具有较强的政府利益偏好属性，地方政府利用行政权力、资源和组织来主导区域合作，作出宏观规划和政策引导。

在有效市场层面，动力来源有二。其一，区域市场分割导致要素资源难以跨区流动，阻碍了经济增长和整体福祉提升；其二，区域产业具有不同程度的集聚性或互补性，以及产业集群化、产业梯度转移和高新技术打破产业边界后的融合化发展，倒逼通过区域一体化促进要素和商品跨区域流动，带来增长空间的溢出。因此，推进区域一体化的关键举措在于一体化市场和城市分工体系的构建。

二　西咸一体化发展回顾

西安和咸阳一衣带水，比邻而居，从古至今始终是地缘联系紧密的文化地理共同体，这成为各方持续推动西咸一体化的历史逻辑。西咸一体化是全球范围内区域一体化理论和实践的地方投射，是中心城市同周边区域内生性演化关系的典型表现，伴随中心城市收敛和扩散的全过程。

（一）西咸一体化发展历程

从 21 世纪之初发轫，西安—咸阳一体化发展历经 20 余年论证探索实践，大致可分为酝酿启动、实质发展和纵深推进三个阶段。

酝酿启动阶段（2000~2010 年）。1999 年 6 月，时任国家领导人在西安发表具有历史意义的重要谈话，掀开西部大开发的巨幕。2000 年，西安学人响应大开发提出西安咸阳一体化发展创想。2001 年，咸阳市以世纪大道拓宽改造为契机，主动向西安靠拢发展。2002年12月，西安、咸阳两市签署《西安咸阳实施经济一体化协议书》，标志着西咸一体化正式启航，协议擘画规划同筹、交通同网、信息同享、市场同体、产业同布、科教同兴、旅游同线、环境同治等"八同"愿景，描摹了西咸一体化的基本蓝图。2006年，两地通信并网统一区号029。2008年，西安地铁1号线远期规划将线网延伸至咸阳。

2009年6月发布的《关中—天水经济区发展规划》将两市整合为经济区的"一核"，要求"加快推进西咸一体化建设，着力打造西安国际化大都市"，宣告西咸一体化首次成为国家话语，获得自上而下的赋权赋能。12月，西安沣渭新区、咸阳泾渭新区相继成立。2010年，陕西省成立西咸新区建设工作委员会办公室协调机构，赋予统筹推进西咸一体化发展的工作职能。

这一时期是西安作为区域首位城市不断增强集聚性的收敛发展阶段。首位城市呈现高度的产业和人口集聚态势，对整体区域具有强虹吸效应。西咸一体化获得国家确认后，一省两市及时跟进，初步建构起省市共建的基本框架。

实质发展阶段（2011~2020年）。2011年5月，西咸新区开发建设管理委员会成立。2014年1月，国务院批复同意设立陕西西咸新区，成为首个以创新城市发展方式为主题的国家级新区。2月，国家发改委印发《陕西西咸新区总体方案》。10月，陕西省委省政府在《关于加快西咸新区发展的若干意见》中要求进一步提高站位，举全省之力加快西咸新区发展。

2015年初，习近平总书记在陕西考察时作出关于"发挥西咸新区作为国家创新城市发展方式试验区的综合功能"的重要指示，为加快推进西咸一体化提供了根本遵循。2016年初，陕西省委省政府提出实现城乡规划、产业布局、基础设施、社会管理、公共服务、创业就业、环境治理、政策保障等"八个一体"，作为对"八同"愿景的延续和优化。2017年1月，陕西省委省政府印发《关于促进西咸新区进一步加快发展的意见》，确立了西安市委市政府整体代管，新区全面托管辖区内两市行政和社会管理职能的体制机制。

2018年1月《关中平原城市群发展规划》发布，提出构建"一圈一轴三带"城市群空间格局，首次提出"大西安都市圈"概念，再次重申"推动西安—咸阳一体化发展"，打造具有国际影响力的现代化都市圈。11月，《中共中央国务院关于建立更加有效的区域协调发展新机制的意见》要求以西安为中心，引领关中平原等城市群发展。2020年4月，习近平总书记来陕考察时提出，要"加快西安—咸阳一体化进程"重要要求。陕西省委省政府于《关于建设西安国家中心城市的意见》再次强调"推进西咸一体化发展"，支持两市同步编制国土空间规划，在交通设施廊道、重大生产力布局、公共服务设施建设、生态环境共治等方面实现一体化。

这一时期是西安在城市群框架下国家中心城市持续实施郊迁扩散和多中心化，带动域内次级城市系统联动发展，形成若干城市组团共同成长的都市圈培育阶段。西咸一体化体现出强烈的政府利益偏好属性，自上而下规制引导和政府主导色彩浓郁，西咸新区成为推进西咸一体化的空间枢纽、关键主体和制度载体，体制机制快速迭代，赋权赋能持续叠加，反映出地方政府不断适应快速演变的外部形势、因地制宜的务实作风。

纵深推进阶段（2021年至今）。2021年2月发布的西安市"十四五"规划纲要，设专节论述"深入推进西安—咸阳一体化发展"。4月《秦创原创新驱动平台建设三年行动计划》将西咸新区和驻区的西部科技创新港并列为总窗口，赋予"三器"建设目标和"两链"融合重任。6月28日，陕西省推进西安—咸阳一体化发展领导小组办公室印发《关于西安市全面代管西咸新区的指导意见》，"全面授权、不留空白"，由西安市全面管理，启动西咸新区体制机制改革。8月，西咸新区主要党政领导履新。10月14日，西安市《关于支持西咸新区创新体制机制推动高质量发展建设创新城市发展方式试验区的若干意见》赋予西咸新区更大自主发展权、自主改革权、自主创新权，加快推进西安—咸阳一体化。

2022年以来，西咸一体化进程提速。2月，西咸新区在全市开发区率先完成管理体制机制优化调整，按照"新区抓全面、新城强发展、街镇强治理"的思路，创新整合行政管理职能，推行"党工委（管委会）+产业园区"扁平化管理，加快建立具有"西咸特色"的综合管理体制机制，标志着西咸一体化进入纵深推进新阶段。3 月 25 日，《西安都市圈发展规划》发布，将西安市中心城区、咸阳市主城区和西咸新区沣东、沣西新城确立为"都市圈核心区"，要求率先实现同城化，带动全域一体化。5 月 17 日，西安市和咸阳市召开推进西安—咸阳一体化发展党政联席会议，签署《加快推进西咸一体化发展合作备忘录》。

这一时期是随着西安都市圈确立，准超大城市加快转变发展方式，城市空间进入蔓延扩散，城市区域通过密切联系形成网络化布局的城市群的更高阶段。一省两市基于做实关中平原城市群的战略高度，从西安都市圈视角重新审视西咸一体化对于加快都市圈同城化、提升西安准超大城市综合能级、带动关中平原城市群的战略作用。西安全面管理西咸新区，拓展了国家中心城市发展空间，强化了西咸新区都市圈核心区的枢纽地位。

（二）西咸一体化主要成就

从促进区域协调发展的空间、产业、市场和治理四重内涵实现来观察，西咸一体化实践顺应了区域一体化的演变逻辑，其发展经验为西安都市圈框架下协同推进富阎一体化、西渭一体化探索形成了弥足珍贵的发展范式。

空间一体化。在城区连接方面，西安、咸阳相向而发力，西咸新区中间突破，以路网桥梁为载体有效突破沣河、渭河天然阻隔，实现城市建成区空间集中连片，为进一步空间耦合奠定了基本格局。在城市建设方面，围绕西咸大道综合改造，供热、给水管网铺设等，三地加强捉对合作。在互联互通方面，跨市轨道交通、市政路网、高速公路加速织密。两市公交实现一卡通，西安地铁全面支持咸阳公交一卡通。尤其是，电信网络同城化成为我国两个独立市级行政区域并网第一宗。

产业一体化。在产业协同方面，西安市（西咸新区）、咸阳市加快开发区（县）跨市域产业合作。在联手共建都市圈组团框架下，空港新城同咸阳经开区签订"协同创新发展合作协议"，共建临空经济示范区。三原县与泾河新城强化新能源汽车电池、高端装备制造等领域合作，推进都市圈

（高陵泾河新城三原）功能组团建设。在企业互投方面，西安市域西电集团、西安银桥、金泰集团等项目落地咸阳。咸阳市域彩虹股份、步长集团、神果股份、偏转集团、中铁二十局等头部企业在西安投资兴业。在创新驱动方面，西安市出台方案全方位支持秦创原创新驱动平台建设；三地扎实推进秦创原创新促进中心科技经纪人制度等系列政策落地；咸阳市与沣东新城签署"秦创原立体联动孵化器总基地——咸阳市飞地孵化器框架协议"，共建咸阳市飞地孵化器。

治理一体化。在体制机制方面，三地组织召开党政联席会议，组建 8 个跨市（区）工作专班，签署《加快推进西咸一体化发展合作备忘录》，联合印发联席会议制度。咸阳市、西咸新区全面建立"三级工作对接机制"。在城乡规划方面，陕西省以《西安都市圈发展规划》为统领，编制交通、产业、创新、国土、生态、教育、卫生、社会保障等领域八个一体化发展专项规划。在生态治理方面，将西咸新区纳入西安市域规划区，部分断面列入西安市监测考核范围。在公共服务方面，西安市、西咸新区实现户籍同城、社保同城、车牌同号。西安市优质教育资源共享平台免费向咸阳市中小学开放，明确两市学校结对帮扶等重点事项。西安市红会医院、市儿童医院同咸阳市中心医院、第一医院建立业务协作。

市场一体化。基于融入全国统一大市场，两市基本实现了动植物检疫一体化和农产品直供一体化，农产品及检疫"一票到底"、相互认同，蔬菜产品直供通道基本建立。两市质监部门围绕联合打假、共建防伪网络、开放检验市场、名牌产品培育等达成共识联合行动。

综上所述，同发达地区有效市场倒逼有为政府推进区域一体化路径不同，西咸一体化展现出较强的政府主导色彩，且贯穿 20 年实践全程。一体化事务是省域范围内前所未有的重大区域协调发展举措，强政府干预衍生的改革试错成本、发展机会成本难以同市场、社会共同有机分担，导致一体化周期偏长、体制机制调整频繁。面向未来，我们要看到推动一体化的根本动力是市场力量的有效扩展，有为政府必将让位于有效市场。

（三）西咸新区的价值再认识

西咸新区是有为政府自上而下推进西咸一体化的重大制度设计，其设立、成长和壮大是20年西咸一体化发展成就的集中体现。基于西咸之间事实存在的区域地方保护和行政分割，为了促进区域分治向区域融合加快转变，省、市、区各发展主体，以巨大的政治勇气和创新精神，直面问题，求同存异，艰难求索，小步快跑，走出了一条内陆地区创新城市发展方式、加快区域协调发展的特色之路。

西咸一体化的本质是中心城市扩散演化的必然结果。西安是以开发区建设为抓手，实施城市"中心—边缘"扩散的典型城市。自1991年西安高新区开发建设以来，以"四区一港两基地"为载体，实现了城市空间扩容、经济和人口集中、城市功能外溢和完善，奠定了国家中心城市的基本蓝图。西安市全面管理西咸新区，使之成为全市第8个开发区平台、"西融"空间发展战略的主承载区，为推进西咸一体化纵深发展、加快都市圈核心区同城化赋予新的动能。

三 西咸一体化存在的关键问题解析

西咸一体化政策区地处西部内陆欠发达地区，为资源、投资拉动增长的经济低集聚度地区。目前，一体化领域易于实施的"低垂的果实"基本采摘，要素及制度层面实质性一体化仍在培育，问题表现既有普遍一致性，也有地方典型性。

（一）区域分治是主要矛盾

由于行政区划刚性约束而产生的行政区经济，在促进地方竞合、激发区域潜能的同时，推动地域空间发生"农村城市化—城市区域化—区域城市一体化"的渐次演进，在地理空间形态上表现为城市群、都市圈等空间形态的涌现，要求市场要素配置和公共事务管理跨越政区空间实现，政区边界日益成为阻碍要素流动、抑制规模和集聚效应、延缓区域一体化的行政藩篱。

现阶段，政区分割是掣肘区域一体化的重要制度障碍，是影响区域协调发展的根本原因，必然产生区域分治、市场分割和地方保护，进而阻碍要素流通，降低配置效率，抑制统一市场形成，导致财税、土地、生态、社保、市场监管等制度层一体化难以实质性推进。这亦是全国性区域一体化的普遍现象，西咸一体化并不例外。

（二）区划调整并非最优解

区划调整是消除政区分割的有效手段。行政区划是我国空间治理体系和治理能力现代化的重要政策工具，通过区划改革促进形成城镇组群、以城带乡的区域发展体制，是我国行政区划政策工具在区域一体化的典型应用。近年来，成都、杭州、合肥、济南等省会均通过"县（市）改区"拓展中心城市空间，快捷提高市域综合承载能力和资源配置能力。在都市圈语境下，更多目标城市为融入城市群，调整行政区划已成为释放制度红利和级差地租的普遍选择。《关中平原城市群发展规划》也明确提出"推动西安—咸阳一体化发展，按程序合理调整行政区划"的顶层设计。长期以来，本土学界和民间也有多种区划调整的个性化设想。似乎西咸一体化存在一个"一步到位"，抑或"毕其功于一役"的区划调整可能。

审慎对待行政区划调整。在我国，政区制度历史悠久，兼有双重属性，即基于客观发展的空间逻辑和基于治国理政的政治逻辑。空间逻辑遵循"山川形便"原则，依据自然地理、经济基础、人口分布、文化习俗等现实空间进行区域划分，赋予相应资源促进地方经济社会发展。政治逻辑则遵循"犬牙交错"原则，根据治国理政政治目标进行区域划分，协调央地、地地关系。作为体国经野之道，政区划分是国家权力的集中体现，是治理体系和治理能力现代化的重要内容。因此，政治逻辑优先，空间逻辑服从于政治逻辑。

区域一体化的重要政治目标之一是优化国家治理体系框架下的央地关系

及地地关系。通过区域一体化，适当缩减纵向管理幅度，提升上令下达、下情上传的有效性、贯通性；协调均衡横向发展差距、区域分化，破解恶性竞争及不平衡不充分问题。当前，多地实施的区划调整实践多从空间逻辑出发，较少从政治逻辑通盘权衡纵横两个层次的一体化政区治理问题，导致对政区治理在区域一体化中的重要性有所忽视。

高度重视区划调整的次生问题。习近平总书记指出，行政区划用得好是推动区域协同发展的更大优势，用不好则可能成为发展的掣肘。政区兼并抑或重组必然形成新的边界，新边界在解决现有区域问题的同时，也为未来区域问题埋下伏笔。随着城市建成区扩张，新行政区划边界空间障碍又将产生，高频度区划调整不仅影响国家权威，而且难以根治区域一体化制度障碍，还会产生高额的区划调整成本（物质、制度和心理成本），甚至出现重大区划调整失误。因此，《"十四五"新型城镇化实施方案》要求"推动超大特大城市转变发展方式，科学确定城市规模"，就是对各地区划调整冲动的逆向遏制。

更为深刻的问题是，即便以区划调整实现区域制度一体化，但心理文化影响难以消除。经济学家卡曼尼（Kamann）指出，"降低边界的影响不能同样地产生双方的认同感"。事实上，在 20 年西咸一体化推进过程中，公众自我意识越发凸显，质疑和反对舆论从未消失，问题直指仅从管理者视角进行区划调整的考量。显然，"解铃还须系铃人"的区划调整，仅仅是"头痛医头脚痛医脚"的治标之策。

（三）跨越行政区划的无形之墙

在空间尺度上跨越。西安都市圈形塑起广域尺度的新空间，跨越并囊括了西安、咸阳两市既有政区边界，以"核心区"重新界定了"西咸一体化"的内涵与外延，以"同城化"完成对"一体化"的任务置换，驱动两市形成偏好一致性和行动一致性政策导向，围绕"六个一体化"加快推进都市圈核心区率先实现同城化，建设具有全国影响力和历史文化魅力的现代化都市圈。

在制度尺度上跨越。探索政区型跨界治理新模式，破除政区分割天然阻隔，促进市场、要素、制度一体化。一方面，完成对传统区划调整思维的超越，通过曲线性、柔性化破除政区边界实现区域一体化，既保留政区边界属地治理功能，又规避跨界公共事务治理的碎片化。另一方面，将区划政策中的硬约束、真执行、强保障等制度效能附加于协商性、倡导性、软性化的跨界协同治理工具之上，既避免政区调整高成本等弊端，又实现了区域一体化的实质性推动。西安市全面代管西咸新区所设置的西咸新区直管区、西安（西咸新区）—咸阳共管区就是政区型跨界治理模式的成功实践。

四 都市圈框架下纵深推进西咸一体化建议

（一）纵深推进空间一体化

以都市圈核心区同城化为目标，发挥西咸新区空间枢纽作用，以大西安新轴线建设为引领，进一步集聚经济人口和高端创新资源，打造引领都市圈高质量发展动力源。

加强区域空间协调。在都市圈框架下，以建立功能明确、布局合理的区域空间结构为目标，以优化空间关系和国土开发利用为主线，提升经济布局与人口、资源分布、环境承载力的匹配度，建立支撑区域协调发展的空间载体。优化核心区不同等级市镇间相互关系，以都市圈为主体构建大中小城市和小城镇协调发展的城镇化格局。推动超大特大城市转变发展方式，有序疏解中心城区相关功能、设施及公共服务资源。规避中心城市过度集聚、次级城市发育不足，加快形成多核心、星云状、网络化空间结构的现代化西安都市圈。

建好建强西咸新区。提高核心区空间枢纽能级。对标先进国家级新区，实施产业基础高级化和产业链现代化，打造现代产业体系，加快成为我国向西开放的重要枢纽、西部大开发的新引擎和中国特色新型城镇化的范例。高质量建设秦创原创新驱动平台总窗口。统筹西咸新区、西部科技创新港联动发展，强化秦创原总窗口综合服务功能。聚焦秦创原"三器"示范区建设，加快形成带动全省的示范经验。高标准打造大西安新轴线。以"千年大计"的高瞻站位，构建集聚创新要素、汇聚发展动能、展现城市风貌的国家中心城市新轴线，带动核心区、关联东西翼、引领都市圈。打造国家历史文化空间，依托西咸之间顶级历史文化遗产，以汉唐帝陵为脉络，以都城遗址为支撑，打造国家历史文化空间，弘扬文化自信，讲好西咸故事。

补齐基础设施短板。提高交通运输通达度规划标准，加快补齐轨道、公路、铁路、水上（沣河、渭河）立体化交通体系短板，提高多式运输衔接水平。把握"新基建"规模部署机遇，提高信息、融合、创新基础设施区域覆盖度。围绕区域生态、保障住房等重要领域，强化区域一体化规划建设，提高区域环境综合承载力，适度提高基础设施一体化的前瞻性，预留发展冗余空间，建设韧性城市体系。引入社会资本参与，释放市场配置资源效能，减轻财政投入负担。

（二）纵深推进产业一体化

以建立合理的主导产业分工与合作体系为目标，通过产业垂直、水平及网络分工，增强区域产业和经济联系，促使产业链、价值链、创新链、供应链贯通融合。

强化产业链上下游互补。统筹陕西省 23 条重点产业链，西安市 17 条（承接省重点）+2 条（特色产业链）和咸阳市 7 条（优势产业链）+18 条（特色产业链），深化"链长"+"链主"模式，打造一批分工合理、布局科学、引领全省的优势产业链和覆盖全域的特色产业链。依托紧密联系的产业链基础，加快形成若干产业联盟和产业集群，加快区域内部产业转移和产业整合，构建区域一体化现代产业体系。

推进产业梯度转移。提高一体化区域承接产业转移能力和水平，加强招商引资，积极承接全球产业转移和技术扩散。把握我国推动制造业有序转移重大机遇，促进技术密集型产业优先落地核心区。紧扣超大特大城市转变发展方式要求，有序承接中心城市、主城区疏解的一般性制造业、区域性物流基地、专业市场等。

（三）纵深推进市场一体化

以形成统一开放的区域共同市场为价值取向，发挥市场对资源配置的决定性作用，促进要素自由流动、资源优化配置，实现区域共同成长。

建立区域一体化市场体系。以融入全国统一大市场为目标，破除阻碍商品、要素自由流动的政策壁垒和地方法规，建立健全统一的市场准入、市场监管、公平竞争、产权保护等市场体系基础制度。打造区域强大的统一市场，放大两市经济发展溢出效应，扩大域内共同市场空间。培育市场中介组织，扶持会计师事务所、律师事务所、产权交易机构、资产评估机构、市场信息提供商、行业协会及社会智库发展。推广秦创原总窗口"一公司一中心一平台"模式，打造各类一体化交易平台、项目平台、信息平台和政务平台，促进现货、期货、批发交易平台的发展壮大。

营造稳定、公平、透明、可预期的营商环境。梳理一体化区域各地在土地、税收等领域的优惠政策，推动面向市场主体的政策统一普惠，营造透明公平公正的政策环境。加快陕西自贸区核心区在国际化、法治化、市场化营商环境建设的成功经验在一体化区域复制推广。对标国内先进地区，弥合营商环境级差效应，融入全国统一大市场。

（四）纵深推进治理一体化

以谋求更加有效的区域协调发展新机制为价值目标，为空间、产业、市场一体化提供有效制度供给，促进区域分治向区域融合转变。

强化政府间协调机制。坚持解放思想、改革创新，以都市圈尺度、换位视角重新理解一体化区域，巩固一体化发展共识。深化西安—咸阳一体化发展党政联席会议制度，按照《加快推进西咸一体化发展合作备忘录》要求，落实8个工作推进专班具体权责，协调解决西安—咸阳一体化推进过程中出现的具体困难和问题，统筹推进西咸一体化重点任务落实落细。

建立统一利益协调机制。建立一体化区域跨市产业转移、重大基础设施建设、园区合作的成本分担和利益共享机制。健全区域投资、税收等利益争端处理机制。通过联合出资、项目合作、资源互补、技术支持、共同组建平台公司等方式，完善公共服务平台和产业配套服务体系，推动不同地域、不同类型的产业园区资源共享、优势互补、联动发展。创新财税分成机制。探索建立跨市成本共担利益共享的财税分享管理制度。协商建立区域互利共赢的税收利益分享机制和征管协调机制。推进税收征管一体化，实现地方办税服务平台数据交互，探索异地办税、区域通办。推行跨区域总部经济、飞地经济、园区共建等合作模式，以资金、品牌、管理等参与合作，完善跨区域项目和共建园区的经济指标核算政策。建立域内生态保护、招商引资等利益补偿机制。

公共服务和社会管理的一体化。推动西安优质教育、医疗、文化、体育等公共服务资源向一体化区域覆盖，推进公共服务同城化均等化发展。围绕流域治理、大气防治、土壤修复等生态文明建设重点领域，强化共建共管共治，推动生态建设一体化。健全重大突发事件联防联控机制，推动两市突发事件信息动态互通共享、人员流动互认互通，完善两地卫生应急联防联控长效机制，建立联防联控一体化工作机制。

参考文献

方创琳、张永姣：《中国城市一体化地区形成机制、空间组织模式与格局》，《城市规划学刊》2014 年第 6 期。

叶银忠：《2018 长三角城市发展报告》，上海交通大学出版社，2019。

黄鑫昊：《同城化理论与实践研究》，吉林大学博士学位论文，2013。

张明、魏伟、陈骁：《五大增长极：双循环格局下的城市群与一体化》，中国人民大学出版社，2021。

陈东：《区域一体演变趋势与我国中长期应对策略》，《中国科学院院刊》2020 年第 7 期。

任远：《长三角城市群的空间演化与区域一体化》，《北大金融评论》2021 年第 1 期。

李兰冰：《中国区域协调发展的逻辑框架与理论解释》，《经济学动态》2020 年第 1 期。

B.15
陕西推进以县城为重要载体的
城镇化发展路径研究[*]

薛伟贤　赵艺萌　王亚文　陈　沫[**]

摘　要： 持续推进以县城为重要载体的城镇化建设有利于贯彻"以人为核心"的新型城镇化战略和乡村振兴战略。将陕西76个县城分为大城市周边县城、农产品主产区县城、重点生态功能县城和专业功能县城四大类，分析显示，在推进城镇化建设过程中面临着人口流失、产业结构不合理、公共服务低质、市政公用设施不完善等方面的问题。通过蓝田、富平、太白、岐山四种类型县城案例研究，设计协同发展、服务"三农"、绿色发展和特色发展四种路径，提出推动人口城镇化、引导产业发展、提质公共服务与完善公用设施、加强生态环境保护四方面政策建议。

关键词： 城镇化　县城经济　乡村振兴　人口流动　陕西

习近平总书记指导兰考县委常委班子专题民主生活会时指出，"县一级承上启下，要素完整，功能齐备，在我们党执政兴国中具有十分重要的作用，在国家治理中居于重要地位，是发展经济、保障民生、维护稳定、促进国家长治久安的重要基础"。作为我国城镇体系的重要一环，县城承载了近

---

[*] 本文为陕西省哲学社会科学重大理论与现实问题研究项目（项目编号：2022ZD0717，20CZ-26，2019XYZ007）的阶段性成果。

[**] 薛伟贤，西安理工大学经济管理学院二级教授、博士生导师，陕西高校智库"一带一路"与城市发展研究中心主任，研究方向为国际贸易、创新与区域经济可持续发展；赵艺萌，西安理工大学经济管理学院硕士研究生，王亚文、陈沫，西安理工大学经济管理学院博士研究生。

1/3 的全国城镇常住人口，是实施扩大内需战略、协同推进新型城镇化和乡村振兴的有力支撑。加快县域经济发展和新型城镇化建设是"十四五"时期的重大战略任务，实现陕西省经济高质量发展的基础在县城、短板在县城、潜力也在县城。推进以县城为重要载体的城镇化建设，对于深入实施"以人为核心"的新型城镇化战略和乡村振兴战略，发挥县城连接城市、服务乡村的作用，引导人口就地就近城镇化，提高城乡融合发展水平，缩小城乡地区差距，都有着十分重要的意义。在此背景下，探索新时期陕西以县城为重要载体的城镇化发展路径，有助于扎实推动县城城镇化建设，增强县城综合承载力、宜居吸引力、辐射带动力。

一 陕西以县城为重要载体的城镇化 发展现状及存在的问题

（一）发展现状

近年来，陕西县城城镇化发展较快，截至 2021 年县城城镇化率达到 48.3%，较上年提高 1.5 个百分点。县城城镇化，从概念上看，是县城内部城镇人口占县城总人口比例不断提高的过程，但县城城镇化并不仅仅是农村人口去县城定居，而是包含农村转变为城镇、传统农业转变为现代产业、农民转变为市民的综合性过程[1]，要在产业发展、公共服务等各方面协同推进。陕西省下辖 10 个地级市（其中 1 个副省级市）7 个县级市、69 个县，为系统剖析陕西以县城为重要载体的城镇化发展现状，综合考虑地理区位、特色产业、生产条件、生态建设等多方面因素，可将 76 个县城分为大城市周边县城、农产品主产区县城、重点生态功能县城与专业功能县城四种类型，具体见表1。

---

[1] 罗必良、张露：《风险规避与农村城镇化——重新理解城市化道路模式的选择逻辑》，《人文杂志》2021 年第 2 期。

表 1 陕西省县城分类

市区	大城市周边县城（5个）	农产品主产区县城（17个）	重点生态功能县城（39个）	专业功能县城（15个）
榆林市			米脂县、吴堡县、子洲县、清涧县、绥德县、佳县	神木市、府谷县、靖边县、定边县
延安市		洛川县	宜川县、延长县、甘泉县、黄龙县、吴起县、志丹县	子长市、延川县、富县、黄陵县
铜川市		宜君县		
咸阳市	兴平市、乾县、礼泉县、泾阳县	三原县、淳化县、永寿县、武功县		长武县、彬州市、旬邑县
渭南市		大荔县、蒲城县、澄城县、合阳县、白水县、富平县		华阴市、韩城市、潼关县
宝鸡市		陇县、麟游县、眉县、扶风县、千阳县	太白县、凤县	岐山县
西安市	蓝田县		周至县	
商洛市			商南县、镇安县、柞水县、山阳县、洛南县、丹凤县	
汉中市			宁强县、留坝县、佛坪县、西乡县、镇巴县、略阳县、洋县、勉县、城固县	
安康市			汉阴县、石泉县、宁陕县、镇坪县、岚皋县、紫阳县、白河县、平利县、旬阳市	

大城市周边县城，即城区常住人口 100 万人以上的大城市、特大城市和超大城市周边的县城。据国务院第七次全国人口普查领导小组办公室编制的《2020 中国人口普查分县资料》，陕西的西安与咸阳分别属于特大城市和大城市。据此将位于西安与咸阳周边的 5 个县城定义为位于大城市周边的县城，这类县城在城镇化过程中呈现以下特点。一是人口城镇化率低。受到大城市虹吸效应的影响，除兴平市以外的其他县城的人口城镇化率均低于全省均值水平，如泾阳县的城镇化率为 34.13%，在陕西省县级中排名第 73 位。

二是城乡居民收入差距有待进一步缩小。其中乾县、泾阳县和礼泉县的2021年城乡居民收入比高于全省均值水平，城乡居民收入差距较大的现象仍存在。三是县城基础设施水平较低。特别是医疗设施，礼泉县、兴平市和蓝田县每千人拥有医疗机构床位数低于均值水平。四是公共服务有待提高。以养老服务为例，部分县城的养老机构数量较少，低于全省均值水平，对老人看病造成不利影响。五是生态建设水平不断提高。尤其是县城的污水处理能力持续提高，乾县、泾阳县和礼泉县县城污水处理能力高于90%，优于全省县城均值水平。

农产品主产区县城，以提供农产品为主体功能，是国家主体功能区战略的重要组成部分，是落实国家粮食安全战略与稳定重要农产品供给的关键区域，也是落实国家乡村振兴战略的关键区域。陕西省农产品主产区主要包括汾渭平原农产品主产区，以及渭北东部粮果区、渭北西部农牧区与渭河平原小麦主产区，有17个县城。此类县城在城镇化发展中呈现以下特点。一是人口城镇化水平较低。仅有少数县城的人口城镇化率高于全省均值水平。二是城乡居民收入差距大。除农业强县外，其他县城农业生产相对落后，农民收入较低。如宜君县城乡居民收入比为3.3，高出全省平均水平0.54，排名全省第75位。三是基础设施建设水平有待提高。以医疗卫生设施为例，约半数县城的每千人拥有医疗机构床位数低于全国平均标准。四是公共服务水平有待提高。特别是养老服务，绝大多数县城养老机构数量少，低于全省均值水平，难以满足县城老年人口的基本养老问题。五是生态环境建设水平低。以县城空气全年优良率为指标，绝大多数县城的优良率低于均值水平。

重点生态功能县城，即生态系统脆弱或生态功能重要，资源环境承载能力较低，主要承担水源涵养、水土保持、防风固沙和生物多样性维护等重要生态功能，必须把增强生态产品生产能力作为首要任务，限制进行大规模高强度工业化、城市化开发的地区。根据《国家25个重点生态功能区名录》，陕西省主要有黄土高原丘陵沟壑水土保持和秦巴生物多样性两大生态功能区，共涉及39个县。此类县城在城镇化发展中呈现以下特点。一是人口城镇化水平较高。其中20个县城的城镇化率高于全省均值水平，部分县城受环境约束，人口密度小。二是城乡居民收入差距小。第三产业在县域经济中的占比高，且多以旅游业为主，能显著地减缓农村贫困广度和深度。如周至县的城乡居民收入比为1.88，为全省的最低水平，2018~2021年森林旅游带动贫困户278人次，人均年收入3万余元。三是县城基础设施水平低。受制于自然地理环境，如陕南秦巴山区地貌，多山地，山高谷深，基础设施发展困难。四是公共服务水平高。以养老服务为例，县城拥有养老机构数量最多，人均床位数也最多，基本实现了老有所养。五是生态建设水平高。据生态环境部、财政部通报，2021年陕西省重点生态功能区的生态环境质量达到有评价记录以来最好水平。同时此类县城的空气优良率最高。

专业功能县城，指基于资源、交通等优势，具有培育发展特色经济和支柱产业的能力，在先进制造、商贸流通、文化旅游等领域具备专业功能。结合陕西省的优势特色产业，除了以上三个领域，将以能源工业、能源化工、综合能源、医药制造等为主产业的县城也可归为此类，据此划分出陕西省专业功能县城15个。此类县城在城镇化发展中呈现以下特点。一是人口城镇化水平高。人口城镇化率均高于全省均值水平，其中神木市的人口城镇化率最高，达到70.61%，位列第1名。二是城乡居民收入差距较大。15个县城中仅有5个县城城乡居民收入比高于全省均值水平。三是基础设施建设水平高。如在医疗基础设施方面，多数县城每千人拥有医疗机构床位数高于全省均值水平，以韩城市、神木市为例，在医疗专业人员配备和医院基础设施方面较好，县医院、县中医医院、乡镇卫生院、村卫生室已形成了紧密的医疗共同体。四是公共服务水平不断提高。地方政府的服务功能不断强化，政策着力点已转向满足人民的美好生活需要方面，公共服务供给能力较为突出。如在2021年陕西省县级城市公共服务质量监测中，潼关县与韩城市在医疗服务、社会保障、公共事业等领域质量水平位于全省前列。五是生态环境水平较高。绝大多数县城空气全年优良率高于80%，但与重点生态功能县城相比，仍有进步空间。

（二）存在的问题

陕西的县城城镇化虽取得了一定成效，但依然面临不少难题，制约了县城城镇化的发展速度和发展水平。探究陕西县城城镇化的现实困境，分析其中的变化过程与内在动因，对于县城新型城镇化建设具有重要的实践意义。

1. 县城人口老龄化和人口净流出严重

县城人口老龄化和人口净流出问题严重是陕西省县城城镇化过程中面临的突出问题。2020年陕西省76个县城中有70个县城人口呈现负增长，县城人口流失严重。县域绝大多数人口总量都呈现下降态势，而地级市区人口呈现正增长。一是西安、宝鸡等中心城市虹吸效应，导致县城的人口集聚水平低，劳动力流失严重。中心城市作为区域经济或政治中心，凭借其发达的产业体系，有竞争力的工作岗位，高水平的公共服务、教育资源、文化环境等优势，在经济规模和平均工资方面领先于绝大部分县城，因此，对人口的吸引力也大于县城。县城人口向城市集中的情况越发明显，导致县城劳动力流失、发展活力进一步减弱。二是人口结构老龄化加重，阻碍县城人口城镇化集中。陕西省县（市）60岁以上的人口超过10%，按照联合国的标准，陕西省县城已进入老龄化社会。人口老龄化会导致青壮年劳动力供给逐步减少，制约农村人口向县城转移，不利于城镇化进程的推进。

2. 产业结构不合理

由于行政区划的限制，县域的土地规模和人口规模偏小，这决定了县城难以形成"大而全"的产业结构。2021年陕西县域三次产业结构为13.8∶54∶32.2，而陕西三次产业结构为8.1∶46.3∶45.6。与全省相比，县域第一产业占比偏高，第三产业的占比偏低。目前全省县域产业结构仍存在许多问题，没有从根本上得到解决，主要体现在以下几个方面。一是粗放型的发展模式仍占主导。政府通常会以牺牲生态环境为代价换取短期的经济效益，表现为部分县以煤炭、电力、化工等高耗能高污染高排放行业为主。但随着我国对绿色发展的重视和能源结构调整，高污染产业不再符合"碳达峰"和"碳中和"的目标，难以持续。二是农业内部结构有待优化。农产品主产区县城三次产业深度融合不足，农业产业链延伸不充分，优质龙头企业数量少、规模小，农民收入较低，大量优质农产品输送省外深加工后返销陕西市场，区域品牌含金量、拳头产品影响力不够。三是产业自主研发能力薄弱。新旧动能转换不畅,超过 90% 的县形式上参与对接秦创原创新驱动平台建设,但创新性不强,特别是对自身资源优势打造不够,县域企业高技术产品储备不足、生产技术落后等问题仍严重①。

3. 公共服务质量仍需提高

随着县城城镇化的推进,转移人口的聚集对县城养老、医疗、教育、就业等公共服务提出了更高的要求,人们更关注生活品质和服务细节上的提升,追求从少到多、从有到优的提升,而县城公共服务水平远低于中心城市,影响了农业转移人口到县城安家意愿。一是基本公共服务难以满足居民需求。在地方政府的主导下,公共服务不断向城市聚集,尤其是教育、医疗等资源向城市聚集,造成县城公共服务水平落后。据《陕西省卫生健康委2020 年度基本公共卫生服务项目绩效评价报告》,个别偏远区县慢病管理指标未完成省级或市级目标任务;部分县区基层医疗卫生机构还存在档案信息不规范、不达标现象。同时县城基本公共卫生服务项目补助经费有限,对老年人只提供了基础性的体检项目,无法满足不同老年人的健康需求。二是基本公共服务体系不健全。农民工享有的公共服务待遇与城市居民存在明显差异,一些农民工子女在县城仅解决了"上学难"问题,但共享同等质量的教育保障问题仍未解决。优质教育、医疗、社会保障等公共服务供给失衡影响着规则公平和机会公平政策的社会效益。

4. 县城市政公用设施仍不完善

县城市政设施量大面广、资金需求巨大,但县级层面普遍财力不足,市政公用设施不完善,承载能力有限。一是县城市政公用设施发展水平较为滞后。近年来,陕西县城人均用水量、建成区供水排水管道密度、人均公园绿地面积等与全国平均水平差距仍较大(见表 2)。二是建设投资仍以财政性资金为主体来源。县城公用基础设施建设项目以公益性项目为主、准公益性和经营性项目为辅,资金需求量大但收益相对偏低,资金来源较为单一。如2020 年陕西省县城市政公用基础设施固定资产投资主要来源为财政资金

---

① 王向华、杨晓梅:《陕西县域经济"家底"如何?》,《陕西日报》2022 年 8 月 19 日。

42.6%、自筹资金32.8%、其他资金24.03%和利用外资0.54%。较为单一的投资来源使得县城公用设施建设面临着严峻的资金困难，影响市政公用设施的发展。

表2　2018~2020年陕西与全国部分公用设施水平情况

年份	县城人均用水量（升）		建成区供水排水管道密度（公里/平方公里）		人均公园绿地面积（平方米）	
	全国	陕西	全国	陕西	全国	陕西
2018	122.91	92.40	10.56	6.86	12.21	10.50
2019	126.65	94.85	11.24	7.22	13.10	10.69
2020	128.53	97.61	11.56	7.49	13.44	10.93

资料来源：住房和城乡建设部。

二　陕西以县城为重要载体的城镇化案例分析

为切实推进陕西以县城为重要载体的城镇化高质量发展，在陕西县城四种类型中分别选取典型案例，对其发展历程、自身特点、可推广应用的场景进行研究分析，可以为其他同类型的县城提供发展思路。

（一）蓝田：资源互补，协同发展

大城市周边县城——蓝田县产业和区位优势突出，县城承载能力较强。"十三五"期间，蓝田县城镇化率逐年递增，截至2020年达到35.18%。2020年被陕西省人民政府命名为"2020年度全省县城建设示范县"。

1. 发展特点

蓝田县交通便利，并拥有优越的自然资源和区位条件。其距离西安市中心仅有22公里，县城有多条交通干线过境，共享西安国际化大都市巨大的国内外市场。同时针对自身特点，依托大西安都市圈，发挥"近水楼台先得月"优势，形成"旅游景区+文旅小镇+特色农庄+精品民宿和农家乐"

的产业格局，走以美域蓝田为主要载体的新型城镇化发展道路。

首先，做大西安优质绿色"菜篮子""果盘子"。通过大力发展绿色有机蔬菜、时令水果、奶山羊等特色产业，蔬菜、果业总产量分别达到15万吨、10万吨，满足了西安的需求。其次，引入品牌房企推进县城区域建设。在西安市区地价不断走高的背景下，位于西安较近的蓝田受到了更多房产企业的青睐。2021年不仅有万科以最高318%的高溢价率在蓝田拿地，还有融创中国与蓝田举行战略合作洽谈，蓝田在短时间内聚集了全国品牌房企中的2席。最后，探索出一条秦岭山区民宿发展新模式。如通过改造原有泉塘涝池水域、流转租赁部分村民湿地，用于种植、养殖和园林苗木产业，租赁及合作经营村民闲置老宅，共同发展民宿经济，建成配套丰富、三季有花、四季常绿、瓜果采摘、农事参与的综合农事体验生态民宿园区，已形成了温泉养生、康养休闲、红色传承等八大主题民宿，有力地促进了农村地区实现新型城镇化。

2. 经验推广

首先，实现与大城市的协同发展。蓝田围绕大城市的发展找到自己的定位，主动承接大城市人口、产业、功能，特别是一般性制造业、区域性物流基地、专业市场、过度集中的公共服务资源疏解转移，实现与周边大城市的协同发展。其次，构建"路铁空"交通大动脉。蓝田持续强化与大城市之间的交通连接，以加速实现与大城市之间的资源互补。最后，对乡村闲置资源的再利用。蓝田利用农村老房子、闲置房等资源发展民宿，将美丽乡村建设和现代农业发展与乡村旅游紧密融合，探索独特的城镇化发展道路。

（二）富平：优质农业，乡村振兴

农产品主产区县城——富平县认真落实"一县一策"要求，延长农产品产业链，为高质量发展注入强劲动力。"十三五"时期，富平县深入推进农村环境治理，美丽乡村实现全覆盖，2021年城镇化率达到47%。富平县是全国著名的柿子之乡、中国奶山羊之乡、中国早中熟苹果之乡、全国粮食生产先进县、全国食品安全示范县和全国特色农业十佳县等，2020年入选为全国县城新型城镇化建设示范单位，也是国家城乡发展融合的试验区。

1.发展特点

富平县是陕西关中农业大县，围绕柿子、奶山羊、甜瓜等特色农业，实现了增"粮"产、干"柿"业、发"羊"财，同时得益于规模化生产经营的推进，全县粮食生产稳步发展。富平县以积极创建全国乡村振兴示范县为目标，在乡村振兴之路上让农业有前途、农民有奔头。

首先，持续发挥种粮大户的示范引领作用。大力推进粮食规模化生产经营，目前已建成县镇两级土地流转服务中心，培育粮食种植大户643个，规模化种植面积达到8.2万亩。同时得益于数字科技的助力，如智能化控制、机械自动化操作等技术，为现代农业提质增效注入新动能。其次，发挥龙头企业带动作用。按照陕西省"3+X"特色产业布局，支持当地龙头企业发展。如陕西圣唐乳业有限公司依托富平奶山羊产业集群的资源优势，与高校合作组建科研团队，延长产业链，提升价值链，不断提高市场占有率。最后，拓宽农产品销售渠道。以科技平台公司整合销售渠道，采用"第三方轻运营"的模式，即"定制渠道+团购+电商直播带货+线下超市"，布局线上线下渠道，实现品牌知名度和销量的双重提升。

2.经验推广

首先，提高农产品品质。富平在农产品上进行源头把控，做细新"三品一标"。新"三品一标"是对传统"三品一标"的拓展和深化，从单纯侧重产品向重视农业生产的全过程、全产业链延伸，具体包括品种培优、品质提升、品牌打造和标准化生产。同时富平发展"智慧农业"，提高生产经营效率，解放农村劳动力，实现农业现代化的发展与规模化的经营。其次，加快培育高标准、现代化全产业链体系。富平做大规模、做强加工，加快县城经济的高质量发展。最后，为农产品开拓新销售渠道。富平借力电商直播打开市场销路，且对县城农产品品牌的塑造、品牌知名度和影响力的提升也有益处。

（三）太白：以人为本，生态宜居

重点生态功能县城——太白县认真践行"绿水青山就是金山银山"发

展理念，是全球同纬度生态保持最好的地区之一。近年来，太白县城镇化率逐年递增，截至 2021 年达到 50.27%。太白县被陕西省人民政府授予"2020年度全省县城建设示范县"荣誉称号，同时入选 2020 年"中国最美县域榜单"。

1. 发展特点

绿色是太白的底色，全县植被覆盖率为 95%，全年空气质量优良天数达 362 天，河流和饮用水水质均达到国家标准。近年来，太白县结合县域实际，大力推进新型城镇化建设，坚持城乡统筹、以城带乡，增强发展新动能，以 5A 级景区县城建设推进新型城镇化的高质量发展。

首先，大力发展旅游业。凭借自然优势，以 5A 级景区县城建设为主导，以乡村旅游发展为突破，大力打造翠矶山公园、黄柏塬景区、青峰峡景区、衙岭十里花海、七里川老街、秦岭最美公路等一批景点，建成精品酒店 30 余家，开办农家乐 215 户、精品民宿 11 户，年接待游客突破 300 万人次，实现旅游综合收入 27 亿元。其次，持续创优人居环境。通过强力推进天然气入户和集中供热清洁能源改造工程、建成智慧城市管理暨游客接待服务中心、建设保障性租赁住房等举措不断完善县城基础配套设施。最后，推进县城精细管理。按照"长效化、精细化、服务化"理念，探索科学管理城市的新路径，推动县城实现高质量发展。如加大市容市貌整治力度，开展违法建筑、车辆乱停乱放、户外广告、城中村居民住宅改造等专项整治，城市面貌不断提升。

2. 经验推广

首先，发掘乡土文化引领乡村振兴。太白因地制宜、因村施策，以田园风光为主线，以旧村庄改造为重点，突出产业带动，挖掘乡土文化，全力打造"环境优、乡愁浓、内涵深、文化强、产业兴"乡村振兴示范村，突出"显山、露水、透绿"的要求，让一座座村落在青山秀水间显现。其次，坚持产业发展和小城镇建设融合发展。太白通过融合发展不断提升旅游服务品质，带领群众增收致富，以吸引人口。最后，增强居民幸福感。太白扎实推进人居环境整治，在农村人居环境整治工作中，结合实际制定农村人居环境整治激励办法，引导农村群众积极参与，凝聚起改善农村人居环境的合力。

（四）岐山：产城融合，以产促城

专业功能县城——岐山县产业特色鲜明，"南造一辆车，北做一碗面"成为县域经济的生动诠释。2021 年岐山县汽车及零部件产业实现产值 279.1亿元，约占全省汽车产业产值的 13%，是陕西省汽车产业的高地之一，入选陕西省 2021 年度高质量发展"工业强县"。"一碗面"作为岐山县域经济的另一个增长极，2021 年产值突破 140 亿元，有力地推进县域一二三产业融合发展。近年来，岐山县城镇化不断发展，2021 年城镇化率达到50.34%，在 2020 年被评选为县城新型城镇化建设示范县。

1. 发展特点

岐山县以推动高质量发展为主题，持续聚焦"四大支撑"任务（做强汽车产业、做大"一碗面"、做活周文化、做亮"一城两区"），以特色产业推动县城经济高质量发展。

首先，做强汽车产业。探索"互联网+汽车"的新模式，一方面，构建互联网汽车信息交互平台，加快完善数据库，建立适应国内外市场需要、能快速反应的销售网络系统，培育发展汽车及零部件电子商务产业；另一方面，基于互联网提供更优质的产品和服务，重点发展汽车零部件西北售后产品的市场销售和配送中心。其次，做大"一碗面"。围绕"一碗面"涉及的面、菜、果、肉、食醋等经济要素构成，延链补链强链，引领各类生产经营主体积极参与，聚力发展民俗食品产业，推动一二三产业深度融合。再次，做活周文化。利用县城周文化、民俗文化和三国文化优势，让古老文化焕发新时代活力，推动本地旅游业发展，并围绕旅游产业推动食、住、行等相关服务业产业全方位发展，并在县城打造文化旅游主题的仿古商业街区，吸引人口在县城聚集。最后，做亮"一城两区"。"一城两区"即县城包含凤鸣、蔡家坡两个片区，明确凤鸣为全县政治文化中心、蔡家坡为全县经济金融中心定位，高标准编制国土空间规划，推动两个片区深度融合发展。

2.经验推广

产业是县城建设的根基,产业兴则县城兴,增强产业支撑力是县城建设的重要前提。首先,利用互联网技术实现产业生产效率的提升。对于有制造业基础的县城,借鉴岐山"互联网+汽车"的经验。推动制造企业工业设备互联,实现对生产过程的实时监控,以提高效率。其次,做活县城文化。对于有旅游、文化资源的县城,可以借鉴岐山对"周文化"的发掘。发掘各县的历史文化资源,寻找自己的文化特点。同时,借鉴岐山做大"一碗面"对当地的饮食、手工艺等文化产品进行包装,打造特色地域品牌,形成规模后进行差异化宣传营销,助推城镇化发展。最后,合理规划县城空间布局。借鉴岐山对县城空间的规划布局,各个县城可结合县情,进行战略规划,以保障县城高质量发展。

三 陕西以县城为重要载体的城镇化发展路径设计

城镇化发展道路需要科学定位,因地制宜。陕西四种类型的县域要找到自身的发展路径,发挥特色,才能带来效益,才可持续。

1.大城市周边县城走协同发展之路:优势互补,承接大城市转型需求

就当前的城镇化进程而言,特大城市或超大城市对周边县城产生了显著的溢出效应,中心城市的带动作用将会显著增强,城市群与都市圈的作用将进一步凸显。首先,承接大城市转型需求。位于西安都市圈和城市群的县城融入大城市建设发展,如位于咸阳的诸多县城,通过加快西安—咸阳一体化发展进程,将县城经济与咸阳主城区经济、都市圈经济有效链接起来。同时发挥区位交通便捷、生产要素富集等比较优势。发展食品加工、文化旅游、新型建材、先进制造等产业,尽可能承接西安、咸阳产业转移与功能疏解,通过增加医疗、文化、体育等资源供给,成为陕西新型城镇化发展示范县城。其次,位于大城市周边人口流失较严重的县城应转型发展,避免盲目扩张。依据城镇化的发展规律,对城镇建设用地增量严格把控,促进存量建设用地充分利用,将人口和公共服务资源适度集中,加强民生保障和救助扶

助，有序引导人口向邻近经济发展优势区域转移，支持有条件的资源枯竭县城培育接续替代产业。最后，提高与大城市的互联互通水平。加大县城道路建设的投资，推进县城与大城市干线公路的衔接，优化县城路网布局，强化快速交通连接，以保障县城的高速发展。

2. 农产品主产区县城走服务"三农"之路：保障粮食安全

陕西省以农产品为主业的县城农业发展条件较好，可以农业适度规模经营和产业化发展为助力，继续巩固现有农业发展模式，保障粮食安全。首先，延长农业产业链条。农产品主产区县城立足特殊的地理气候条件和优越的自然生态环境，在遵循以农业为主业县城发展规律的基础上，做优做强农产品加工业和农业生产性服务业，提升农产品的附加值，提高农民收入，以更多吸纳县城内农业转移人口，为保障粮食安全提供支撑。其次，推动农业与其他产业融合发展。依托本地企业和精英的物质资本和社会资本优势，推动农业与县城农产品加工业、乡村旅游业、文化产业等业态融合，提升本地产业竞争力。最后，积极发展"智慧农业"。智慧农业是现代农业的发展方向之一，有助于推动县城发展农资供应、仓储物流、农产品营销等农业生产性服务业。同时探索建立农业生产相关技术、信息等服务机构，为新型农业经营主体提供培训和交流平台，提升县城服务"三农"的能力。

3. 重点生态功能县城走绿色发展之路：严守生态红线，谋求绿色发展

重点生态功能县城在发展城镇化时要处理好产业、人口与生态环境之间的关系，严守生态红线的同时寻求县城的绿色发展。首先，推进传统产业转型升级和绿色接续产业发展。如陕北的黄龙县以黄河流域生态保护和高质量发展为奋斗目标，将生态保护与生态治理作为第一要务，统筹推进山水林田湖草沙综合治理，积极打造生态保护修复与经济高质量发展的陕北示范，促进经济绿色发展。其次，确立坚持绿色发展的理念。如关中的凤县持续以"绿水青山就是金山银山"理念为引领，不断推进生态产业与战略性新兴产业发展。最后，加强环境治理与生态修复。如陕南的佛坪、城固县等应筑牢秦岭—巴山生态安全屏障，持之以恒加强生物多样性保护，依据生态承载量确定旅游产业开发强度，切实保护生态环境、自然资源和生物多样性，打造人与自然和谐共处的"生命

共同体"。同时，以推动生态产品价值实现为目标，持续积极发展绿色食品、新型材料、生态康养等生态产业，走绿色发展之路。

4.专业功能县城走特色发展之路：基于资源禀赋立足特色产业

专业功能县城有自身的特色经济或支柱产业，应坚持宜农则农、宜工则工、宜商则商、宜游则游。首先，借用数字化为产业赋能。以大数据平台建设为抓手，立足实际聚焦一县一特色的定位，加快推进信息化与当地特色产业融合发展，加快县域经济的发展。其次，充分挖掘文化与旅游资源。通过深入挖掘县域优秀传统文化资源、红色革命文化资源等，将旅游与县域文化深度融合，打造具有国际化视野、开放性思维的好品牌，有效连接旅游链条中食、住、行、游、购、娱各个环节，拉动第三产业的发展，进而推动城镇化。最后，培育引进新兴产业。立足县域产业发展实际，以供给侧结构性改革为主线，加快产业结构调整步伐，大力引进科技含量高、经济效应好、环境友好型产业项目，实现传统产业与高新技术产业相互融合、协同共生。

四 陕西以县城为重要载体的城镇化发展的政策建议

1. 推动人口城镇化

一是构建有差别的政策体系。转移人口是一个数量庞大的群体，其中包含着不同的个体，对于发展平台与政策诉求也呈现多样性，县城地方政府需调整相关政策措施，应对不同个体对县城城镇化的差异化需求来推动人口城镇化。如对于流动但常年在县城务工的人口，重点在于提供常态化的技能培训等提高就业质量方面，提升流动人口的人力资本水平，增强转移人口对城镇化发展的创造能力。对于新生代农民工，政府可以积极创造条件，如将其纳入城镇职工社会保险，引导其落户县城。二是增强制度公平性与政策包容性。县城要加强市民化制度建设，全面清除歧视性、排斥性规范与条款，增强政策的包容性、平等性及实效性，提高农民参与新型城镇化和乡村振兴的热情。

2. 引导助力产业发展

一是提升产业结构高度。一方面，为解决转移农民工的就业问题，需加快县城生产性服务业和加工业的融合，同时促进消费性服务业和特色服务业的发展，促进产业结构向合理化的方向发展。另一方面，做到轻型化、民生化与创新化，努力培育工业产业链，发挥集聚效应和辐射效应。以县城—乡镇良性循环促进工业化与城镇化融合发展，通过乡镇工业发展促进县域经济发展，形成"群马拉车"格局。二是高标准建设产业集聚区。通过建设一批产业集聚区，形成产业园，提升县城和小城镇发展水平，以满足农村转移人口就近转移。同时采取优惠政策，大力引进农产品初加工和精深加工、劳动密集型制造业等产业，鼓励外来人口就业创业，确保其在县城生活。三是促进县城承接劳动密集型产业转移。关注劳动密集型产业在缩小城乡收入差距方面的积极作用，推进城乡之间协调均衡发展，消除县城城乡之间劳动力流动障碍，拓宽农业劳动者收入渠道，不断缩小城乡收入差距。

3. 提质公共服务和完善公用设施

一是推进公共服务设施提标扩面。首先，推进优质医疗资源下沉布局。随着县城人口老龄化趋势加剧，推进紧密型城市医疗集团建设，提升县城医疗服务质量，以解决老年人口对于医疗服务的需求。同时，发挥好老年健康产业的支撑作用，包括针对老年需求加强医药产品研发和有效供给、规范并支持"互联网+医疗"和"智慧养老"领域的创新等[①]，提升县城养老服务水平。其次，完善教育设施。按照县城人口规模进行布局，加大教育投入力度，推动教育硬件条件提升，补齐教育发展短板，解决孩子的上学问题，以吸引农业转移人口实现就近城镇化。最后，优化文旅体育设施。大力推进县城文旅体育设施建设，实现体育基础设施的精准布局，增强县城对于年轻人的吸引力。二是拓宽基础设施建设融资渠道。改革政府投入方式，放宽非公有制资本进入公用事业和基础设施的市场准入。随着基础设施建设规模不断

---

① 葛延风、王列军、冯文猛、张冰子、刘胜兰、柯洋华：《我国健康老龄化的挑战与策略选择》，《管理世界》2020 年第 4 期。

扩大,投资量需求增加,同时基础设施建设的使用期、回收期长,资金长期被占用,对此可采用 PPP、REITs 等融资渠道鼓励私营企业、民营资本与政府进行合作,参与公共基础设施的建设。三是推进县城与乡村之间的衔接互补。应加快推进新型县城建设工作,持续推进县城公共设施向乡村覆盖,推动市政供水、供气、供热管网向乡村及规模较大的镇延伸,促进城乡道路客运一体化,同时建设与完善以县带乡的污水垃圾收集处理系统,发展连接城乡的冷链物流、配送投递、电商平台和农产品市场网络①。四是数字赋能公共服务和智慧城镇建设。互联网、大数据、云计算、人工智能、区块链等数字技术通过"点对点""点对面"的精准匹配,可以实现公共服务供给的"事半功倍"功能。这不仅可以精准识别居民的公共服务需求,更有利于通过数据分析了解服务变化,为提供者和服务者构建了交互式参与的可能。加紧智慧城镇建设,提升政务信息公开效率,对社区进行信息化管理,使居民办事便捷高效。

4. 加强生态环境保护

一是强化生态环境监督管理。完善县域两级网格化监管网络,落实污染源属地监管职责,加强基层执法力量,形成全覆盖的生态环保执法体系。对生态环保违法行为"零容忍、出重拳、下狠招",深化"利剑执法"专项行动,加大生态环境违法行为整治和查处力度。二是将生态环境保护理念融入城镇化进程。对于生态建设水平落后的部分县城,强化绿色生态发展能力、补齐生态短板尤为重要。具体可结合当地绿色产品,打造品牌特色,推行"生态文旅+健康养生"发展模式,确保城镇化发展与生态环境达到同步协调的状态②。三是强化生态环境宣传工作。积极在县城内开展循环经济宣传及教育工作,动员群众参与,引导全社会关注,实现人与自然和谐相处,为城镇化的健康发展提供内生动力和持续不竭的源泉。

---

① 吴越涛、刘春雨:《加快推进县城补短板强弱项研究》,《宏观经济管理》2021 年第 11 期。
② 冯俊华、张路路:《陕西省新型城镇化与生态环境协调度研究》,《生态学报》2022 年第 11 期。

参考文献

国家发展和改革委员会：《全国及各地区主体功能区规划（中）》，人民出版社，2015。

杨伟民、袁喜禄、张耕田、董煜、孙玥：《实施主体功能区战略，构建高效、协调、可持续的美好家园——主体功能区战略研究总报告》，《管理世界》2012 年第 10 期。

赵磊、张晨：《旅游减贫的门槛效应及其实证检验——基于中国西部地区省际面板数据的研究》，《财贸经济》2018 年第 5 期。

中共中央办公厅、国务院办公厅：《关于推进以县城为重要载体的城镇化建设的意见》，新华社，http：//www. gov. cn/zhengce/2022-05/06/content_ 5688895. htm。

贺雪峰：《农民进城与县域城市化的风险》，《社会发展研究》2021 年第 8 期。

姚德超：《农业转移人口市民化的共生逻辑：价值、机理与路径》，《青海社会科学》2020 年第 6 期。

邹一南：《农业转移人口落户新趋势与"十四五"时期市民化政策展望》，《宏观经济管理》2020 年第 10 期。

付丽娜、彭真善、张爱群：《新型城镇化与产业结构的交互影响——以环长株潭城市群为例》，《经济地理》2020 年第 11 期。

中国宏观经济研究院国土开发与地区经济研究所课题组：《面向 2020 年后促进新型城镇化与产业结构升级联动研究》，《河北经贸大学学报》2021 年第 2 期。

产 业 篇

Industry Economy

B.16

陕西装备制造业高质量发展评价
与对策建议

段 婕 冯 璐*

摘　要： 装备制造业对于支撑我国综合国力起到"压舱石"的作用，加
快装备制造业高质量发展具有重要的现实意义。本文在分析陕西
装备制造业发展现状基础上，从技术创新、结构优化、绿色发
展、"两化"融合、质量效益五个方面构建装备制造业高质量发
展评价指标体系，并从时间维度和空间维度进行测度分析，提出
推动陕西装备制造业高质量发展的对策建议：强化技术创新引领
作用，提高产业自主创新能力；大力推进高端制造工程，切实提
高产业规模化水平；大力推进绿色制造工程，切实提高产业绿色
化水平；大力推进智能制造工程，切实提高产业信息化水平；持
续推进质量品牌建设，聚力助推产业提质增效。

* 段婕，博士，西北工业大学西部产业经济研究所所长，西北工业大学公共政策与管理学院硕
士生导师，主要研究方向为产业经济；冯璐，西北工业大学公共政策与管理学院硕士研究
生，主要研究方向为产业经济。

关键词： 装备制造业　高质量发展　陕西

一　问题的提出

装备制造业是现代化大国实体经济中不可或缺的重要组成部分，更是我国经济高质量发展的重中之重，承担着国家工业发展的重任，对于支撑我国综合国力起到"压舱石"的重要作用。习近平总书记在中央经济工作会议提出，推动制造业高质量发展，坚定不移建设制造强国。在新时代经济背景下，推进装备制造业高质量发展成为重要使命。但我国装备制造业大而不强、自主创新能力差、基础水平落后、低端锁定等问题依旧突出。随着新一轮信息技术革命的持续推进，我国不仅面临着发达国家的"再工业化"的压力，还面临着其他发展中国家的"深度参与分工"与"加快赶超"的压力。面对国内外风险明显提升的复杂格局，必须推动装备制造业向高质量发展迈进。

陕西省作为我国传统的老工业基地、西部大开发战略的先导以及共建"一带一路"的龙头省份，装备制造业基础实力相对雄厚，在国家振兴装备制造业这一战略的部署下，制订出台了一系列经济发展规划来助推装备制造业快速发展，以西电集团、西飞公司、陕鼓集团等为代表的企业迅速发展壮大，全省目前已基本形成以汽车产业、航空航天产业等为主的产业体系，装备制造业呈现产业集中度高、产业集群加快、产业配套能力逐步提高的良好态势。据统计，2021年装备制造业增加值增长12.8%，已经成为陕西省经济发展的支柱性产业之一。但与发达地区的省份相比，陕西装备制造业的发展仍然存在较大差距与不足，尤其是产业链配套体系不完备、创新能力不足、领军人才和高端人才不足、能源消耗增加、发展后劲明显不足等诸多显著问题，这给陕西建设全国制造业强省带来挑战。因此，加快装备制造业高质量发展，具有重要的现实意义。

二 装备制造业高质量发展的界定

根据装备制造业的产业特点，本研究认为装备制造业高质量发展主要包含以下几点。

（1）从发展状态来看，高质量发展是一个动态化的发展过程，它反映一个区域在一段时间内装备制造业发展质量从低到高的变化过程。

（2）从发展本质来看，高质量发展更重视"质"的发展，只有大幅提升装备制造业更深层次的"质"，才能实现"量"的有效持续增长。

（3）从发展动力来看，高质量发展水平受制于技术水平的高低，技术创新是提高技术水平的核心动力和重要引擎，形成产业创新发展新格局。

（4）从发展方式来看，高端制造是重要支撑，优化产业结构、推动产业不断向中高端迈进，使得资源达到最佳配置，以高效率的方式创造出更多更大的价值；智能制造是重要路径，结合人工智能、物联网、大数据等技术，全面推动研发、设计、测试、生产等各环节向智能化、数字化转型升级，以高效、敏捷、节能的全新智能模式实现市场所需；绿色制造是重要要求，在生产过程中提升资源的综合利用效率，将资源消耗大、污染物排放多的粗放制造向绿色制造转变，降低能源消耗与污染物排放，促进装备制造业的低碳化、循环化和集约化发展，以减少对生态环境的破坏。

（5）从发展目标来看，经济效益的提升是基本方向，旨在促进产业规模不断扩大，经济效益持续向好，推动装备制造业实现提质增效、由大变强；质量品牌的提升是重要方向，以"质"为先，以提品质、创品牌的质量品牌建设带动装备制造业综合实力和竞争能力的提升，走以"质"取胜的发展道路。

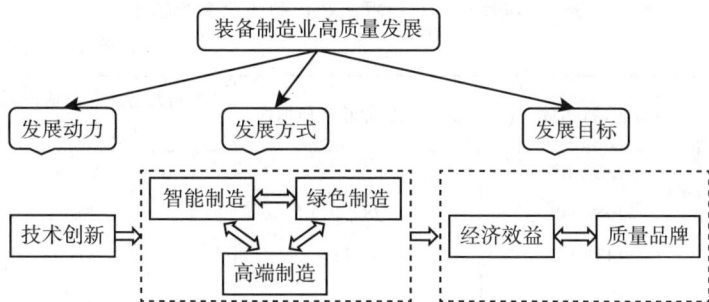

图1 装备制造业高质量发展内涵

三 陕西省装备制造业发展现状

（一）装备制造业产业结构概况

1.产业规模现状

随着经济发展以及政策支持，陕西省装备制造业保持较快增长，实现了跨越式发展（见表1）。从整体来看，规模呈现不断增长的态势，2020年装备制造业总产值达到了7104.43亿元，相较于2019年的6664.57亿元实现了6.60%的增长。从增长率的趋势变化来看，总产值增速总体呈现"高—低—高"的趋势特征，产业结构持续优化，逐步向高技术、高附加值产业发展。其中在2005~2010年实现较快速发展，在2011~2015年出现波动甚至负增长，2016~2020年逐渐恢复，但2020年受到新冠疫情影响，增速再次放缓。从占比看，总产值占工业的比重总体在22%上下浮动，幅度在4个百分点以内。当前陕西省装备制造业高质量发展量由原先的低端制造、劳动力密集型向高端制造、技术和资本密集型发展的趋势。

表1 2005~2020年陕西装备制造业生产总值

单位：亿元，%

年份	装备制造业总产值	装备制造业总产值增速	装备制造业总产值占规模以上工业总产值比重
2005	827.10	—	24.34
2006	1062.90	28.51	23.92
2007	1431.94	34.72	25.16
2008	1751.83	22.34	23.92
2009	2155.75	23.06	25.45
2010	2812.40	30.46	25.11
2011	3158.66	12.31	22.11
2012	3413.35	8.06	20.17
2013	4048.30	18.60	21.33
2014	3825.22	-5.51	19.11
2015	4057.94	6.08	19.96
2016	4780.50	17.81	21.89
2017	5469.25	14.41	22.96
2018	5807.96	6.19	23.05
2019	6664.57	14.75	25.03
2020	7104.43	6.60	25.30

资料来源：《陕西省统计年鉴》（2006~2021）。

（1）从企业数量看，整体增速呈现持续加快的趋势。陕西省2020年装备制造业规模以上企业为1806家，比上年增长了4.76%。近年来，陕西涌现出一批在装备制造业领域规模大、竞争力强的企业。

（2）从资产规模看，装备制造业企业的整体经济实力在不断增强，规模逐步扩大。2020年规模以上企业资产总额达到8223.23亿元。

（3）从利润总额看，盈利能力长期会持续提升。自2011年以来，装备制造业规模以上企业利润总额增长率普遍较低，企业在为增产提质上的固定资产投入较大，且利润增加具有相对滞后性导致的短期现象，2020年装备制造业规模以上企业利润总额为424.33亿元。

（4）从从业人员数量看，装备制造业规上从业人员数呈现先上升后下降的趋势。2009~2012 年的从业人员数出现持续增长，在 2012 年达到最高值51.04 万人，后又持续回落至 2020 年 39.77 万人。

（5）从主营业务收入来看，整体呈现持续向好的发展态势，成为陕西省经济中的支柱产业。2020 年装备制造业规上企业主营业务收入达到6326.72 亿元，总体呈稳步上升态势。

2. 产业结构现状

（1）从资产规模看，2020 年装备制造业各细分行业规模以上工业企业资产规模均逐渐扩大。其中，占比最大的为电子设备制造业，达到 2515.15亿元，占比为 30.55%；汽车制造业、电器机械和器材制造业分别占比18.48%和18.72%。从增速看，专用设备制造业增长幅度最大，较 2019 年增长 18.91%；仪器仪表制造业是唯一出现负增长的行业。整体上看，电子设备制造业的资产规模在整体中占比较高且增速较快，发展势头迅猛；交通运输设备制造业则相对减少明显。

（2）从营业收入看，2020 年装备制造业各行业营业收入差距明显，部分行业出现负增长。其中，占比最高的是汽车制造业，其营业收入达到1973.01 亿元，占比高达 31.19%；电子设备制造业次之，达到了 23.05%，这两个行业贡献了 2019 年装备制造业营业收入的一半以上；仪器仪表制造业占比最少，仅为 1.35%。从增速看，受疫情影响，2020 年主营业务收入处于负增长态势，仅三个行业实现了正增长，其中电子设备制造业增速最快，达到了 22.34%。

（3）从利润总额看，2020 年装备制造业各行业利润存在明显差异，部分行业出现负增长。其中，占比最高的是电子设备制造业，其利润总额达到171.73 亿元，占比高达 40.47%；汽车制造业次之，利润总额达到82.04 亿元，占比达到 19.33%。从增速看，受疫情影响，装备制造业的三个行业出现负增长，但电子设备制造业仍然保持较强的劲头，实现正增长。

3. 产业进出口现状

（1）从产业出口贸易来看，国际出口贸易持续增加，出口贸易额的提升带动了装备制造业的持续良性发展。受益于国家"一带一路"倡议的优势，装备制造业出口总额大于进口总额，整体保持贸易顺差，且差额呈逐渐扩大的趋势。装备制造业出口商品总额从 2005 年的 112.38 亿元增长到 2020 年的 1725.23 亿元，年均增长率为 19.97%，实现了超高速的持续增长。

（2）从产业进口贸易来看，产业进口总量也呈逐年快速上升的趋势。2020 年陕西省装备制造业进口商品总额达到 1468.13 亿元，相比于 2005 年的 89.29 亿元增加了 15.44 倍（见图 2）。

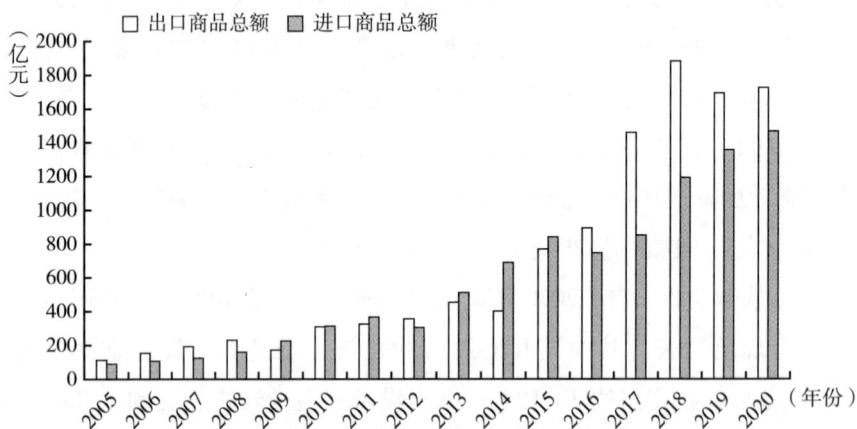

图 2　2005~2020 年陕西装备制造业进出口总额

资料来源：《陕西省统计年鉴》（2006~2021）。

4. 产业品牌实力现状

品牌实力是装备制造业综合实力的集中体现，也一定程度反映了产业的综合实力和竞争力大小。陕西省装备制造业在质量品牌方面整体存在欠缺。从数量上看，在全国装备制造业 500 强中，陕西企业占比极少，每年仅有十余家企业入选，且有数量递减的趋势。从细化行业分布来看，目前多是在汽车、机械制造等传统领域，在智能装备、新能源、新材料等高端装备制造业领域的企业较少，且实力相对较弱，质量品牌仍有待提升。

（二）装备制造业能源结构概况

1. 能源消费现状

从整体看，单位能源耗费产出持续上升，能源有效利用率逐步提高，能源消费现状正逐渐得到改善。装备制造业规模以上企业能源消费整体呈现先增长后减少的趋势，在绿色发展方面的工作颇有成效。2012 年达到峰值158.03 万吨标准煤，2020 年为 142.76 万吨标准煤，相较于 2012 年消耗量减少了 9.67%。

2. 三废排放现状

在装备制造业的生产过程中，废水、废气、固体废物这三废的产生和排放是对环境造成影响的主要来源，也是进行改造的主要方面。陕西省装备制造业正在逐渐淘汰落后产能，进行绿色改造、绿色发展。三废排放总量总体呈现"两增一减"态势，废水排放整体呈现逐年减少的趋势，2020 年装备制造业废水排放量为 2.61 亿吨，相较于 2005 年的 4.28 亿吨减少了39.25%，废水减排成效显著。废气和固体废物的排放整体呈现增长的趋势，增长并未达峰，但增速相对也在逐年放缓，且偶有回落（见表 2）。

表 2　2005~2020 年陕西省工业三废排放情况

年份	废水排放		废气排放		一般工业固体废物排放	
	总量 （万吨）	强度 （吨/万元）	总量 （亿立方米）	强度 （立方米/元）	总量 （万吨）	强度 （吨/万元）
2005	42819.00	12.60	4916.43	1.45	4587.00	1.35
2006	40479.00	9.11	5535.08	1.25	4794.00	1.08
2007	48524.00	8.52	6469.18	1.14	5480.01	0.96
2008	48119.00	6.57	9321.55	1.27	6136.86	0.84
2009	49899.67	5.89	11031.90	1.30	5546.67	0.65
2010	48049.52	4.29	13509.69	1.21	6986.08	0.62
2011	40806.28	2.86	15704.27	1.10	7170.57	0.50
2012	38036.50	2.25	14767.40	0.87	7215.11	0.43
2013	34870.56	1.84	16279.46	0.86	7491.10	0.39
2014	36163.40	1.81	16542.54	0.83	8682.50	0.43

续表

年份	废水排放		废气排放		一般工业固体废物排放	
	总量 （万吨）	强度 （吨/万元）	总量 （亿立方米）	强度 （立方米/元）	总量 （万吨）	强度 （吨/万元）
2015	37729.95	1.86	17303.50	0.85	9329.65	0.46
2016	28416.76	1.30	16288.44	0.75	8647.85	0.40
2017	30875.52	1.30	19455.77	0.82	10080.70	0.42
2018	21722.42	0.86	18386.05	0.73	11146.49	0.44
2019	23901.40	0.90	20704.95	0.78	11788.27	0.44
2020	26080.38	0.93	23023.85	0.82	12430.05	0.44

资料来源：《陕西省统计年鉴》（2006~2021）。

（三）装备制造业技术创新概况

1. 科技创新投入

技术密集是装备制造的典型特征，决定了装备制造业的生产制造过程对技术和智力的依赖程度要大大高于其他行业。从 R&D 经费投入来看，规模总体呈上升趋势。从 2005 年的 17.01 亿元增加到 2020 年的 168.84 亿元。从 R&D 人员投入来看，2020 年陕西省装备制造业 R&D 人员投入相较于 2005 年翻了一番，整体呈现波动性变化（见表3）。

表3　2005~2020 年陕西装备制造业科技创新投入情况

单位：亿元，%

年份	R&D 经费投入	R&D 经费投入强度	R&D 人员投入	R&D 人员投入强度
2005	17.01	2.16	17724	4.44
2006	22.13	2.18	20061	5.04
2007	26.51	1.93	23259	5.84
2008	31.79	1.92	23021	5.61
2009	45.02	2.21	25452	5.75
2010	58.57	2.33	27883	5.90
2011	72.11	2.44	30314	6.19
2012	88.20	2.89	43548	8.53
2013	95.65	2.69	49032	9.82

年份	R&D 经费投入	R&D 经费投入强度	R&D 人员投入	R&D 人员投入强度
2014	108. 47	3. 35	53704	14. 39
2015	106. 26	3. 08	43963	11. 77
2016	116. 23	2. 81	46560	12. 48
2017	122. 01	2. 51	45558	12. 22
2018	141. 03	2. 80	38508	10. 31
2019	160. 87	2. 32	41476	10. 43
2020	168. 84	2. 29	44447	11. 18

资料来源:《陕西省统计年鉴》(2006~2021)。

2. 科技创新产出

从有效发明专利数来看,随着产业创新能力的不断增强,装备制造业发明专利数迅速增长,2019 年达到 12228 件。从新产品销售收入来看,从 2005 年的 202.85 亿元增加到 2019 年的 1871.48 亿元,总体上呈现上升趋势(见图 3)。

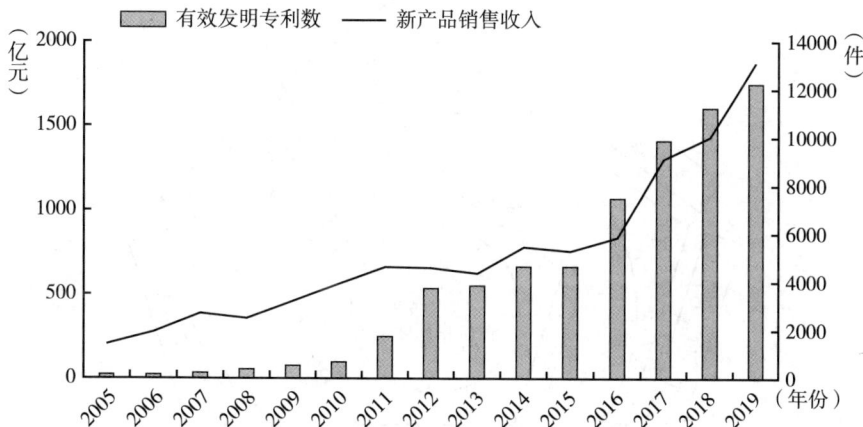

图 3　2005~2019 年陕西省装备制造业科技创新产出情况

资料来源:《陕西省统计年鉴》(2006~2020)。

（四）装备制造业两化融合概况

装备制造业的发展振兴需要与信息化紧密配合，信息化水平能够促进地区装备制造业转型升级，两化融合也是当前助力装备制造业发展壮大的重要方向。当前，陕西省信息化水平不断提升，两化融合工业应用能力持续提升，在重点行业典型企业装备数控化率和工业控制软件普及率上实现了一定增长。2020年，陕西省互联网普及率达到每百人34.61户，年均增长率为11.88%；电话普及水平达到每百人132.16部，年均增长率为7.77%。

四　陕西省装备制造业高质量发展水平评价指标体系

构建装备制造业高质量发展水平评价体系是一个复杂且全面的过程。评价体系主要遵循全面性、层次性、科学性、可比性、可获得性五个原则，依据新发展理念和《中国绿色发展指数报告》，涵盖5个一级指标及13个二级指标、28个三级指标（见图4与表4）。

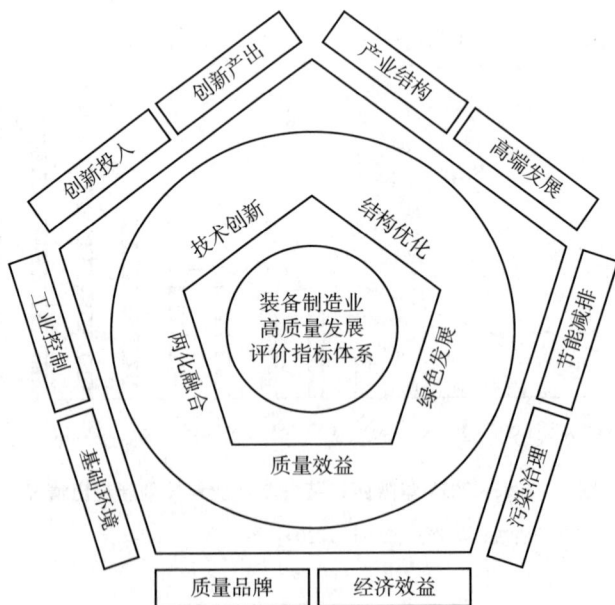

图4　装备制造业高质量发展评价指标体系

表4　装备制造业高质量发展评价指标体系

一级指标	二级指标	三级指标	单位	属性
技术创新	创新投入	R&D 经费投入强度	%	正向指标
		R&D 人员投入强度	%	正向指标
	创新产出	单位 R&D 经费有效发明专利数	件/亿元	正向指标
		单位新产品销售收入水平	%	正向指标
结构优化	产业结构	高技术 EMI 主营业务收入水平	%	正向指标
	资产结构	EMI 总资产贡献率	%	正向指标
	劳动结构	高技术 EMI 劳动力密度	%	正向指标
	出口结构	EMI 出口交货水平	%	正向指标
绿色发展	三废排放	工业废水排放强度	吨/万元	负向指标
		工业废气排放强度	立方米/元	负向指标
		工业固体废物排放强度	吨/万元	负向指标
	资源利用	单位工业能源消耗强度	吨标准煤/万元	负向指标
		固体废物处理利用率	%	正向指标
	环境治理	节能环保投入强度	%	正向指标
两化融合	基础环境	互联网普及率	户/百人	正向指标
		电话普及率	部/百人	正向指标
	工业控制	生产装备数控化率	%	正向指标
		ERP 普及率	%	正向指标
		MES 普及率	%	正向指标
		PLM 普及率	%	正向指标
		SCM 普及率	%	正向指标
质量效益	质量品牌	产品优等品率	%	正向指标
		产品质量合格率	%	正向指标
		EMI500 强企业占比	%	正向指标
	经济效益	EMI 成本费用利润率	%	正向指标
		EMI 主营业务收入利润率	%	正向指标
		EMI 资产负债率	%	适度指标
		在职人员平均利润率	万元/人	正向指标

五 陕西省装备制造业高质量发展水平测度分析

（一）数据来源

主要数据来源于陕西统计年鉴及统计公报的相关数据，部分数据来源于国家相关统计年鉴。在 28 个三级指标数据中，除工业控制二级指标涉及的 5 个三级指标数据来源于《中国信息化与工业化融合发展评估报告》外，其余 23 个指标均是按照理论公式求得的。

（二）基于时间序列的陕西省装备制造业高质量发展水平测度分析

1. 整体分析

考虑到综合评价研究中数据的波动性、数据间的相关关系和数据的离散程度三方面信息，综合选取 CRITIC 法和熵值法对装备制造业高质量发展各项指标进行组合赋权，利用 TOPSIS 法对陕西省装备制造业高质量发展水平进行测度分析，部分结果见图 5，总体来看呈现上升态势。发展大致分为三个阶段。

第一阶段：2010 年以前，装备制造业迅速崛起得到快速发展，以电工电器、机床工具和汽车等为代表的优势产业集中发力，总体保持稳定增长的态势，成为重要的支柱型产业，对陕西省经济发展起到不可替代的引领作用。但这一阶段仍以"高污染、高能耗、低附加值"的产业为主，自主创新、生产效率和技术水平仍处于相对低的水平，这为后续的发展留下隐患。

第二阶段：2010~2013 年，随着我国生产要素成本的增加以及全球进入后金融危机时代，传统生产方式严重制约着装备制造业的高质量发展，为适应新常态和高质量发展的要求，2012 年累计拿出 1.6 亿元资金专项补贴装备制造业，调结构、促转型，努力推动装备制造业实现转型发展。

第三阶段：2014~2018 年，装备制造业高质量发展水平相比以前得到提升。高端装备制造业、高技术装备制造业等耗能低、产业链长的产业蓬勃发展，缓解了高能耗产业转型过程中面临下行的局面，带动了经济的增长。

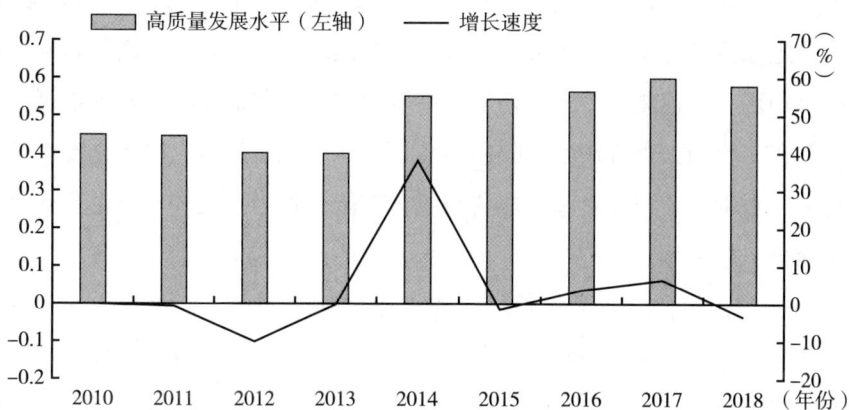

图5 2010~2018年陕西装备制造高质量发展水平

2. 单项分析

（1）技术创新是装备制造业高质量发展的重要动力源泉。从整体来看，陕西省装备制造业新技术不断发展壮大、重点领域重大技术装备研发步伐加快、新产品相继研发成功，成为新的经济增长点，促使陕西省装备制造业技术创新水平实现突破。"十三五"期间深入实施创新驱动发展战略，在装备制造业技术创新方面持续发力，制定对企业研发投入增量部分给予奖补办法、打造"产业创新+企业创新"平台体系、促进关键共性技术研发供给，2016~2018年技术创新指标持续增长，总体维持在相对高的水平。

（2）结构优化是对装备制造业产业转型升级的集中体现。陕西省制定发布了《陕西省"十三五"装备制造业发展规划》《陕西省高端装备创新工程实施方案》等，按照"三抓一促"的工作思路，着力推动以高档数控机床等为代表的多个产业快速发展，大力培育以人工智能、节能环保等为主的新兴产业，加大对装备制造业的资金投入，推动重大技术装备高端化、智能化发展，着力打造以汽车产业为代表的支柱产业，有力促进了装备制造优势行业和重点领域的快速发展，增强了产业发展的后劲，取得了积极进展。

（3）绿色发展是对装备制造业高质量发展的重要要求。节能环保投入强度不足和固体废物综合利用率不高导致绿色发展指标得分上升相对缓慢。深入推进绿色制造工程，加大对重点领域节能环保的投入，持续创新推广资源综合利用和绿色制造技术，切实提高陕西省装备制造业绿色发展水平。在绿色制造工程的大力推动下，陕西装备创新工程成效显著。以法士特汽车传动集团有限责任公司和隆基绿能科技股份有限公司为代表的多家企业获批国家级绿色工厂称号。

（4）两化融合反映了基础环境和工业控制的水平。陕西省装备制造业两化融合指标整体呈现"U"形发展。结合产业发展特点制定发布《陕西省智能制造工程实施方案》，大力推进智能制造带动产业升级发展，围绕智能装备和产品、智能制造新业态新模式、智能服务等关键环节开展智能制造试点示范和专项，重点选择汽车、电力装备、机床、轨道交通装备、机器人、3D打印等产业和领域形成一批省级示范企业。除此之外，积极引导和鼓励支持省内装备制造企业在现有基础上进行智能化改造提升设备、改进工艺、提高技术水平、研发制造智能产品的同时，加快培育发展智能化改造服务新业态，开展智能制造服务，形成可复制的独立运作板块和商业发展模式，公司化、产业化发展，搭建服务平台，着力推动陕西省装备制造业向高质量发展迈进。

（5）质量效益综合体现产业质量品牌和经济效益。在再工业化战略的大背景下，装备制造业市场竞争日趋激烈，陕西省装备制造业不论是在质量品牌方面还是经济效益方面都面临较大的压力，总体呈现高成本低收入、产品质量不高品牌知名度低的情况。随着陕西省装备制造业转型升级的持续深入，千亿陕汽整体提升及节能型重型载货汽车能力建设、比亚迪新能源汽车产业基地、宝鸡吉利整车及发动机、法士特百万台中重型变速器、秦川集团高档数控机床研发基地等一批重点项目相继建成投产，技术水平明显提升，经济效益指标呈现"三加快二下降一提高"的新局面（见图6）。

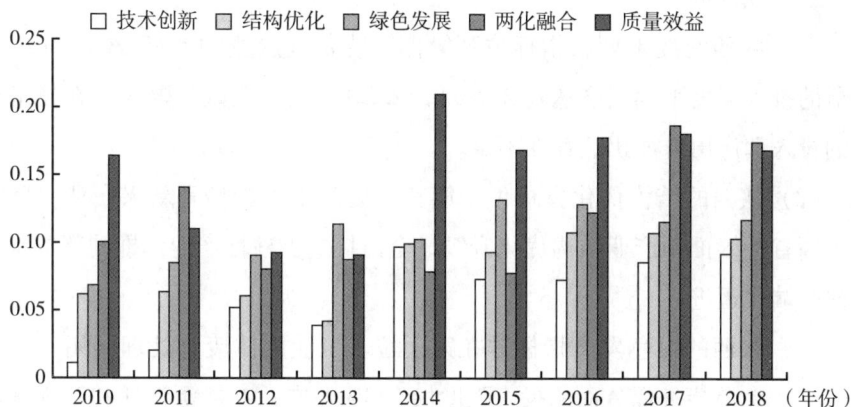

图6 陕西省装备制造业高质量发展一级指标水平

（三）基于空间序列的陕西省装备制造业高质量发展水平测度分析

1. 整体分析

作为优势产业，陕西省装备制造业高质量发展水平及其他部分省份测度评价结果见表5。可以看出，一方面，区位的劣势对陕西装备制造业发展造成一定限制。另一方面，作为传统的老工业基地，陕西仅有西安高新技术产业开发区和西安经济技术开发区2个园区入围，分别列第10位和第46位，在产业集群、产业协调发展、科技创新引领与整体竞争力等方面仍然存在较大的差距与不足。

表5 对比省份装备制造业高质量发展水平综合评价平均结果

年份	陕西	广东	浙江	上海	湖北	北京	山东	江苏
2014	0.4060	0.5220	0.4570	0.6490	0.2450	0.5770	0.3720	0.4900
2015	0.3730	0.5730	0.5210	0.5720	0.2900	0.5710	0.3870	0.4950
2016	0.3960	0.5280	0.5200	0.5480	0.2660	0.5300	0.3660	0.4790
2017	0.3820	0.5080	0.5680	0.5620	0.2760	0.5890	0.3530	0.4490
2018	0.4030	0.5500	0.4720	0.5290	0.3750	0.5370	0.3980	0.4280
均值	0.3920	0.5362	0.5076	0.5720	0.2904	0.5608	0.3752	0.4682
排名	6	3	4	1	8	2	7	5

2. 单项分析

（1）陕西的技术创新指标位列第四，装备制造业的 R&D 经费和 R&D 人员的投入强度平均仅能达到 2.9% 和 12.2% 左右，反映出陕西省在技术创新的投入和产出方面仍然存在不足。

（2）陕西的结构优化指标位于第三，近几年不断培育新兴产业，反映出陕西省持续推动产业结构优化升级，全力打造支柱性产业，推动装备制造业向高端化迈进。

（3）陕西的绿色发展指标排在第七位。工业固体废物处理利用率仅达到 50%；在节能环保方面的投入强度仅有 3% 左右；在能源消耗和三废排放量方面仍然处于弱势。因此，一方面，需要持续加大对节能环保投入方面的支持力度，营造绿色发展的环境；另一方面，需要利用新技术积极改进传统工艺，淘汰落后产能，提高工业废弃物的处理利用率。

（4）陕西的两化融合指标倒数第一。受制于薄弱的工业基础，信息技术对传统工业改造提升的步伐缓慢，导致工业企业信息化应用水平普遍较差。在新一轮技术科技革命、产业变革的大背景下亟须找到新的突破口推动装备制造产业向智能化、自动化和数字化迈进，才能在发展中集聚新优势。

（5）陕西的质量效益指标排名倒数第一。相比之下，陕西企业不论是品牌知名度还是企业规模均与其他省份存在较大的差距，在质量品牌方面，陕西平均只有 10 家左右的企业入选。在经济效益方面，陕西在资本投入、人才资源等方面都落后，这在一定程度上制约着陕西装备制造业的发展，亟待寻找新的突破口，切实做到补短板、强弱项、促提升，提高发展质量效益。

六　对策建议

（一）强化技术创新引领作用，提高产业自主创新能力

加强技术创新的引领作用是实现陕西省装备制造业高质量发展的核

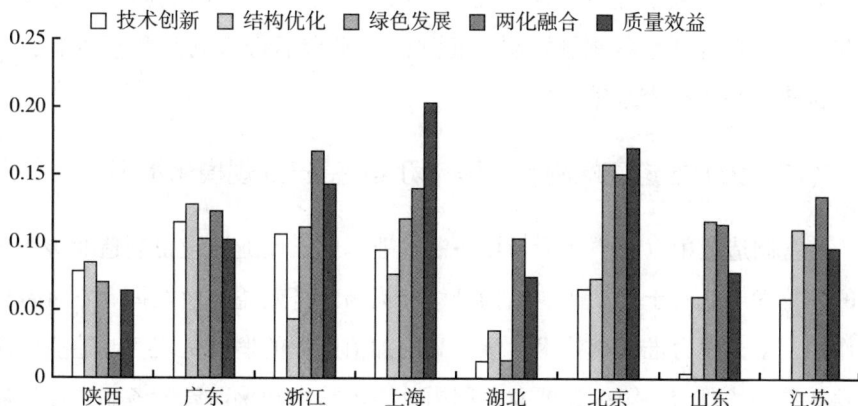

图 7　对比省份装备制造高质量发展一级指标水平

心。第一，加大研发经费投入力度，切实提高资本支撑力。从政府角度而言，要切实做好引领支撑和监督保障作用，通过提高科研经费投入比例、加大新技术研发扶持力度、落实装备制造业税收优惠政策、设立风险投资基金、建立研发经费使用监管机制等方式科学引导企业持续加大研发投入，为装备制造业技术创新营造一个良好的外部环境。从企业角度而言，要充分发挥企业主体作用，切实提高研发意识，立足产业基础研究需求，加大研发经费投入力度，持续提升企业核心竞争力。第二，加快科技人才队伍建设，切实提高人才支撑力。一方面，要加大人才引进力度，充分发挥陕西高校资源优势，拓宽人才引进渠道，完善人才引进机制，充实壮大科研人才队伍；另一方面，要提升人才发展环境，积极推广产教结合、校企合作、工学一体的培养教育模式，建立合理的工作考核机制和激励机制，不断完善人才服务保障机制，引导技能人才在自主创新能力提高方面发挥重要作用，真正做到人才引得进、用得好、留得住，为装备制造业实现高质量发展提供不竭动力。第三，大力推动产学研相结合，切实提高成果转化力。一方面，要完善科技创新体系建设，充分发挥产学研优势，建立产学研一体化协同创新机制，将产学研合作重心落到企业，加快科技创新成果的转化；另一方面，要搭建起科研创新平台，打破创新主体各自为政、界限明显、共享性差等现实局面，破除技术壁垒，加强创新主体的沟通和交流，整合共享各领域资源，建立健全平台运行机制和共享机制，完善平台建设相关配套政策。

（二）大力推进高端制造工程，切实提高产业规模化水平

装备制造业中以航空航天及设备制造业、电子及通讯设备制造业等为代表的高技术产业对于推动产业结构升级和提高经济效益方面发挥着不可替代的作用，多方发力推动高技术含量、高附加值产业的发展是装备制造业高质量发展的必然要求。第一，要立足国内外市场需求和陕西省装备制造业发展实际，明确重点发展产业，通过生产要素投入调整和产业优惠政策引导等手段对装备制造业产业结构进行优化，整合、改造或淘汰传统落后的产业，加快培育壮大以数控机床、新能源汽车、轨道交通设备为代表的重点产业发展，加快产业结构向高端迈进。第二，要合理规划产业布局，加强产业链联合重组，打造高端装备制造产业集群，根据陕西省装备制造业的发展基础和优势，筛选出一批技术含量高、投资额度较大、行业示范显著的重点项目进行规划整合，依据资源配置和产业优势培育和发展特色突出、优势互补、分工合作的多个主导黄金产业集群，带动辐射整个产业的协同升级。第三，要抓住"一带一路"发展机遇，深度参与全球贸易合作和分工，推动陕西装备制造产业"走出去""引进来"，拓宽国内外市场，引进国外先进技术和投资，构建起双循环的新发展格局。

（三）大力推进绿色制造工程，切实提高产业绿色化水平

稳步推进绿色发展、全力聚焦绿色制造是陕西省装备制造业转型升级、实现可持续化发展的关键。第一，要引导企业牢固树立绿色可持续化发展的观念。一方面要制定完善绿色发展相关法律法规，严格规范相关行业的能源消耗和污染排放标准，加大对装备制造业重点企业的监督和管控力度，对不达标企业采取违规处罚等措施；另一方面要出台节能减排税收优惠、奖励补贴、财政支持等激励性手段，鼓励装备制造业企业在制造过

程中实施绿色生产。第二，要实现"重型化"产业结构向"轻型化"迈进。一方面要积极调整能源消费结构，控制对煤炭等化石能源的消耗量，提高对天然气等清洁能源的使用比例，大力开发太阳能等优质清洁能源，从源头上改善能源消费结构；另一方面要有效推进产业结构绿色升级，采用强有力的措施降低高投入、高消耗、高污染的产业比重，加大淘汰落后产能的力度，遏制高能耗产业快速发展，加快培育壮大节能环保装备、新能源等新产业，提高产业发展质量。第三，要大力推动绿色创新发展。一方面要利用新技术积极改造传统高耗能产业的生产工艺和设备，重点监控高能耗企业的节能降耗管理工作；另一方面要鼓励新技术的开发、应用和推广，利用信息化智能化现代化技术实现装备制造业在材料选择、生产制造、循环利用等核心领域的绿色发展。

（四）大力推进智能制造工程，切实提高产业信息化水平

第一，要多维并举引导装备制造业向智能化发展，充分发挥政策的规范引导作用，建立起智能制造产业发展的长效机制，完善智能制造重大科技项目财政金融扶持政策，组织实施智能制造高端人才培养和储备计划，广泛开展智能制造领域国内国际的交流与合作，为装备制造业智能化发展提供良好的外部环境。第二，要加快传统产业智能化改造，以自动化、智能化和数字化为目标，推进以钢铁、煤炭和石油化工为代表的传统产业实现装备智能升级、工艺流程改善和基础数据共享，积极做好智能制造项目和试点的申报验收工作，进一步发挥示范和引领作用。第三，要加快培育智能化产业，充分发挥互联网、大数据等新一代通信技术的优势，以3D打印机、高档数控机床、机器人等重点领域的新技术为牵引，推进智能制造关键技术设备在重点领域的集成应用，积极培育新技术、新业态、新模式和新产业，与此同时，加大信息化软件的普及率和使用率，实现制造全过程信息化。第四，要推动装备制造业全产业链智能化发展，围绕重点领域产业链的推进方案，促进研制装备智能化企业的发展，积极发展智能配套设施，将智能技术应用到研制、测试、生产、管理和运营的各个环节。

（五）持续推进质量品牌建设，聚力助推产业提质增效

第一，加大政策支持力度，引导企业发挥作用。一方面要依据陕西省装备制造业产业现有的竞争优势以及未来发展趋势进行层次划分、顶层设计，研究制定装备制造产业质量品牌发展战略、基本原则，建立健全质量品牌责任机制、监督机制、管理机制等，完善各项保障措施和基础体系，为装备制造持续推进质量品牌建设提供良好的基础环境；另一方面要善用激励机制，切实增强企业创建高质量品牌的意识，将有较大影响力及自主创新品牌的装备制造企业作为标杆进行正面宣传，并给予企业研发投入、品牌宣传和产品推广等各阶段补贴与奖励，支持影响力大的品牌企业走出国门、走向世界，激励中大型企业加大对质量品牌建设的投入力度，鼓励小型企业从地域小品牌做起，同时要推进产业集群区域品牌建设。第二，推进产业平台建设，提高品牌培育能力。一是以行业协会、专业机构等中介组织为基础建立起质量品牌服务平台，通过普及质量品牌知识、帮助企业产品开发、发挥品牌功能等方式多元共治全面引导装备制造企业的高质量品牌意识；二是要建立质量品牌信息共享平台，依托大数据开放平台实施质量品牌信息共享，将装备制造业企业的品牌管理、质量管理、企业信用、品牌影响力、质量风险、产品合格率等信息作为重点，对于质量品牌不达标企业实施联合惩戒，对于质量品牌表现良好的企业进行宣传推广。第三，切实提高产业实力，做大做强优势品牌。一是要以市场需求为导向，以大数据为核心，对企业品牌进行科学规划，加快新旧动能转换速度，切实提高自主创新能力和质量技术水平，推动关键核心技术实现创新发展，加快产业向价值链中高端迈进；二是要通过兼并重组、战略合作等方式对现阶段产业资源进行整合，发挥优势，取长补短，打造集研发、生产、售后等于一体的全新产业链条，切实提高产业链的稳定性和抗风险能力。

参考文献

高文鞠、綦良群：《科技人才、全要素生产率与装备制造业高质量发展》，《中国科技论坛》2020 年第 9 期。

李俊玲、戴朝忠、吕斌、胥爱欢、张景智：《新时代背景下金融高质量发展的内涵与评价——基于省际面板数据的实证研究》，《金融监管研究》2019 年第 1 期。

李健、闫永蚕：《中国装备制造业综合发展能力评价与时空演变特征》，《统计与决策》2021 年第 20 期。

张爱琴、张海超：《数字化转型背景下制造业高质量发展水平测度分析》，《科技管理研究》2021 年第 19 期。

许冰、聂云霞：《制造业高质量发展指标体系构建与评价研究》，《技术经济与管理研究》2021 年第 9 期。

钞小静、刘璐、孙艺鸣：《中国装备制造业高质量发展的测度及发展路径》，《统计与信息论坛》2021 年第 6 期。

朱森第：《数字化转型——制造业高质量发展重要路径》，《先锋》2021 年第 5 期。

李英杰、韩平：《数字经济下制造业高质量发展的机理和路径》，《宏观经济管理》2021 年第 5 期。

马云超：《创新驱动背景下陕西省装备制造业高质量发展对策》，《经济研究导刊》2021 年第 12 期。

王建文：《以智能制造推动产业变革 实现装备制造业高质量发展》，《乡音》2021 年第 3 期。

黄顺春、张书齐：《中国制造业高质量发展评价指标体系研究综述》，《统计与决策》2021 年第 2 期。

张志超：《推动河南装备制造业高质量发展研究》，《海峡科技与产业》2021 年第 1 期。

李森、梁爽：《辽宁装备制造业高质量发展对策研究》，《对外经贸》2020 年第 10 期。

何源明、李明荣：《江西装备制造业高质量发展路径选择研究》，《营销界》2020 年第 41 期。

张志娟：《河南省装备制造业高质量发展路径研究》，《全国流通经济》2020 年第 27 期。

B.17
陕西产业绿色低碳发展路径研究

吴刚 姜涛 范晓鹏 胡宏力*

摘 要： 陕西是能源大省，能源经济主导了陕西多年发展格局，面对百年未有之大变局，如何结合国情、省情，完整、准确、全面地理解"双碳"目标对产业结构调整的影响，是陕西经济必须思考和把握的问题，从实现"双碳"目标对产业结构调整带来的挑战和机遇入手，突出问题导向，对"双碳"背景下陕西省产业结构调整面临的问题展开分析，从推动能源清洁低碳安全高效利用、大力推动重点行业绿色低碳发展、加快推动数字经济赋能发展、加快培育新产业新业态新支柱等四个方面提出"双碳"背景下陕西省产业结构调整的方向和路径，最后从构建绿色低碳转型促进机制、加快建设"双碳"配套支持政策、积极构建绿色技术创新体系、大力促进"数实"深度融合、巩固提升碳汇能力等五个方面提出"双碳"背景下陕西省产业结构调整的建议。

关键词： 绿色发展 低碳发展 产业结构 陕西

实现碳达峰、碳中和是以习近平同志为核心的党中央统筹国内国际两个大局作出的重大战略决策，是着力解决资源环境约束突出问题、实现中华民族永续发展的必然选择。实现"双碳"目标是一场广泛而深刻的社会变革、

---

* 吴刚，陕西省社会科学院研究员；姜涛，陕西省社会科学院研究员；范晓鹏，陕西省决策咨询委员会委员；胡宏力，西安文理学院教授。

经济变革，将重塑经济结构、用能结构、生产方式和生活方式，助推陕西省经济绿色低碳全面转型，加快推进高质量发展迈出更大步伐。

一 实现"双碳"目标对产业结构调整带来的挑战和机遇

（一）面临的挑战

1. 用能结构调整压力激增

我国能源生产消费体量大，煤炭等化石能源占比较高，其中煤炭消费比重达到56%，煤炭仍发挥着兜底保障作用。实现"双碳"目标对非化石能源、新能源需求大幅增加。陕西省是传统能源大省，煤炭消费占一次能源消费总量的比重保持在70%以上，煤炭消费占比始终保持高位运行。在保障国家能源安全和经济发展的前提下，如何推动能源低碳转型面临艰巨挑战。

2. 传统产业转型压力较大

能化工业、有色冶金、化学制造、电力能源、交通运输等是典型的高碳产业，受碳排放指标的限制及政策制约，这些领域的投资、项目布局加速衰减，产能退出和压减速度加快。2021年，陕西省规上工业中高碳行业综合能耗同比增长3.3%，比全国水平高出0.4个百分点。陕西省单位GDP能耗为0.52吨标准煤/万元，与国内发达地区和发达国家相比仍存在较大差距，压减高碳产业，培育发展绿色低碳产业任重道远。

3. 产业政策调整形势迫切

实现"双碳"目标涉及国民经济生活的方方面面，与之相关配套政策措施亟待完善。目前，陕西省碳排放统计核算体系以及碳强度和碳总量的地区分配机制尚未建立；碳金融、碳排放权交易、碳汇市场建设等方面配套措施较为滞后，亟待加强。

（二）面临的机遇

1. 绿色低碳产业发展迎来新机遇

在"双碳"目标下，能源结构向绿色低碳加速转型，水电、风能、光电、氢能等非化石能源迎来发展机遇期。风电、光伏、氢能等非化石能源领域投资加大；清洁能源设备、节能减排设备等技术改造升级加快；绿色、低碳、零碳等技术需求空间广阔。根据中国投资协会预测，为实现"双碳"目标，我国将催生再生资源利用、能效提升、终端消费电气化、零碳发电技术、储能、氢能和数字化七大投资领域，撬动70万亿元产业投资机会。

2. 产业数字化转型加快

实现"双碳"目标促使产业数字化进程。数字技术与制造业深度融合，提高生产效率、能源效率、资源效率和环保效率，助力制造业节能降本增效提质。

3. 碳排放权、碳汇权益等成为新的资产

实现"双碳"目标催生碳金融、碳市场等加快形成，碳排放权、碳汇权益等成为新的资产。碳排放配额交易将成为一个产业，包括咨询、经营、科技、保障、金融等，成为各行各业和老百姓都可参与的一个新兴大产业。

二 "双碳"目标背景下陕西省产业结构调整面临的问题

（一）高碳产业存量较大

目前，陕西省传统能化、钢铁、有色冶金、建筑材料、交通运输等高碳产业增加值占到全省GDP的45%以上，而新一代信息技术、新能源汽车等战略性新兴产业增加值仅占到全省GDP的11.8%，远低于全国平均水平1.6个百分点。另外，陕西省非化石能源消费占比偏低，在全国处于中等偏后水平。高碳产业比重较高，减排降碳压力较大。

（二）碳减排推进手段单一

采取行政命令、政策限制等方式手段搞"碳冲锋"，运动式"减碳"是不可取的。实现"双碳"目标须更好地发挥市场作用，充分调动微观主体参与积极性，加大清洁技术创新、培育发展碳市场，探索市场化减碳降碳手段，这才是长久之策。

（三）对碳减排认识不清

目前，我国实行的自上而下的碳减排方案并不意味着政府包办一切。一方面，许多地方政府还未摸清碳排放家底，不少地区对于"双碳"战略到底如何落实依然很迷茫。现有治理往往聚焦于供给端，忽视了社会需求端的源头管理。实际上动员包括居民在内的全社会成员形成绿色的生产、生活方式，对落实"双碳"目标具有重要作用。

（四）碳核算程序复杂，精准计量较为困难

精准核算碳排放总量，是降碳减碳的前提。当前碳核算缺乏有效的计量手段和标准化的测算方法，很难精准、及时地实现碳排放的计量，导致碳排放监测、分析到处置困难较大。

三 "双碳"背景下陕西省产业结构调整的方向路径

紧紧围绕实现"双碳"目标，处理好"能耗双控"和"碳双控"、整体和局部、短期和中长期的关系，着力推进能源结构调整，积极发展清洁能源；改造升级高碳产业，培育发展绿色低碳产业，调优调绿调新产业结构，加快构建富有竞争优势的现代产业体系，为奋力谱写高质量发展新篇章提供有力支撑。

（一）推动能源清洁低碳安全高效利用

坚持先立后破，稳定传统能源确保能源供应，发展清洁能源形成强大绿色能源供给能力，提高能源清洁高效低碳利用水平，构建清洁低碳安全高效的能源体系。

一是加快释放优质能源产能，有序推动减量替换。陕西省煤炭资源具有低灰、低硫、高发热量等特点，机械化开采程度高，是优质煤炭资源，对劣质、高污染煤炭具有很好的替代作用。陕西省作为国家重要能源化工基地，

在保障国家能源安全、畅通经济大循环上具有十分重要的地位。要鼓励企业在确保安全的前提下，开足马力达产满产、多产多销，既支撑全省稳增长大局，又保障国家能源供应。紧盯国家核增产能政策调整，积极布局煤炭先进接续产能、先进煤电机组、储能项目、特高压及外送通道重点电网工程，加快推动大梁湾等煤矿核增产能尽快批复，促进巴拉素、大海则等在建煤矿尽快联合试运转，加快可可盖、海测滩等煤矿开工手续办理，推动榆能杨伙盘、大唐富县等在建电源建设进度，争取陕电送豫、送皖外送通道建设，为稳定能源供应提供保障。同时，加快对现有能源生产企业尤其是煤矿进行规模化、智能化、绿色化、现代化改造，加大煤电淘汰关停和升级改造力度，推动煤电机组节能降碳改造、灵活性改造、供热改造"三改联动"，推动煤油气高效集约绿色开发。

二是大力发展高端能化，促进高碳资源低碳利用。在"双碳"大背景下，国家重点控制"碳排放总量"而非"能源消费总量"，核心是提高"碳生产率"而不仅仅是"能源产出率"。坚定树立"大转化"的理念，对标世界一流能耗水平、碳排放水平，促进能化产业由相对"低端"产品向以高科技、高附加值、低碳化为特征的"高端"产品攀升。加快推动煤炭分级分质梯级利用，实施能源化工延链补链行动，发展煤制油气、煤制烯芳烃、煤制合成材料、精细化学品、聚酯纤维等高端化工产品。大力推动资源综合利用，促进产业耦合集成创新，积极发展"煤头化尾""油头化尾"产业项目，推动"碳氢互补"、废水废物"零排放"，将石化资源吃干榨净。

三是做优做强清洁能源，稳步提升新能源比重。"双碳"背景下，新能源扮演的角色正在从生力军向主力军转变。陕西省发展新能源具有得天独厚的资源优势，尽管水电、风电、光电装机规模快速提升，但发展规模较小、实力不足。要进一步推进水风光氢多能互补、产业链延伸配套和场景应用拓展，统筹布局调峰电源、电网设施、储能装置、氢能项目，提高电网对可再生能源的消纳和调控能力。着力打造一批千万千瓦级新能源基地，实现由化石能源大省向清洁能源大省转变。

（二）大力推动重点行业绿色低碳发展

深入实施传统产业高端化智能化绿色化改造，加快先进适用技术的研发推广应用，完善生态多元化补偿机制，加强能耗强度的导向性和执行力，大力发展低碳技术、零碳技术、储能技术、替代能源技术，系统提升产业链供应链综合能效水平，走绿色低碳现代化之路。

一是提升钢铁产业绿色竞争能力。严格落实国家钢铁工业高质量发展指导意见，提升钢铁产业竞争力和绿色发展能力。对标对表，大力开展短流程炼钢技改项目，实施生产全流程绿色制造，对炼铁、炼钢系统的节能减排、脱硫除尘进行强力改造，持续提高钢铁企业节能减排水平。加大高强钢筋、轴承钢、管线钢、汽车用钢等高品质钢种关键技术研发，开发优特钢品种，打造高品质钢材生产基地。推动资源循环利用，建立物质循环、能源循环及废弃物再资源化生产体系，推动钢铁企业从传统型企业向生态型企业转变。

二是加快有色冶金绿色低碳转型。以"三率"为抓手，积极引导矿山企业节约集约利用矿产资源，不断提升采选水平、适用先进选矿技术工艺、综合利用尾矿资源和废石废渣，提高矿产资源利用效率和效益，为全省经济社会发展提供资源方面的安全保障和支撑。开展污染土壤、废弃土地治理，推广矿山冶炼废水生物制剂法深度处理与回收技术，实施烟气脱硫、脱硝、除尘改造工程，确保"三废"污染物达标排放。建立回收、拆解、熔炼到深加工的产业链体系，支持以废杂铝镁锌铜为原料生产高附加值产品，提高资源利用水平。推进互联网、大数据、人工智能、5G、边缘计算、虚拟现实等前沿技术在有色矿山、冶炼、加工企业的应用，实现设备、物料、能源等制造资源要素的数字化汇聚、网络化共享和平台化协同，建成集全流程自动化生产线、综合集成信息管控平台、实时协同优化于一体的智能工厂（矿山）。探索推广有色金属"原材料生产+终端应用"衔接发展模式，打造"铝型材—汽车零部件—建筑构件—家居产品"产业群，促进有色金属产业上下游一体化发展。

三是推动建筑建材高质量发展。开展绿色建筑、节约型机关、绿色学校、绿色医院创建行动，降低建筑运行能耗、水耗，大力推动可再生能源应用，鼓励智能光伏与绿色建筑融合创新发展。推广绿色化、工业化、信息化、集约化、产业化建造方式。大力发展装配式建筑，重点推动钢结构装配式住宅建设，不断提升构件标准化水平，推动形成完整产业链，推动智能建造和建筑工业化协同发展。完善绿色建材产品认证制度，开展绿色建材应用示范工程建设，鼓励综合利用产品。加强建筑材料循环利用，促进建筑垃圾减量化。推广节能低碳节水用品，推动太阳能、再生水等应用，鼓励使用环保再生产品和绿色设计产品，减少一次性消费品和包装用材消耗。倡导绿色装修，鼓励选用绿色建材、家具、家电。

（三）加快推动数字经济赋能发展

数字经济是全球未来的发展方向，对经济社会发展产生革命性变革和深远影响，是推动高质量发展的强大引擎。数据的高效清洁、低成本、可复制以及可海量获取等特点克服了传统生产要素的固有缺陷，能有效解决工业经济时代边际报酬递减、碳排放过多等问题，是引领产业升级的新动能。陕西省科教资源富集、产业优势明显，具有发展数字经济的基础和条件。2021年，陕西省数字经济规模仅占全省经济规模的 26.8%，与全国平均水平相差 13 个百分点，数字经济发展空间较大。

一是加快数字基础设施建设。抢抓国家加大"新基建"布局机遇，统筹推进 5G 网络、新一代信息技术、卫星互联网、物联网、绿色超算中心和数据中心等设施建设。支持西安、渭南、延安等建设省级算力网络枢纽中心，引导超大型、大型数据中心集聚发展。提升算力服务品质和利用效率，夯实网络基础保障，积极承接全国范围后台加工、离线分析、存储备份等非实时算力需求，争创面向全国的非实时性算力保障基地。支持榆林、宝鸡、汉中等建设省级算力网络枢纽节点，积极承接高性能、边缘数据中心，推动建设面向本地区及周边毗邻区域业务需求的数据中心，打造具有区域特色、规模适度的算力服务集群。

二是促进数字产业化进程。数字产业化与产业数字化是数字经济培育经济新形态、构筑竞争新优势的两个方向。要促进数字产业化进程，以信息化、智能化为杠杆培育新动能，利用互联网新技术对传统产业进行全方位、全链条的改造，以"鼎新"带动"革故"，以增量带动存量。深化新一代信息技术融合应用，大力培育大数据、人工智能、工业互联网、区块链、5G网络应用等数字产业、未来产业，打造一批数字经济园区，鼓励平台企业加快人工智能、云计算、区块链、操作系统、处理器等领域技术研发突破，推动数字产业跨越发展。

三是推动产业数字化转型。习近平总书记强调，要推动产业数字化，利用互联网新技术新应用对传统产业进行全方位、全角度、全链条改造，推动制造业产业模式和企业形态根本性转变，促进我国产业迈向全球价值链中高端。深入实施制造业数字化智能化改造，推动"互联网+""人工智能+""5G+"发展，建设一批智能生产线、智能车间、智能工厂，拓展智能应用场景，促进新一代信息技术与传统产业融合发展，持续实施"上云用数赋智"行动，大力发展制造服务融合、一二三产融合等新业态，有序发展平台经济、共享经济，力争后来居上。

（四）加快培育新产业新业态新支柱

加快培育壮大战略性新兴产业，抢抓新赛道，培育新动能，调优存量、做大增量，不断推动产业向价值链高端攀升，"腾笼换鸟"提升资源利用效率，实现量的扩张和质的提升。

一是推动装备制造高端化发展。围绕航空、重卡、民用无人机、乘用车（新能源）、数控机床等产业链，补链强链延链，实现装备制造业"高精尖"转型。在"双碳"背景下，新能源汽车将成为陕西省产业绿色低碳发展的主引擎。要按照锻长板、补短板，完善产业链条、不断向价值链高端延伸的思路，在发挥好传统汽车存量优势的同时，聚力加快发展新能源汽车，加快比亚迪形成60万辆节能与新能源企业生产能力，推动西安吉利30万辆乘用车充分释放产能。同时，加快推进西工大无人机、京东无人机、西安爱生无人机产业化基地等重点项目的建设，推动输配电产品绿色化、智能化转型，加快高档数控机床研发制造，推进增材制造技术工程化应用，推动装备制造高端化发展。

二是推动信息产业高速发展。加快提升智能终端、物联网、集成电路等产业链规模，抢占未来发展制高点。要聚焦先进激光与光子制造、光子材料与芯片、光子传感三大重点领域，打造国家和全球具有影响力的光子产业生态高地。

三是推动新材料产业特色化发展。陕西省钛材加工量占全国的60%以上，陶瓷基复合材料处于国内领先水平，陕西是世界上最大的原镁生产聚集地。要聚焦航空航天、兵器船舶、核电等国家重大战略需求，以及半导体、冶金、汽车、医疗等民用市场领域需求，大力发展钛及钛合金、镁铝合金、陶瓷基复合材料、钢铁深加工产业链，培育形成产业新优势。做精、做专、做大、做强光伏产业链与服务链各环节，打造上中下游协调配套、参与全球市场竞争的光伏产业集群。

四是推动消费品产业加快发展。推动乳制品加工、富硒食品、生物医药等产业增品种、提品质、创品牌，更好地满足群众消费升级需求。抓好西部乳制品加工基地和世界级奶山羊制品加工基地建设，不断提高乳制品产业链竞争力。依托全国最大的天然富硒区优势，积极壮大陕南的富硒食品产业链，真正使硒资源变成硒产业。要做大化学药，做强中药，大力发展生物制品，培育医疗器械和特色医疗健康产业，培育医药优势产品，全力打造千亿元生物医药产业链条。

五是推进服务业绿色化。加大利用低碳、清洁、智能、数字技术改造升级传统服务业，培育发展绿色物流业、生态文旅，大力发展研发设计、科技服务、信息咨询、现代金融以及节能和环境服务业。

四 "双碳"背景下陕西省产业结构调整的政策建议

实现"双碳"目标是推动高质量发展的内在要求，要统筹推进机制建设、完善配套政策、研发绿色低碳技术等各项工作，坚定不移推进。

（一）加大构建绿色低碳转型促进机制

一是健全绿色低碳转型组织协调机制。建立跨部门、跨区域协调发展机制，协调开展跨区域绿色低碳能源输送通道及储备等基础设施和安全体系建设，加强相关规划、重大工程与国土空间规划以及生态环境保护等专项规划衔接，及时研究解决实施中的问题。

二是建立绿色低碳转型监测评价机制。加大监测评价各市区能耗强度、非化石能源及可再生能源消费比重、能源消费碳排放等指标，评估绿色低碳转型相关机制、政策的执行情况和实际效果。完善绿色低碳发展考核机制。

三是建立健全绿色消费促进机制。推进统一的绿色产品认证与标识体系建设，建立绿色消费认证机制，推动各类社会组织采信认证结果。建立电能替代推广机制，通过完善相关标准等加强对电能替代的技术指导。完善和推广绿色电力证书交易，促进绿色电力消费。鼓励全社会优先使用绿色能源和采购绿色产品及服务，公共机构发挥表率作用。积极创建绿色消费示范区，在全社会倡导节约用能。

四是建立绿色低碳资源普查和信息共享机制。结合资源禀赋、土地用途、生态保护、国土空间规划等情况，全面开展绿色低碳资源详细勘查和综合评价，精准识别可开发绿色低碳资源并进行数据整合，完善并动态更新绿色低碳资源数据库。加强与国土空间基础信息平台的衔接，将各类绿色低碳资源分布等空间信息纳入国土空间基础信息平台和国土空间规划"一张图"，强化共建共用。加大整合绿色低碳产业链信息，推动数字化、清洁化进程。

（二）加快建设"双碳"配套支持政策

一是加强能耗"双控"政策与"双碳"目标任务的衔接。完善能耗"双控"制度。研究制定重点行业、重点产品碳排放核算方法。推动建立健全用能预算管理制度，探索开展能耗产出效益评价。

二是建立健全绿色能源消费政策。推进建设统一的绿色产品认证与标识体系，建立绿色能源消费认证机制。建立电能替代推广机制，通过完善相关标准等加强对电能替代的技术指导。完善和推广绿色电力证书交易，促进绿色电力消费。鼓励全社会优先使用绿色能源和采购绿色产品及服务，积极引导绿色低碳消费。

三是完善工业领域绿色能源消费支持政策。引导工业企业开展清洁能源替代，降低单位产品碳排放，鼓励具备条件的企业率先形成低碳、零碳能源消费模式。发展工业绿色微电网，支持开发利用清洁低碳能源，建设分布式清洁能源和智慧能源系统。

四是完善建筑绿色用能政策。积极推广使用绿色建材，健全建筑能耗限额管理制度。完善建筑可再生能源应用标准，鼓励光伏建筑一体化应用，支持利用太阳能、地热能和生物质能等建设可再生能源建筑供能系统。

五是完善交通运输绿色低碳转型政策。推行大容量电气化公共交通和电动、氢能、先进生物液体燃料、天然气等清洁能源交通工具，完善充换电、加氢、加气（LNG）站点布局及服务设施，降低交通运输领域清洁能源用能成本。开展多能融合交通供能场站建设，推进新能源汽车与电网能量互动试点示范，推动车桩、加油加气站协同发展。

六是强化绿色低碳转型的融资支持。支持金融机构建立绿色企业和项目精准识别机制，为绿色企业和项目提供全方位金融服务；支持关中平原城市群申请国家气候投融资试点，积极培育区域气候投融资项目，打造气候项目和资金的信息对接平台，引导和支持先进低碳技术发展。引导驻地金融机构开展碳基金、碳资产质押贷款、碳保险等碳金融服务，推动碳金融体系创新发展。

（三）积极构建绿色技术创新体系

一是加大绿色低碳技术研发。加大化石能源绿色智能开发和清洁低碳利用、可再生能源大规模利用、新型电力系统、节能、氢能、储能、动力电池、二氧化碳捕集利用与封存等重大技术研发；加快推进碳纤维、气凝胶、特种钢材等基础材料研发，补齐关键零部件、元器件、软件等短板，强化绿色低碳科技自立自强。

二是培育发展绿色科技创新载体。建设一批绿色技术省级产业创新中心、技术创新中心、工程研究中心、企业技术中心和新型研发机构，争创绿色技术国家技术创新中心、国家企业技术中心等国家级平台。

三是加快成果转化和推广应用。加大构建中试熟化放大、应用场景等一体化技术创新服务综合体，深入推进科技成果转化"三项改革"，大力激发成果转化活力。

（四）大力促进"数实"深度融合

深入实施产业智能化数字化改造专项行动，积极争创"数实融合强省"。一是强力推进智能制造。持续推进智能制造工程，争创全国智能制造先行区。以项目为牵引，每年梳理储备一批智能化改造项目，支持企业开展以设备换芯、生产换线、机器换人、产链上云为核心的数字化改造，提升核心装备和关键工序的数字化水平。以标杆为榜样，对标世界智能制造领先水平，分行业分领域制定和完善智能制造示范标准，打造一批智能制造示范工厂（车间）、工业互联网标杆工厂、5G全连接工厂，加快形成"一行业一标杆"，引领带动全省智能制造水平整体跃升。以重大展会为载体，策划举办世界智能制造大会、中国工业互联网大会、两化融合暨数字化转型大会等重大交流推广平台，打造智能制造发展名片。

二是强化全链条推进。利用互联网新技术新应用，对传统制造业进行全方位、全角度、全链条的智能化改造和数字化转型，提高全要素生产率。编制实施化工、钢铁、服装等重点行业智能化改造和数字化转型实施指南，明确不同行业领域每个环节重点做什么、怎么做、做到什么程度、达到什么效果，形成一套流程化、标准化的指引，对企业研发设计、生产制造、运营管理等方面进行全环节指导。提高链主企业整合带动力。重点围绕机械装备、石化冶金和轻工纺织等行业，培育一批生态主导型产业链"链主"企业，支持"链主"企业利用5G、大数据、人工智能等新一代信息技术对研发设计、生产制造、产品销售、市场服务等进行全链条改造，带动上下游企业加快数字化转型。大力实施工业互联网创新发展工程,围绕23个重点产业链,加快建设一批国家和省级综合型、特色型和专业型工业互联网平台,依托平台汇聚行业资源、工业App和数字化转型解决方案,提升赋能企业数字化转型能力。

三是强化自主供给水平。关键技术、核心装备、高端工业软件等技术产品的专业人员和专业化优质服务商缺乏,这既是制约制造业智能化改造和数字化转型的重大短板,也是下一步必须突破的重要任务。一方面,要加快提高智能软硬件的自主可控力。聚焦工业软件、数字化服务、行业数据集、算法模型以及智能成套装备、数控机床、工业机器人、智能仪器仪表等软硬件关键领域技术短板,从研发和应用两个层面发力,组织核心技术(装备)攻关。同时,鼓励企业在智能化改造和数字化转型项目建设中,加大对自主创新产品的使用比例,推动自主创新产品在应用中不断改进提高。另一方面,要大力培育一批根植本土的领军服务商,对具有行业引领性的智能制造龙头企业,支持其剥离数字业务部门成立独立法人。对成长性好且具备一定条件的优质服务商,积极支持其进入资本市场做大做强。

(五)巩固提升碳汇能力

一是巩固生态系统固碳作用。严守生态保护红线,严控生态空间占用,加快建立以国家公园为主体的自然保护地体系,稳定现有森林、草原、湿地、土壤等固碳作用。严格执行土地使用标准,加强节约集约用地评价,推广节地技术和节地模式。

二是提升生态系统碳汇能力。充分利用坡地、荒地、废弃矿山等国土空间开展绿化,巩固退耕还林还草成果,努力增加森林、草原等植被资源总量。实施森林质量精准提升工程,提高森林质量和稳定性。积极向国家林草局等有关部门争取,将秦岭陕西片区作为我国北方地区森林碳汇试验区,从政策、科技、资金等各方面给予支持,在森林增汇项目和碳汇林建设工程方面先行先试。加强河湖、湿地保护修复,加强退化土地修复治理,开展荒漠化、石漠化、水土流失综合治理,实施矿山生态修复工程。

三是加强生态系统碳汇基础支撑。建立生态系统碳汇监测核算体系，开展碳汇本底调查、碳储量评估、潜力分析，实施生态保护修复碳汇成效监测评估。

四是推进农业农村减排固碳。大力发展绿色低碳循环农业，推进农光互补、"光伏+设施农业"等低碳农业模式。推动农业产业园区和产业集群循环化改造，开展农业农村可再生能源替代示范。建立健全农业农村减排固碳监测网络和标准体系。

B.18
陕西氢能源产业发展路径研究

姜 涛*

摘 要： 作为新能源的氢能，以其来源广泛、清洁零碳的显著优势，成为
新能源技术变革的重要代表，受到人们的关注。陕西发展氢能产
业具有丰富的资源优势、完善的产业配套、特有的应用场景和雄
厚的科教基础，产业基础优势突出；氢能产业发展路径应围绕氢
能"制备—储存—加注—使用"四个核心产业环节展开技术研
发，突破制约产业发展的核心技术，构建氢能全产业链，围绕氢
能源产业主要技术环节、氢燃料电池城市示范群、应用场景主要
领域，提出相关建议。

关键词： 氢能源产业 高质量发展 陕西

氢能作为新能源，是氢气和氧气反应释放的能量，被誉为最具发展潜力
的清洁能源，其以能量密度大、燃烧热值高、来源广泛、清洁零碳等显著优
势，成为引领新一轮能源技术变革的新风口和原动力。氢能是宇宙中分布最
广泛的物质，构成了宇宙物质总量的75%，且可与电相互转换，实现电网
和气网的互联互通，将在未来能源体系中发挥重要作用。在"碳达峰、碳
中和"目标下，氢能也作为新能源的典型代表受到关注。2020年9月，国
家五部委出台政策，明确支持核心燃料电池系统及绿氢产业。同年，氢气作
为能源被纳入《中华人民共和国节约能源法》，不建议再以危化品管理；

---

* 姜涛，陕西省社会科学院经济研究所研究员，研究领域为产业经济、区域经济。

2021年，氢能作为未来发展产业被纳入国家"十四五"规划纲要中，将会带动形成万亿级新兴产业。2022年8月15日，陕西省氢能产业创新发展促进会召开，会上发布省上出台的一规划、一方案、一措施（即《陕西省"十四五"氢能产业发展规划》《陕西省氢能产业发展三年行动方案（2022—2024年）》《陕西省促进氢能产业发展的若干政策措施》）。

省发改委发布《陕西省"十四五"氢能产业发展规划》，计划到2025年，初步形成全省"一核引领，两轴联通，三心支撑"的氢能发展格局。"一核引领"是依托西咸新区产业配套、招商引资优势，秦创原创新驱动平台的资源集聚优势，打造燃料电池产业核心区。"两轴联通"是打造榆林—延安—西安，西安—渭南—韩城两条城际氢能廊道。"三心支撑"是打造以西安为中心的关中氢能装备研发制造中心、以榆林为核心的氢能重卡装备制造及陕北氢能供应和应用中心、以渭南为核心的关中氢能供应及应用中心。

一 发展现状及存在的问题

（一）发展现状

陕西氢能资源丰富，化工副产氢200万吨/年左右；应用优势明显，榆林、韩城已经有车规级氢气工厂投运。2021年，陕西省筛选出6大支柱14个重点产业领域的24条重点产业链，氢能产业链是其中之一，并由省发改委领导担任氢能产业链"链长"。氢能作为全省重点产业链，基础较为完善，省内一批实力强劲的企业、高校、科研院所为上下游生产配套和关键技术研发提供有力支撑。

从西安、榆林、渭南等陕西氢能源产业发展典型地区看。

西安：全国首个氢储能综合实验室"西部氢都实验基地"落户西咸新区秦创原。西安着力打造"光伏+氢"、氢燃料、氢动力产业，正向千亿级新能源产业群目标迈进。2021年3月，隆基成立西安隆基氢能科技有限公司，进军氢能赛道，主打大型碱性水电解制氢设备，同时布局绿电制绿氢解决方案，以"绿电+绿氢"的模式使光伏产业搭上氢能的快车，推动氢能技术进步。立足氢能技术，着眼氢能经济，华秦新能源公司在西安布局制氢装备制造产能。

榆林：启动榆林华秦氢能产业园示范项目建设，华秦新能源公司的陕西首座日加注能力 1000 公斤的固定式加氢站投入运营，届时能为项目配套的近百辆氢燃料电池公交车和环卫车提供加氢服务。总投资 180 亿元的中国西部氢谷（榆林）氢能产业园开工建设，预计 2022 年建成制氢、储氢、供氢基地，年产氢气 6 亿立方米，实现传统能源向新兴能源转型，打造榆林千亿级的氢能产业集群。

渭南：作为陕西最大的钢铁生产和能源化工基地之一，渭南及周边地区享有丰富的工业副产氢资源，具有明显的规模化制氢成本优势，渭南拟以高纯氢气产业为支撑，以产业投资资本为纽带，打造由渭南开沃整车、越博动力电驱电控系统以及浙江锋源核心部件企业组成的燃料电池汽车产业链，逐步构建完善渭南氢能产业集群。

（二）存在的问题

1. 氢能产业配套和商业化应用体系还不完善

陕西氢能产业集群发展尚在初期，氢能产业大多处于上游氢源制备领域，相关的产业配套和商业化应用体系也需要探索和完善，目前，政府推动型氢能产业发展模式能否向市场顺利转换还有很多路要走。

2. 氢能核心技术尚未突破

"卡脖子"问题突出，氢能产业核心技术目前都由国外垄断，比如与氢燃料电池相关的空压机、循环泵、阀门等核心部件，以及质子交换膜、催化剂等基础材料依赖进口，主要知识产权为国外垄断。

3. 发展氢能产业应用场景十分迫切

目前全国氢燃料示范电池车超 7000 辆，其中，广东为 2792 辆，运行里程为 3000 万公里，加氢站为 23 座；上海为 1376 辆，运行里程为 1700 万公里，加氢站为 10 座。2021 年，陕西在榆林高新区建立第一座固定式加氢站，而在发展氢能源燃料电池汽车领域基本为空白。

4.产业链不健全

以陕北为例,作为能源大市,榆林年产氢量高达 180 万吨,但很大一部分作为燃料直接燃烧,没有得到充分的利用。榆林高新区急需更多优秀的氢能产业链企业入驻,这种现象比较突出。

二 产业基础

陕西作为能源大省,发展氢能产业具有丰富的资源优势、完善的产业配套、特有的应用场景和雄厚的科教基础。

(一)资源禀赋丰富

工业制氢 2/3 来自煤化工。陕西是能源大省,2022 年上半年,碳煤、天然气产量分别居全国第三,原油居第四,油气当量排名全国第一,作为世界 500 强的陕煤集团和延长集团在煤焦和工业副产品制氢领域技术先进,年产过万吨,可提供稳定氢源。宁、陕、蒙、甘相邻区域,构成我国能源化工"金三角",是我国罕见的能源富集区,同时蕴含丰富的光能、风能资源,已经拥有一大批超大型煤化工、油化工、盐化工产业项目,是我国未来能源供应增长的主力军。晋陕豫黄河三角区,能源富集,煤炭开采占全国的 4%,焦炭占 14%,电力装机占 3%,以陕西韩城为代表的钢铁冶金能化产业已成为当地主导产业,保障了氢原料的供应。全省化工副产氢 200 万吨/年左右,高品质副产氢约 20 万吨/年,两百公里内终端用氢成本低于 35 元/公斤,成本大大低于沿海、东部地区。预计至"十四五"末,全省风电、光伏发电装机将达到 6000 万千瓦左右,绿氢潜在产能约 8 万吨/年,可为氢能产业发展提供丰富的资源保障。

(二)产业配套完善

历史上,陕西工业基础建立受益于国家第一个五年计划的工业重点工程建设,三线建设中,在全国 156 项重点工程中有 24 项布局在陕西,占全国

15.38%，与东北工业大省辽宁并列全国第一，这对于使陕西这样一个农业大省跨入工业化快速发展阶段起到了至关重要的作用。新中国成立70余年来，随着改革开放、西部大开发和"一带一路"加速推进，陕西以轻工纺织机械电子能源为代表的工业门类齐全、体系完备，拥有雄厚的工业基础，其中，西安在国家41个工业大类中占有35个，汽车和电子信息制造两大产业迈入千亿级集群序列。陕西在集成电路方面拥有从开发设计到制造封装较为完整的产业链。陕西航空航天领域优势突出，西安被称为飞机城、航天城。陕西装备制造领域拥有西电、陕鼓、中石油测井、中大机械等专用通用设备领域的重点企业，产业起步较早，总体布局完整，在全国处于龙头领先地位。新材料产业科技含量较高，部分产品处于国际领先水平。从与陕西氢能产业紧密相关的产业、行业、企业发展看，三星、陕煤研究院具有动力电池系统生产能力；法士特等可提供电驱系统；延长、陕鼓、航天六院、西部材料、西北工业大学等可配套生产燃料电池及其零部件；陕汽集团、秦星汽车等具备燃料电池汽车研发和生产能力；华秦新能源、隆基氢能、瀚海氢能、凤栖科技等具有绿氢制备及储氢装备研发生产能力，全省氢能产业链总体较为完备。

（三）应用场景独特

1.陕北地区现有大量的燃油、燃气卡车从事能源化工产品运输

特有的高寒、重载的"短倒运输"是燃料电池重卡的理想应用场景，以燃料电池重卡置换燃油、燃气卡车，能够有效降低运输碳排放，助力绿色矿区（园区）建设。此外，依托陕北能源供给中心和关中城市群之间的大量城际物流运输需求，开展氢能物流运输具有良好的发展前景。

2.氢能促进工业领域的脱碳减排

氢在工业上主要应用于化工、炼油和钢铁行业。氢既可做燃料使用，还是重要原料，主要用于化工处理、炼油裂化，另外陕西省炼油和化工工业大量采用氢，对于工艺过程脱硫有显著的效果。

3. 钢铁是陕西省工业碳排大户，当前炼钢多采用焦炭作为铁矿石还原剂

近些年，以陕钢、龙钢等为代表的钢铁企业探索氢冶金技术，用氢代替焦炭和天然气作为还原剂可基本消除炼钢过程中的绝大部分碳排放，是钢铁企业绿色发展之路。

4. 建筑业实现"双碳"目标

应在建筑设计、建筑材料、建筑装饰、建筑技术、建筑工艺上实现创新发展，打造绿色建筑之路，采用燃料电池发电技术，以氢能完全或部分替代市政电网、天然气等传统能源，满足建筑对冷、热、电、生活热水等各种能源的需求，有助于建筑领域的节能减排。

5. 电力行业既是用能大户也是碳排放大户

碳排放 55% 来自电力，而电力行业碳排放绝大多数来自燃煤生产，采取措施降低煤电比重，重点发展可再生能源发电，以可再生电力制氢实现清洁电力，并采取储能手段，实现可再生能源与储能系统的结合，既可以提升可再生能源的可靠性，降低弃风弃光损失，同时也可以显著降低电力行业碳排放，满足国情和发展的需要。

（四）科教实力雄厚

1. 科研机构数量众多

全省拥有近百所高校，各类科研院所近千家；西安交通大学、西北工业大学等院校在光催化制氢、电解水制氢、先进储氢材料、固态储氢领域等具有较强的研发实力；中国石油集团管材研究所在气态储氢材料领域形成了完整的技术体系；延长石油集团、陕煤化集团组建了专业的技术研发工程中心，可为氢能产业发展提供强大科研支撑。

2. "双链"融合深入探索

在促进"双链"融合中，各地都进行了深入探索，陕西推出秦创原创新思路，将各地、各行业及大专院校科研院所科技力量实现统领，推动"一总两带"率先发展、"三器"平台加快建设、科技成果就地转化效能提升，强化企业创新能力、加大创新人才引育力度和持续优化创新创业环境等

方面工作，从实践效果看，2021年，秦创原带动陕西科技型中小企业、高新技术企业、技术合同成交额增长均超过30%，为全省高质量发展提供了强劲动力。

3.科技软实力稳步提升

以大西安都市圈为代表的科教体系、研发经费、人才资源等软实力越发突出，科教综合实力位居全国第三。西安高校数量排名全国第三，其中不乏像西安交通大学、西北工业大学、西北大学、西安电子科技大学、陕西师范大学、解放军第四军医大学等全国一流的著名大学，西安以"一院一所"为典型代表的科研院所众多，在数量上仅次于北京，这些研究机构深耕航空航天、新能源、新材料、电子信息等领域，拥有政府部门所属的独立科研机构90余家、国家级重点实验室23个、省部共建国家重点实验室1个、省级重点实验室140个、国家级工程技术研究中心2个，获得大量国家级重大奖励。

（五）资金保障充分

1.加大省级财政支持

"十四五"期间，省级重点产业链发展、汽车产业发展、基础建设、产业结构调整引导等专项资金确定一定比例支持氢能产业发展，重点支持氢燃料电池汽车、零部件生产、推广应用、基础设施建设、关键技术研发等。加快制定专项资金支持氢能产业的实施细则，用好各类专项资金。鼓励各市政府根据实际财力，配套出台氢能研发、基础设施建设及运营补助等政策。

2.强化金融政策支持

支持设立氢能产业相关基金，通过股权投资等方式，为陕西省氢能产业链企业提供资金支持。势乘资本发起设立了8.1亿元陕西碳中和产业投资基金，与重塑科技、德燃动力、氢璞创能、西咸新区、盈峰投资等机构合作，并完成了基金框架协议签约。陕西碳中和产业投资基金将聚焦以氢能为主的各类清洁能源、储能、新能源汽车、智能制造、绿色建筑等"双碳战略"核心产业。充分利用已有政府投资基金，为全省氢能产业示范应用和产业化推广提供资金支撑，支持氢能企业创新发展。支持各市成立清洁能源产业发展引导基金，重点支持在省内落地的氢能龙头企业发展。引导各级各类金融企业大力支持氢能产业发展，为重点项目提供贷款和融资租赁等金融服务。氢能产业属于超前布局行业，所需资金规模巨大，又由于氢能领域往往是中小微企业云集之地，它们对资金需求较大，应创造条件，出台优惠政策，支持符合股权融资条件的氢能企业在国内外证券市场上市融资，重点推动这类企业在北交所、上交所科创板、深交所中小板等实现上市融资，以支持氢能产业健康发展。

三　氢能产业发展路径

氢能产业发展应围绕氢能"制备—储存—加注—使用"四个核心产业环节展开技术研发。

（一）氢气制备

1. 制氢技术研发

突破适用于可再生能源电解水制氢的质子交换膜（PEM）和低电耗、长寿命高温固体氧化物（SOEC）电解制氢关键技术，开展太阳能光解水制氢、热化学循环分解水制氢、低热值含碳原料制氢、超临界水热化学还原制氢等新型制氢技术基础研究。大力发展绿氢装备制造产业，支持电解水制氢、光电耦合制氢等先进技术研发。提升车规级氢气供应能力，打造榆林、渭南、咸阳等省级氢气供应枢纽。

2. 制氢应用研究

目前工业制氢有煤碳、天然气、重油、电解水、生物质制氢和工业副产氢等6种主要方式。另外按照氢在生产制取过程中与二氧化碳关系划分，将氢划分成"灰氢"、"蓝氢"和"绿氢"三类。"灰氢"指的是通过化石燃料石油、天然气和煤制取氢气，制氢成本较低但碳排放量大，目前，市面上绝大多数氢气是灰氢，约占当今全球氢气产量的95%左右；"蓝氢"指的是利用化石燃料制氢，这一点与灰氢制取并无不同，但由于在制氢传统工艺上使用了 CCUS 技术，减轻对环境的影响，实现了低碳制氢，相当于灰氢制取的 1.0 版；绿氢可称为制氢 2.0 版，指的是采用风电、水电、太阳能、核电等可再生能源电解制氢，制氢过程完全没有碳排放，但成本较高，"绿氢"的价格主要与可再生电力成本相关。目前，陕西省制氢主要来源于灰氢，但在蓝氢制取上已取得重大突破，并已在绿氢领域进入中试阶段。例如，在二氧化碳利用和封存方面，延长石油充分利用 CO_2 排放源与油田同区发展的优势，积极探索实践 CO_2 驱油。在二氧化碳捕集方面，延长石油采用 CERI 工艺，对煤化工排放的多余高浓度 CO_2 实施低成本、低能耗捕集，并将进一步开展不同浓度 CO_2 类捕集工作，有望实现煤化工行业碳的近零排放。截至2022 年 9 月，已建成靖边乔家洼、吴起油沟 5 万吨/年先导试验区，井产量提高 50% 以上，预计提高采收率 8% 以上。安塞化子坪、吴起白豹 10 万吨/年 CO_2 驱油与封存示范工程于 2021 年 8 月投注，正在扩建 26 万吨/年驱油与封存工程。CCUS 加快工业化示范，实现了驱油、节水、降碳三重效果，推进产业协同绿色低碳发展。

（二）氢气储运

氢气具有易燃易爆、密度小、易扩散等特点，储存和运输非常难，储运成本占总成本的 30% 左右，经济、高效、安全的储运技术不足已成为当前制约氢能规模应用的主要瓶颈之一。储氢主要有高压气态储氢、低温液态储氢、有机物液态储氢和固态储氢等四种方式。从技术看，高压气态储氢技术比较成熟，将是国内主推的储氢技术；液态储氢技术具有独一无二的安全性和运输便利性，但该技术尚有较多技术难题，未来会极具应用前景；固态储氢应用在燃料电池汽车上优点十分明显，但现在技术还有待突破，长期来看发展潜力比较大。高压气态储氢瓶用碳纤维材料属于技术密集型产品，目前日本东丽、韩国晓星等化工产品占据我国车载储氢瓶用碳纤维 70% 以上的市场份额，T800 及以上型号一直处于西方国家限制对外出口名单之上。受制于西方国家碳纤维高技术壁垒，我国自主核心储氢装备发展面临短期无法突破的瓶颈，在氢能储运方面，以 20 兆帕气态高压储氢和高压管束拖车输运为主，积极拓展液态输氢和天然气管网掺氢运输。西安交通大学成永红、张锦英教授带领团队在新型储氢技术及应用研究领域取得多项突破，有效解决了氢能储存、运输中的一系列难题，使氢能的大规模应用成为可能。陕西正在研发以金属储氢方式解决氢气储运的技术难题。另外，2019 年西安工业大学投资 1 亿元引入固态储氢材料实验室带头人浙江大学潘洪革教授及其团队落户陕西，其拥有的 47 项发明专利，已在固态储氢技术应用领域进行系统布局，为产业化打下了坚实的理论基础。

（三）氢气加注

氢气加注站按照建设形式不同，可分为固定式加氢站、撬装式加氢站和加氢车等三类。固定式加氢站是专门为氢燃料电池汽车加注氢气而建设的站场，我国目前已经建成的加氢站很多都属于固定式加氢站。撬装式加氢站具有占地面积小、投资成本低等特点，它是将加氢机、压缩机、卸气柱、冷却机、储氢系统、站控系统等集成在一个撬装底盘上进行氢气加注。加氢车适合于固定式加氢站配合使用，是为满足不同用途需要而开发，集高压氢气的存储、运输、加载、自增压、卸载和加注功能于一体的特种车辆。

固定式加氢站的占地面积为 2000～4000 平方米，在建设时，需要在城市总规划中详细划定用地边界，由于氢气的特殊性，依照《加氢站技术规范（GB50516—2010）》，在市区范围内不能建设单罐氢气量超过 500kg、总氢气量不得超过 1000kg 的加氢站，同时满足加氢站与建筑物安全距离不得少于 50 米、储罐间的距离不得少于 15 米的规定，同时加氢站的审批和建设都较为烦琐。截至 2021 年底，全球共有 659 座加氢站投入运营，我国在氢能加注方面获得新突破，已累计建成加氢站超过 250 座，约占全球数量的 40%，2021 年，榆林华秦公司在榆林高新区建立陕西、也是西北第一座 1000 公斤固定式加氢站，2022 年 8 月 15 日，陕西召开氢能产业创新发展促进会，计划到 2025 年建成加氢站 100 座。今后，陕西氢能加注应围绕市场需求，研制低预冷能耗、满足国际加氢协议的 70MPa 加氢机和高可靠性、低能耗的 45MPa/90MPa 压缩机等关键装备，开展加氢机和加氢站压缩机的性能评价、控制及寿命快速测试等技术研究。通过混合建站等多种途径推动社会资本投资加氢站。重点支持液态储氢、固态储氢及管道输氢示范应用，大力推动相关企业项目落地。

（四）氢气使用

氢气既是化工原料也是能源载体。目前，氢的四大单一用途（包括纯氢和混合氢）分别是：炼油（33%）、合成氨（27%）、合成甲醇（11%）和直接还原铁矿石生产钢铁（3%）。其他用途的纯氢虽然占比较小，但应用领域很广泛，包括冶金、航天、电子、玻璃、精细化工、能源、医疗等。氢气作为一种清洁的新能源载体可用于燃料电池，将太阳能、风能等可再生能源储存，未来市场前景广阔。不同应用场合对氢气纯度、杂质含量要求有显著差异。其中，发展氢能源燃料电池成为极为看好的行业发展方向。2020年第三季度，国家财政、工信、科技、发改、能源等五部门联合发布《关于开展燃料电池汽车示范应用的通知》，明确氢燃料电池车产业链补贴原则和框架，鼓励打破行政区划，联合产业链优秀企业所在城市建群。北京、上海、广东分别被国家批准为首批示范城市群。第二批是河北城市群和河南城市群，分别由张家口市和郑州市牵头。陕西省"十四五"规划和远景目标积极布局氢能产业，并积极争取加入氢燃料电池汽车示范城市群。

四　相关建议

围绕陕西氢能源产业主要技术环节、氢燃料电池城市示范群建立、应用场景主要领域，建议如下。

1. 加大对蓝氢的制备

由于双碳战略实施，从长远看，陕西要改变目前以灰氢制备为主的格局，应发挥陕北丰富的风光发电资源禀赋，加大绿氢生产，在目前商业条件下，突出以 CCUS 为代表的蓝氢生产具有很有利的条件。中美这两个全球排名前两位的经济大国，有关重大政策的出台对世界环境影响有目共睹。2014年，在中美元首见证下，两国共同签署"中美气候变化联合声明"和中美气候变化工作组报告，推动双方"碳捕集和封存技术（CCUS）"合作及重大项目示范。延长石油建成投运的全球首套油煤气资源综合转化项目，通过油气煤结合、碳氢互补减排技术，年减排 435 万吨 CO_2，降低用水量 59%，最大化地提高了煤炭资源利用率。在二氧化碳捕集方面，延长石油采用 CERI 工艺，对煤化工排放的多余高浓度 CO_2 实施低成本、低能耗捕集，并将进一步开展不同浓度 CO_2 类捕集工作，有望实现煤化工行业碳的近零排放。

2. 实现在储氢材料的实质性突破

从产业发展的规律来看，氢的储运是影响产业发展的关键环节，其储运成本占总成本的 30% 左右，经济、高效、安全的储运技术不足已成为当前制约氢能规模应用的主要瓶颈之一。随着陕西以秦创原为总平台体制改革深入，以及以"揭榜挂帅"、"赛马制"、"两链"融合、创新人才引进等为代表的一系列激励机制政策推动，长期遭人诟病的"产学研"产业发展生态环境得到有效提升，陕西应加大对储罐用钢材和碳纤维材料方面的针对性研究，围绕 50MPa 气态运输用氢气瓶、氢气长距离管输技术、安全低能耗的低温液氢储运、高密度轻质固态氢储运、长寿命高效率有机液体储运氢等技术领域实现有效突破。

3. 氢气加注站建设

2022 年 1 月 17 日，上海住房和城乡建设管理委员会等六部门联合印发《上海市燃料电池汽车加氢站建设运营管理办法》，加氢站经营企业应当依法取得燃气经营许可证（燃料电池汽车加氢站），有效期 8 年。加氢站经营企业设立的加氢站，还应当依法取得燃气供气站点许可证（燃料电池汽车加氢站），有效期 3 年。加氢站建设应当符合《加氢站技术规范》、《加氢站安全技术规范》、《燃料电池汽车加氢站技术规程》、《重点单位重要部位安全技术防范系统要求第 9 部分：零售商业》和《单位（楼宇）智能安全技术防范系统要求》等五个标准，其中在外环线以内以及郊区新城范围内建设的加氢站应当增加安全防护措施。另外,北京市发布 20 条举措支持氢能产业发展,建设加氢站最高补贴 500 万元。加氢站建设是氢能产业链条里的核心,是连接供给和消费不可或缺的必要环节,陕西对于加氢站建设也应制定一系列技术规范,加大政策支持力度,从资金、技术、人才、金融等领域实现全覆盖。

4. 实现应用场景有效激活

抓好两个示范点建设,一是西咸新区公交场景示范点。依托咸阳石化和兴华集团丰富的氢能,在西咸新区建设加氢站,与头部氢能企业合作或采购氢能公交样板车,率先以西咸公交线路作为场景示范点。二是榆林矿区重卡场景示范点。打造陕汽氢能源重卡实现运输保障,配合华泰能源在运氢和加氢站建设方面的投资布局,结合榆林、延安、韩城丰富的氢源,形成完整的重卡应用场景。

5. 加强氢燃料电池汽车关中城市群示范建设

联合省内西安、咸阳、杨凌、宝鸡、商洛、榆林、延安、渭南、铜川 9市,山西运城、临汾 2 市,甘肃天水、平凉、庆阳 3 市和河南三门峡市共15 座城市,打造以西安、榆林为龙头的氢燃料电池汽车关中示范城市群,组建以西安为中心召集人(协调咸阳、杨凌、宝鸡、商洛 4 市)、榆林为副中心召集人(协调延安、渭南、铜川 3 市),以及隆基绿能、陕汽集团、延长集团、陕煤集团、陕鼓集团、比亚迪、吉利、华泰等领军企业为成员的示范群工作专班,并由省上出面,与豫晋甘城市群相关城市制定定期合作会商机制,建立利益互惠、职责明确的环境友好型共同体。发挥秦创原总窗口作用,联合氢能产业领军企业,采取"揭榜挂帅""赛马制""领衔专家制"加大对燃料电池发动机的研发力度,展开基础材料、核心技术和关键零部件攻关,尤其关注核心技术中正负极材料、电解液、隔膜、膜电极等突破性研究,推行"链长制",鼓励"链主"企业构建产业链上下游及配套企业链群,发挥稳舵领航作用。

B.19
陕西建设全国人工智能试验区研究[*]

王强 刘航 吴心钰 程茹[**]

摘 要： 在知识经济时代，科技创新是社会发展的主要驱动力，人工智能依靠其高效算力和情感交互能力带动众多产业变革和创新，成为推进产业高质量发展的重要驱动力量。陕西科教优势突出，人才科研优势领先，近年来人工智能创新平台发展迅速，创新潜能加速释放，产业集群不断涌现，呈现鲜明的区域特色。本研究从国家推动新一代人工智能创新发展试验区建设的背景出发，针对陕西建设全国人工智能试验区这一重要战略问题，梳理人工智能相关理论及国家和陕西相关政策，总结归纳陕西人工智能发展总体情况、战略机遇及面临的问题，提出陕西建设全国人工智能试验区的推进路径及保障机制。

关键词： 人工智能 全国人工智能试验区 陕西

一 人工智能的发展

（一）人工智能的定义

人工智能，是研究、开发用于模拟、延伸和扩展人的智能的理论、方

* 基金项目：研究受中央高校基本科研业务费专项资金智库成果培育专项资助。
** 王强，西安交通大学管理学院副教授、博士生导师，研究方向为智能服务创新、战略管理、供应链管理；刘航，中国进出口银行陕西省分行，研究方向为人工智能；吴心钰，西安交通大学管理学院博士研究生；程茹，西安交通大学管理学院博士研究生。

法、技术及应用系统的一门新的技术科学。当前人工智能主要依赖机器学习、神经网络、自然语言处理、模式识别等关键技术，从输入的数据中学习、分析和预测并做出合理输出。

（二）人工智能的演进

理论方面，人工智能起源于自动化技术，Rafaeli 等划分了三代技术创新，即自动化技术（标准化）、思维技术（基于认知的个性化）和感觉技术（基于情感的个性化）。Huang 和 Rust 从任务角度对人工智能的发展进行了预测，人工智能将从简单的机械化任务开始，逐个层级地实现分析任务、理解任务以及情感交互任务。机械化任务对应简单的、标准化的和重复性的工作，机器不了解环境，也不会进行自动更新；分析任务需要信息获取、逻辑推理和决策的能力；理解任务需要进行创造性的思考，并具有适应变化情境和不断学习的能力；最高阶段的人工智能具有情感交互的能力，即识别和理解他人情绪，做出适当反应并影响他人情绪。Davenport 等对比了任务自动化和环境感知，认为人工智能是介于任务自动化和环境感知之间的连续变量，利用其灵活性和可塑性可以为产品和服务创新提供更多的可能。此外，学者们从不同角度对人工智能的演进进行了归纳和预测（见表1）。

表1　人工智能演进的不同观点

来源	角度	观点
Rafaeli 等（2017）	一线服务	自动化技术、思维技术、感觉技术
Huang 和 Rust（2018）	任务类型	逐个层级地实现：机械化任务、分析任务、理解任务、情感交互任务
Kaplan 和 Haenlein（2019）	任务范围	狭义人工智能、通用人工智能
Davenport 等（2019）	智能水平	人工智能是介于任务自动化和环境感知之间的连续变量
Huang 和 Rust（2021）	顾客参与	机械智能、思维智能、感觉智能
Linda 等（2021）	技术类型	机器人过程自动化、机器学习、深度学习
Pantano 和 Scarpi（2022）	心理学、进化机器人学	逻辑数学智能、社会智能、视觉—空间智能、言语—语言智能、速度处理智能

实践方面，人工智能广泛应用于简单重复的场景，如工业流水线、自助服务（如电子商务、电子政务、零售自助结账）等，这些应用的共同点是

用一台能够更准确、快速、高效地完成这些任务的机器来代替重复的行为，并通过效率提升、成本节约及便利性等优势获取创新机会。随着机器学习、神经网络、自然语言处理、模式识别等关键技术的进步，人工智能依靠其快速信息处理和情感交互的能力，在实现某些特定任务上的性能已经超越了人类。如今，人工智能不仅广泛应用于工业领域，用于降低成本、提高效率和标准化作业，而且正在迅速融入人们的工作和生活，在零售、教育、交通、通信、医疗健康、法律、公共服务等领域开辟新市场和新机遇。

（三）人工智能发展态势

人工智能发展进入新阶段，在理论研究、技术创新、软硬件升级、应用场景拓展等方面取得重要进展，推动人类生产生活和思维方式发生根本性变革，社会生产力极大提升。作为新一轮科技革命和产业变革的核心力量，人工智能正在与实体经济深度融合，催生新产品、新业态、新模式，推动传统产业升级换代，成为经济发展的新引擎。然而，我国人工智能发展水平与发达国家相比存在较大差距，基础研究薄弱、人才缺口较大、创新动能不足、产业链不成熟、发展不平衡、缺乏示范应用等问题阻碍了人工智能的进一步应用和推广。为紧抓人工智能发展的重大战略机遇并全面提升我国人工智能发展水平，国家发布《新一代人工智能发展规划》《国家新一代人工智能创新发展试验区建设工作指引》等人工智能发展规划，开发新一代人工智能理论与技术体系，大力发展人工智能产业，有序开展国家新一代人工智能创新发展试验区建设，带动国家竞争力整体跃迁和跨越式发展。

二 陕西建设全国人工智能试验区的形势分析

（一）陕西人工智能发展总体分析

1. 科教资源富集，人才科研优势突出

陕西共有110多所高校，其中31所高校开展了人工智能专业人才培养，同时拥有一大批与人工智能相关的科研院所，现已成为全国人工智能人才的

重要培养基地。陕西先后成立了 10 余个与人工智能相关的国家级研发平台和 30 余个省部级平台，取得了多个具备世界领先水平的国家级科研成果，涵盖了机器学习、图像识别、无人系统、智能机器人等多个核心技术领域。2019 年 4 月，多所高校和科研单位共同成立陕西省人工智能联合实验室，积极开展人工智能领域合作，聚焦培养新型人工智能人才，开展高水平学术交流，推进基础理论研究与核心技术攻关，打造西部重要科创基地。

2. 政策支持力度加大，企业创新能力不断提升

为抢抓人工智能重要战略机遇，陕西省发展与改革委员会印发《陕西省新一代人工智能发展规划（2019—2023 年）》，提出持续加强基础理论和关键技术研究，培育人工智能优势产品，建设人工智能创新平台，加速人工智能企业创新发展，推动人工智能示范应用，促进人工智能产业集聚发展，到 2023 年人工智能产业规模达到 1000 亿元。IDC 发布的《2020-2021 中国人工智能计算力发展评估报告》显示，西安位列 2020 年中国人工智能算力排行榜前 10，拥有超过 150 家人工智能企业。2021 年陕西高新技术企业数量增长 32.3%，在 2021 年陕西新增"专精特新"中小企业中，人工智能相关企业 39 家，占比 24.4%，人工智能创新潜能不断释放，创新能力不断提升。根据工信部发布的 2021 年度智能制造示范工厂和优秀场景名单，2021 年陕西 6 家企业入围 2021 年度智能制造示范工厂，7 家企业的典型应用场景入围 2021 年度智能优秀场景，应用示范效果初步显现。此外，华为人工智能产业创新基地、科大讯飞人工智能创新研究中心、京东人工智能加速器入驻西安，为陕西人工智能的创新发展注入了强大动力。

3. 创新平台发展迅速，产业集群不断涌现

近年来，以秦创原创新驱动平台为引领，西安国家新一代人工智能创新发展试验区建设取得初步成效，陕西人工智能产业集群不断涌现，形成了高新"一区四园"新一代人工智能产业发展核心区、西咸新区人工智能产业发展示范区、航空基地航空智能制造先行区、榆林智慧旅游景区、杨凌智慧农业示范区等一系列具有区域特色的人工智能产业聚集区，人工智能产业创新生态不断优化。同时，陕西创新平台建设步伐加快，规划和建设了西安人工智能小镇、西北工业大学翱翔小镇、航天基地人工智能研发小镇等一批人工智能特色小镇和产业基地，并开展了大量校企合作项目，加速科技成果转化，推进重点产业应用示范。2021年，被称为"西部最强大脑"的西安未来人工智能计算中心正式上线运营，被纳入国家超算体系的西安超算中心也已正式建成，两大重大科技设施通过算力集群赋能产业集群，有力推动人工智能产业的高质量发展。

（二）陕西建设全国人工智能试验区的战略机遇

1. 国家政策推动新一代人工智能创新发展试验区建设

2019年8月，科技部印发《国家新一代人工智能创新发展试验区建设工作指引》，提出到2023年，布局建设20个左右试验区，依托地方开展人工智能技术应用示范、政策实验和社会实验，推进人工智能基础设施建设，探索人工智能与经济社会发展深度融合的新路径及智能时代政府治理的新方法，营造有利于人工智能创新发展的制度环境，建设人工智能基础设施支撑体系，为地方建设人工智能试验区提供了有力的政策支持和制度保障。

2. "一带一路"倡议使陕西成为对外开放的前沿

自"一带一路"倡议实施以来，陕西积极发挥区位和科教优势，深化科技开放交流，与40多个国家和地区在科技人文交流、高端人才引进、创新平台建设、技术转移和成果转化等方面开展交流合作，成为陕西提高对外开放水平、推进人工智能应用示范、推动高质量发展的又一发力点。

3. 西安获批建设国家新一代人工智能创新发展试验区

2020年3月，西安获批建设国家新一代人工智能创新发展试验区。西安作为陕西人工智能产业的主要聚集地，获批建设人工智能试验区为全省人工智能技术创新、产业发展和行业应用带来了新一轮的机遇，将引领陕西乃至整个西北地区人工智能产业的发展。

4. 多个人工智能龙头企业落地西安

腾讯、华为、阿里、百度、科大讯飞等十家全国人工智能百强企业及海航、吉利汽车等在人工智能领域重点布局的企业相继进驻西安，与陕西高校和科研院所开展深度合作，大力推动人工智能核心技术突破与研发应用，并带动一大批本土企业快速成长，共同推动陕西人工智能生态圈建设。

5. 秦创原加速释放陕西科创活力

秦创原创新驱动平台自2021年3月启动建设以来，在项目招引、平台建设、创新成果转化方面成效显著，现已形成全链条全周期投资体系，为科创企业提供空间、人才、资金等全方位支持，带动陕西中小型科技企业、高新技术企业快速发展，加速释放陕西科创活力，为陕西人工智能产业发展赋能添力。

（三）陕西建设全国人工智能试验区面临的问题

1. 高端人才储备不足，对基础研究和关键技术的投入仍较薄弱

陕西高校众多并较早开展人工智能人才培养，然而当前人才总量仍难以满足人工智能快速发展的需求，各高校毕业生留陕率低于40%，高端人才和领军人才缺口较大，高质量人才储备不足。2021年陕西基础研究经费在全社会研发投入中占比5.48%，获得国家发明专利数量约占全国总量的2.65%，均低于全国平均水平，基础理论研究和关键技术较为薄弱。

2. 企业规模总体偏小，缺少创新型领军企业

在国家和省级政策的积极引导下，陕西相继成立了一批人工智能企业，但其中具备示范引领作用的本土领军企业和"独角兽"企业较少，70%以上为中小规模和初创企业，总体规模偏小，研发投入较低，且多为资源或应用驱动，缺乏创新动力，创新潜能释放不足。

3. 产学研融合不足，科技成果转化进程缓慢

陕西科教资源优势尚未充分发挥，产学研融合不够深入，大多是项目层面的阶段性合作，合作周期短，应用不够深入，缺乏产业基础和市场引导，科技成果转化率低，科技成果"转而未化"的问题普遍存在。

4. 省内地区差距较大，科技创新发展不平衡

2021年全省研发经费投入中，西安占比76.89%，西安和杨凌示范区的研发经费投入就超过全省平均水平，科技创新发展不平衡的问题十分突出。

陕西的人工智能企业多集中于西安地区，带动全省人工智能产业发展的核心作用尚未完全发挥，部分区县对人工智能产业的认识不足，缺乏资金、人才和技术等要素投入，产业升级步伐较为缓慢。

5. 对外开放水平不高，高质量发展有待推进

2021年陕西进出口总额4757.75亿元，西安占比90%以上，居全国第19位、西部省份第4位，外贸依存度为15.97%，一般贸易进出口占全省的27.48%，均低于全国平均水平。2021年新设外商投资企业312家，制造业占全省实际外资的53.3%，中国香港、中国台湾和韩国占全省实际外资的76%。可见，外贸总量偏小、外贸依存度低、外资企业较少、外商来源地和投资行业较为单一、结构不合理等问题仍然存在，严重制约着陕西人工智能产业的开放发展。

三 陕西建设全国人工智能试验区的推进路径

国家政策支持、"一带一路"倡议、西安获批建设国家新一代人工智能创新发展试验区等为陕西人工智能发展带来了重大历史机遇。为推动陕西人工智能试验区建设，需在基础研究及核心技术攻关、人才引育体系、创新平台建设，创新领军企业、产学研深度融合、应用场景等方面持续发力，充分发挥自身资源优势，统筹布局人工智能产业，探索人工智能与实体经济深度融合的新路径。

（一）推进基础研究及核心技术攻关，完善人才引育体系

聚焦基础理论研究和重大前沿问题，培养和引进人工智能领军人才，加快基础研究和"卡脖子"核心技术攻关。充分利用科教资源优势，鼓励高校、企业建立"一院一所"模式，大力开展大数据智能、跨媒体感知计算、混合增强智能、群体智能、自主协同控制与优化决策等理论研究。持续推进陕西人工智能联合实验室建设，推动高水平学术交流及重大科研专项研究，在关键领域形成一批标志性研究成果。加大对人工智能"高精尖缺"人才

的培养力度，加快重点高校人工智能培养体系和细分学科建设，引导科研院所、企业共同参与高水平人才队伍建设。实施高层次人才引进计划、特支计划、"三秦学者"创新团队支持计划，重点培养和引进"人工智能+X"复合型人才和领军人才，完善人才引进和保障体系，聚集一批基础理论研究和前沿技术突破的关键力量。

（二）加速创新平台建设，持续引育创新领军企业

以建设西安国家新一代人工智能创新发展试验区为牵引，着力推进人工智能特色小镇和产业基地建设，实现产业链、创新链、资金链、政策链的有机融合，构建全链条创新创业服务体系。积极引进国内外领军企业、科研院所、科创团队、研发机构等创新主体，鼓励在陕设立区域总部、孵化基地或研发中心，聚集一批具备引领性、支撑性的重大项目。重点打造和培育本土人工智能龙头企业和"专精特新"企业，以大企业带动中小企业、上下游企业协同发展，建立产业创新联盟，完善人工智能产业创新生态。进一步完善人工智能创新体系建设，重点打造人工智能协同创新平台、工程（技术）研发中心、重点实验室、新型研发机构等创新平台或机构，并鼓励各类平台和机构面向全省、全国提供技术支持、高性能计算、项目合作、创业引导等专门服务。保障企业的主体地位，以秦创原创新驱动平台为引领，支持和鼓励创新型企业建设，聚焦关键创新环节，不断提升创新策源和原始创新能力，进一步打造"双创"升级版。充分发挥陕西军工资源优势，紧抓大科学装置建设，打造一批"国之重器"，创建综合性国家科学中心。

（三）推进产学研深度融合，加速科技成果转化

加快推进产学研深度融合，鼓励高校、科研院所和企业在基础理论研究、核心技术攻关、产品研发应用、人才引流等方面协同联动，组建创新联合体，构建全链条人工智能创新体系。坚持企业的主体地位，以国家重大需求为导向，在重点领域、关键环节与高校、科研院所开展长期稳定合作，促进产业链和创新链精准对接和深度融合，提升对科技成果的吸收和转化能

力。开展高校、科研院所改革，积极建设产学研合作创新平台，强调以市场需求为导向，重点关注企业实践中的核心技术难题，发挥基础研究的"灯塔效应"，打通科研成果到产业应用的通道，共建科研成果转化示范应用基地。破除制约产学研深度融合的体制藩篱，健全科技成果转化机制，明确各参与主体在各环节中的角色定位和责任划分，探索有效的合作机制。促进技术、资本、市场等创新要素在不同主体和环节中自由流动，建立产学研链条的良性循环，提升科技成果转化效率。优化创新创业环境，提高政府、金融机构、中介机构的服务水平，加大全过程研发应用支持，完善科技成果转化服务体系，打造高效协同的产学研创新生态。

（四）深化扩展人工智能应用场景，推动高质量发展

持续推进重点领域智能升级，打造更加广泛的应用场景，以场景创新推动人工智能高质量发展，加快"人工智能产业化"和"产业智能化"步伐，助力陕西建设现代化产业体系，提升产业链现代化水平。充分发挥各园区和小镇的创新创业示范功能，推动人工智能在智能制造、智慧能源、智慧物流、智慧农业等重点领域的示范应用，加快重点产业智能化转型升级，促进智能经济高端高效发展。持续挖掘人工智能在城市管理、交通、生态、医疗、教育、养老等城市和社会建设方面的应用，驱动"无人经济"快速发展，建立安全高效便捷的智能社会。加快人工智能在服务领域的应用，在零售、教育、交通、金融、医疗健康、通信等领域打造更加广泛的应用场景，为服务交换和创新创造新的机会，推动服务业转型升级。推动人工智能与生物、医学、能源、管理、艺术等多个学科交叉融合，在数据挖掘、模式识别、分析预测等方面发挥技术优势，打造科研活动新范式。提升场景开放水平，形成政府、企业、高校、科研院所高效协同的人工智能场景创新体系，完善场景创新生态。

（五）强化内外联动，打造西部人工智能创新高地

对内以建设西安国家新一代人工智能创新发展试验区为引擎，加快各园

区、人工智能小镇建设,深入落实应用示范工作,布局人工智能新兴产业,打造"一带一路"人工智能核心示范区;支持和引导各地区和区域发挥自身资源和产业优势,加大产业化项目推进力度,深化产业融合,打造具有区域特色的产业集群;以西安为中心,开展区域间合作联盟,统筹布局人工智能示范应用。对外积极参与"一带一路"科技创新行动计划,面向全球优化创新资源配置,加强人工智能领域交流合作,探索技术合作新模式;充分发挥区位和科教资源优势,与沿线国家和省份共建联合实验室、联合研究中心、科技园区等联合创新平台,引进国内外人工智能领军企业,培育一批优秀的人工智能跨国企业;坚持应用牵引,开放建设人工智能多场景应用并带动产业落地,加快科技成果在"一带一路"沿线省份和国家的推广应用,打造西部人工智能创新高地;广泛参与全球人工智能发展与治理体系建设,建立人工智能伦理体系和责任机制。

四 陕西建设全国人工智能试验区的保障措施

为高质量落实陕西建设全国人工智能试验区的推进路径,妥善应对试验区建设过程中的困难与挑战,本研究从政策支持、组织结构、要素保障、宣传培训四个方面提出保障措施。

(一)加强顶层设计,打造"产、学、研、用"完整生态

坚持企业主体、人才主力、市场主导、政府主推,完善人工智能政策体系和运行机制,加快夯实人工智能产业基础,不断提升人工智能产业能级,全面营造人工智能产业生态。出台人工智能示范应用、研发孵化等专项政策,加大对企业创新、平台建设、高校改革及示范应用的支持,对人工智能重大项目予以"一事一议"的政策支持,对人工智能头部企业予以"一企一策"的政策倾斜。实施积极开放的人才政策,突出"高精尖缺"导向,健全人才培养、引进、流动、保障体系,强化高端人才和领军人才队伍建设。加大对基础理论研究、核心技术研发的支持力度,以制度创新

促进科技创新。完善人工智能在重点领域的应用政策，支持企业开展人工智能应用场景创新，加强人工智能场景创新要素供给，鼓励各地市利用人工智能在城市和社会建设等领域加快探索和应用。出台数据开放共享、隐私保护等与人工智能伦理相关的政策法规体系，建立和落实地方性法规和自律公约，提升企业和公众的数据安全意识，构建可信的人工智能法制环境。推动人工智能行业标准体系建设，规范数据采集、数据共享、数据应用等关键环节，促进人工智能产业的健康可持续发展。构建人工智能研发应用的评估机制，强化产品安全认证，降低市场风险。推进人工智能政策试验，在知识产权、产教融合、成果转化等方面探索支持人工智能创新发展的新机制。

（二）完善领导机制，优化组织模式

成立陕西省人工智能产业发展工作领导小组，贯彻细化落实国家《新一代人工智能发展规划》，明确陕西建设全国人工智能试验区的战略目标、重点任务和总体路线，统筹推动具备引领性、支撑性的重大项目，推进跨部门和跨区域的协同联动，做好人工智能应用示范。组建陕西省人工智能战略咨询专家委员会，组织开展重大战略问题研究和决策咨询，为重大项目提供发展建议和决策支持。鼓励以市场为导向、以技术为核心，组建专业研究机构，实行新型机构管理运营模式，针对人工智能前瞻性问题开展专门研究。利用好陕西的军工资源优势，在人工智能军民融合领域重点策划一批项目。制订阶段性实施计划，明确任务分工和进度安排，采用"清单化"和"闭环式"任务管理机制，建立项目绩效评估和激励机制，对任务进展和目标完成情况开展定期检测和评估，有效提升项目落地质量。简化人工智能项目审批流程，实行人工智能产业发展容错机制，有效提升营商环境。打通龙头企业、行业协会及科研单位的合作通道，完善产学研合作机制和创新人才流动机制，鼓励科研院所的研发人员在企业任职，形成人工智能产业发展的合力，进一步推动产学研深度融合。鼓励"揭榜挂帅"，对"卡脖子"技术加强建立集成攻关团队。

（三）重视财政金融支持，强化要素保障

加大经费投入，加强对人工智能基础理论研究、关键技术突破、创新平台建设、场景示范应用等关键环节的资金支持。建立市级和区县政府联合实施机制，积极争取国家项目和平台建设资金支持。设立人工智能专项基金，充分发挥创投、天使投资的导向和杠杆作用，引导社会资本支持人工智能发展，形成多元投融资渠道，重点发现并扶持优质创业企业和项目。落实对人工智能企业的税收优惠政策，引导金融机构建立人工智能企业信贷产品体系，分散企业信贷风险，降低企业资金成本。鼓励金融机构利用人工智能相关知识产权等开展无形资产抵押贷款业务，提高对人工智能创新创业的贷款支持。探索人工智能领域投资风险补偿机制，建立政府与社会投资机构风险共担机制，对初创企业和产品提供保费补贴。支持人工智能企业在多层次资本市场上市和挂牌，根据上市工作实施进程，对拟上市企业分阶段给予资金补助。强化企业与各金融机构的合作，搭建银企对接平台，加大对人工智能企业上市融资和并购重组的金融支持。

（四）强化宣传培训，营造良好氛围

加强与主流媒体的深度对接，充分发挥互联网新兴媒体的作用，广泛宣传人工智能产业发展的新政策和新进展，积极推介陕西人工智能产业发展的平台优势，不断发掘工作亮点，全力提升陕西品牌形象，吸引更多头部企业在陕设立区域总部、孵化基地、研发中心和生产基地。完善和落实人工智能中小企业服务机制，支持科研院所、行业协会开展人工智能培训，提升从业人员和干部队伍对人工智能的认识。鼓励科研院所、企业和行业协会搭建开源平台，通过设立展馆、开设讲座等方式，向公众普及和推广人工智能知识，提高全社会对人工智能产品的接受度，形成有利于人工智能发展的良好社会氛围。支持举办人工智能主题展会、高峰论坛、国际会议、专业竞赛等大型活动，搭建科技成果集中总结、展示试验和分享交流的平台。开展人工智能社会实验，围绕人工智能应用社会问题探索产品设计准则，提升公众对人工智能产品的接受度。

参考文献

国务院印发《新一代人工智能发展规划》，国发〔2017〕35号，http：//www.gov.cn/zhengce/content/2017-07/20/content_5211996.htm，最后检索时间：2022年9月28日。

科技部印发《国家新一代人工智能创新发展试验区建设工作指引》，国科发规〔2019〕298号，http：//www.gov.cn/xinwen/2019-09/06/content_5427767.htm，最后检索时间：2022年9月28日。

陕西省发展和改革委员会印发《陕西省新一代人工智能发展规划（2019-2023年）》，http：//sndrc.shaanxi.gov.cn/fgyw/tzgg/1037146J3YB3i.htm，最后检索时间：2022年9月28日。

吴心钰、王强、苏中锋：《数智时代的服务创新研究：述评与展望》，《研究与发展管理》2021年第1期。

西安市人民政府办公厅印发《西安市建设国家新一代人工智能创新发展试验区行动方案（2020—2022年）》，http：//www.xa.gov.cn/ztzl/ztzl/lwlbzt/zcwj/5fa3c53af8fd1c5966431d23.html，最后检索时间：2022年9月28日。

Davenport T., Guha A., Grewal D., et al., "How Artificial Intelligence will Change the Future of Marketing," *Journal of the Academy of Marketing Science* 48 (2019).

Huang M. H., Rust R. T., "Artificial Intelligence in Service," *Journal of Service Research* 21 (2018).

Huang M. H., Rust R. T., "Engaged to a Robot? The Role of AI in Service," *Journal of Service Research* 24 (2021).

Kaplan A., Haenlein, M., "Siri, Siri, in My Hand: Who's the Fairest in the Land? On the Interpretations, Illustrations, and Implications of Artificial Intelligence," *Business Horizons* 62 (2019).

Linda D. H., David E. S., Michael K. B., "Rise of the Machines? Customer Engagement in Automated Service Interactions," *Journal of Service Research* 24 (2021).

Pantano E., Scarpi D., "I, Robot, You, Consumer: Measuring Artificial Intelligence Types and Their Effect on Consumers Emotions in Service," *Journal of Service Research* 5 (2022).

Rafaeli A., Altman D., Gremler D. D., et al., "The Future of Frontline Research: Invited Commentaries," *Journal of Service Research* 20 (2017).

B.20
数字赋能政府公共服务高质量发展的
影响效应研究[*]

郑微 惠宁 谷羽[**]

摘　要： 政府公共服务高质量发展是国家治理体系和治理能力现代化的重要体现。本文基于 2013～2020 年中国省级面板数据，测度了我国各省域数字赋能指数、公共服务供给指数以及公共服务均等化程度，着重分析陕西省在全国范围内的数字赋能与公共服务高质量发展的时空特征，发现陕西省数字赋能水平以及公共服务供给水平均高于中西部平均水平，而基本公共服务均等化水平总体上都处于比较高的水准。同时，实证研究表明了数字赋能与公共服务供给水平之间存在显著的倒 U 形关系和数字赋能对基本公共服务均等化的提升作用，以及肯定了数据要素管理能力和数据传播共享能力是数字赋能政府公共服务高质量发展的重要传导机制。该研究对于陕西省深度打造数字经济新优势、推动数字化与公共服务高质量发展的深度融合具有重要的参考价值。

关键词： 数字技术　政府公共服务　高质量发展　陕西

* 本文为陕西省哲学社会科学重大理论与现实问题研究项目"数字赋能政府公共服务高质量发展的水平测度、影响因素与关键能力研究"（编号为 2021ZD1050）、2022 年度省人大财经委高质量发展专题调研课题研究项目："数字经济促进陕西文化产业高质量发展研究"（编号为 2022HZ1536）的阶段性成果。

** 郑微，西北大学经济管理学院硕士研究生，主要从事产业经济研究；惠宁，西北大学经济管理学院二级教授，主要从事产业经济与企业发展理论研究；谷羽，西安外国语大学商学院，研究方向为 CIMAI 工商管理。

一　问题提出

政府公共服务高质量发展是维持经济社会稳定、增强社会凝聚力、促进人全面发展的基本条件。《中共中央关于制定国民经济和社会发展第十四个五年规划和二〇三五年远景目标的建议》提出了"十四五"时期经济社会发展的六大目标之一是"民生福祉达到新水平"，并将"全面受教育程度不断提升，多层次社会保障体系更加健全，卫生健康体系更加完善"作为国家的重大战略部署。近年来，政府不断加强民生财政支出，政府基本公共服务供给能力显著提高，但在提供基本公共服务的过程中，仍存在公共教育投入不足、公共医疗卫生供给短缺、社会保障城乡分割、公共就业服务形势严峻等一系列问题，亟须推动政府公共服务的高质量发展。与此同时，新一代信息技术的迭代更新，借助数字技术赋能公共服务质量升级已成为新时期政府公共服务建设的重要方向，特别是在社会应急管理情况下，其优势愈加明显。本文将系统分析数字赋能政府公共服务高质量发展的内在机理，明确政府在实施数字赋能公共服务高质量发展战略中应该着重建设的关键能力；重点立足陕西省实际，构建了数字赋能和公共服务高质量发展的指标体系，测度了陕西省数字赋能公共服务高质量发展的真实水平，横、纵向比较了陕西与其他地方政府在数字赋能公共服务高质量发展进程中的差距及成因，总结了赋能过程中存在的主要问题，为陕西省以数字政府建设为引领，推动政府、经济、社会全方面与数字化深度融合，更好地激发数字经济活力，优化数字社会环境，营造良好数字生态提供了理论支撑和政策启示。

二　数字赋能政府公共服务高质量发展的理论分析及研究假设

（一）数字赋能政府公共服务高质量发展的直接影响机制

1. 数字赋能政府公共服务供给水平提升

基于满足公众需求维度的分析：数字赋能提升了政府公共服务需求感知

力，数字服务平台可以使政府在服务中获得更多需求数据和信息，成倍地提升了公共部门自动、精准感知社会运行的能力；数字赋能提升了公共服务需求挖掘能力，数字技术可以增强对现有的以及正在收集的数据中需求信息对比、挖掘和深度学习的能力。基于优化供给效率维度的分析：数字技术能够优化公共服务供给的成本效率，提高信息传递时效性、解决信息不对称并减少由于信息不对称导致的效率损失，提高了部门信息交换的效率；政府数字化转型提高了公共服务办事效率，数字技术的发展降低了不同部门之间决策沟通的成本，提高了部门信息交换的效率，通过整合信息平台，实现部门间信息流动的开放和共享，消解不同部门间合作的物理障碍。

2. 数字赋能政府公共服务均等化程度提高

首先，数字赋能公共服务下沉基层，数字赋能解决了公共服务"最后一公里"的问题：数字技术的发展增强了基层公共服务的可达性，通过省市各层级公共服务平台向基层延伸，健全了服务内容，也强化了基层群众对于政府服务角色转变的认知，使其更敢于表达合理诉求也更愿意加入数字监督的群体中。其次，数字赋能流动人口管理，数字技术赋予了地方政府建立起流动人口数字化网格管理平台的权力，全面记录流动人口的各项数据，并且不同区域之间的数据还能共享，提升了对流动人口的管理水平。最后，数字赋能公共服务跨区域、跨城乡均等化，贫困地区的数字基建水平已经大大提升，区域以及城乡之间的"数字鸿沟"正在缩小，公共服务资源覆盖率稳步上升。

3. 数字赋能政府公共服务供给满意度升级

稳定的多元化供给体系：在政府侧重以购买、外包等形式引导商业服务部分或完全替代公共服务的背景下，多元化供给体系的成熟可以充分保障公共服务的个性化、精细化、品质化的供给。价值共创型供给生态：数字技术可以赋能社会公众参与公共服务决策，原因在于各类数字平台使公众接触到的信息更广泛，表达的渠道更通畅。品牌化、标准化的供给结果：数字赋予了公共服务品牌建设"放大镜"效应，"互联网+政务服务"平台的建设以及数字政府建设的推进使各级政府都有了门户网站、移动 App 等数字服务平台，这些平台有助于地区公共服务品牌建设与推广。

基于此，提出假设1：数字赋能水平对政府公共服务高质量发展具有显著的促进作用。

（二）数字赋能政府公共服务高质量发展的传导影响机制

1. 数字赋能数据要素管理能力提升

随着全球海量数据的爆发式增长，数据治理进入深刻变革的调整期，数据管理能力在政府公共服务高质量发展过程中凸显重要性，因此对人力资本提出了较高的要求。数字技术打破了以往人力资本培养方式，为培养人们数据管理能力提供了良好的机遇。人员培训、学习等活动不再受时间、空间、经济等外部环境的约束，人员可以根据自身的实际情况选择性地接受再教育，区域的人力资本水平明显提高。群众对数据安全的意识逐渐加强，而且政务人员对数据管理和治理能力也得到有效提升，显著提高了政府服务和治理的质量。

2. 数字赋能数据应用开发能力提升

数据本质来说只是一系列数字，只有将数据开发转化成有用的信息，它才会发挥其应用的功能，因此数据开发应用是政府进行数字化转型所不可或缺的能力，在政府公共服务高质量发展过程中起着重要的推动作用，而互联网、数据挖掘、大数据、云计算、人工智能等现代化数字技术为数据的开发和转化提供了助力，如：互联网是原始数据产生的聚集地，它可以收集和储存各类信息；大数据可以将海量的原始数据进行分布式数据挖掘，搜寻出所需的数据并进行相关处理和分析；人工智能可以系统正确地解释外部数据，并从这些数据中学习实现特定目标和任务。

3. 数字赋能数据传播共享能力提升

部分政府部门出于对自身数据垄断利益或者对潜在风险的考量，往往不愿将数据共享给其他部门，加之以往信息传播方式受地理位置的约束，导致各政府部门之间存在明显的"信息孤岛"现象。然而，数字技术打破了时空壁垒，信息传播方式由单向传递变为了多向扩散，信息传播不再受地理藩篱的制约，信息、数据、知识等要素跨地域实现了网络空间的共享，政府部门基于数字技术可以构建一套政务数据系统，避免了重复、冗余、不必要的信息收集过程，提高了公共服务供给的速度和精准化水平，推动了政府公共服务的高质量发展。

基于此，提出假设2：数字赋能可以通过提高数据要素管理能力、数据开发应用能力、数据传播共享能力推动政府公共服务高质量发展。

三 陕西省数字赋能政府公共服务高质量发展的现实测度及特征分析

（一）数字赋能与公共服务高质量发展水平指标体系的构建与测度

本文从不同维度构建数字赋能水平和公共服务高质量发展的相关指标体系，基于2013~2020年的30个省级面板数据，利用熵值法测度了我国各省域数字赋能指数和公共服务供给指数，另外基于2013~2020年的242个地级市面板数据，采用基尼系数法测算出了各省域内部基本公共服务均等化程度。在此基础上，深入分析陕西省数字赋能指数和公共服务高质量发展水平在全国的位次、与东部发达省份是否存在明显差距以及近年来是否有明显提升。

1. 数字赋能指数指标体系构建与测度

数字基础设施建设情况是数据赋能水平的现实载体，数字产业发展状况是技术赋能水平的客观体现，产业数字化转型程度是数字化平台应用条件和应用效果的综合反馈，故本文将从数字基础设施建设情况、数字产业发展状况、产业数字化转型程度三个维度，结合已有文献选取15个细分指标来构建数字赋能水平综合指标体系。具体的细分指标如表1所示。

（1）数字基础设施建设情况。数据要素作为新型生产要素，离不开电缆、光纤、宽带网络、移动互联等数字基础设施的支持，故本文选取互联网宽带接入用户数、移动电话基站密度、长途光缆线路密度、每百人互联网接入端口数以及移动电话普及率这五个指标来衡量。

（2）数字产业发展状况。数字产业化反映了以数字技术为核心生产力的新兴产业发展状况，是技术赋能水平的客观体现。这里选取移动电话交换机容量、人均电信业务总量、软件产品收入、信息服务收入以及信息传输、软件和信息技术服务业固定资产投资额这五个指标来衡量。

（3）产业数字化转型程度。数字化平台的建立和发展其目的就是借助平台的力量帮助企业实现信息化、数字化转型，因此对产业数字化转型的测度一定程度上能够反映出数字化平台的赋能条件和赋能效果。这里选取每千人拥有域名数、企业每百人使用计算机数、人均快递业务量、电子商务销售额以及有电子商务销售活动企业占比来衡量。

表 1　数字赋能指数指标体系

综合指标	一级指标	二级指标
数字赋能水平	数字基础设施建设情况	互联网宽带接入用户数(万户)
		移动电话基站密度(个/平方千米)
		长途光缆线路密度(公里/平方公里)
		每百人互联网接入端口数(个)
		移动电话普及率(%)
	数字产业发展状况	移动电话交换机容量(万户)
		人均电信业务总量(元)
		软件产品收入(亿元)
		信息服务收入(亿元)
		信息传输、软件和信息技术服务业固定资产投资额(亿元)
	产业数字化转型程度	每千人拥有域名数(个)
		企业每百人使用计算机数(台)
		人均快递业务量(件)
		电子商务销售额(亿元)
		有电子商务销售活动企业占比(%)

本文基于 2013~2020 年的 30 个省级面板数据，选用熵值法对数字赋能水平进行测度，西藏和港澳台地区由于数据缺失较多故予以剔除。涉及的原始数据来源于《中国统计年鉴》、《中国科技统计年鉴》、国家统计局及各省份统计年鉴。

2. 政府公共服务高质量发展指标体系构建

政府公共服务高质量发展是一个较为复杂的、综合性的命题，本文认为公共服务高质量发展有两个最重要的要求：一是公共服务优质发展，二是基本公共服务均衡发展。其中，公共服务优质发展要求提高政府公共服务供给水平，为人民群众提供更加便捷、更加全面的公共服务；而基本公共服务均衡发展则要求保基本、兜底线的基本公共服务要尽量做到均等化，这一要求也被写入了"十四五"规划和2035年远景目标纲要中，可见国家对于落实基本公共服务均等化的态度和决心。

关于指标体系的构建，本文基于对政府公共服务高质量发展的两个要求，构建了两套指标体系，用以分别测度政府公共服务供给水平和基本公共服务均等化程度。

（1）政府公共服务供给水平

我们从政府公共服务的内涵出发，结合"十四五"公共服务规划和以往研究对政府公共服务的测度，同时兼顾数据的可得性，从就业社保、医疗卫生、义务教育、公共环境、基础设施和文化传媒六个维度构建了指标体系。具体指标体系见表2。

表2　公共服务供给水平指标体系

综合指标	一级指标	二级指标
公共服务供给水平	就业社保	人均社会保障及就业支出（元）
		社保参保率（%）
		城镇登记失业率（%）
	医疗卫生	人均财政卫生健康支出（元）
		每万人拥有卫生技术人员数（人）
		医疗卫生机构诊疗人次（亿人次）
	义务教育	人均财政教育支出（元）
		6岁以上人口平均受教育年限（年）
		文盲人口占15岁以上人口比重（%）
	公共环境	人均财政节能环保支出（元）
		生活垃圾无害化处理率（%）
		建成区绿化覆盖率（%）
	基础设施	人均交通运输支出（元）
		交通基础设施密度（公里/平方公里）
		城市公共交通运营线路总长度（公里）
	文化传媒	人均文化与传媒支出（元）
		人均拥有公共图书馆馆藏（册）
		每万人拥有博物馆文物藏品量（件）

本文基于 2013~2020 年的 30 个省级面板数据，选用熵值法对各地区公共服务供给水平进行测度，西藏和港澳台地区由于数据缺失较多故予以剔除。涉及的原始数据来源于《中国统计年鉴》《中国人口与就业统计年鉴》《中国卫生健康统计年鉴》《中国教育统计年鉴》《中国环境统计年鉴》《中国交通年鉴》以及国家统计局和各省份统计年鉴。

（2）基本公共服务均等化程度

为考察各省份内部公共服务均等化水平，本文基于 2013~2020 年 242 个城市的地级市面板数据，首先用熵值法测算了各城市基本公共服务供给水平。在此基础上，运用基尼系数法对各省份的基本公共服务均等化程度予以测算。计算公式为：

$$gini = \frac{1}{\mu N(N-1)} \sum_{i>j}^{N} \sum_{j=1}^{N} |y_i - y_j|$$

其中：N 表示该省份所有地级市的个数，μ 表示该省份地级市基本公共服务水平的均值，y_i 和 y_j 分别代表该省份地级市 i 和地级市 j 的基本公共服务水平，$gini$ 表示该省份的基本公共服务均等化水平。

（二）陕西省数字赋能与公共服务高质量发展的时空特征分析

1. 陕西省数字赋能指数时空特征分析

图 1 报告了 2013~2020 年中国各地区数字赋能水平的变动趋势。从数字赋能变化态势来看，2013~2020 年，我国各地区数字赋能水平均呈现稳步上升的态势，但也存在显著的区域差异。东部地区历年的数字赋能水平远高于全国平均水平，而中西部地区的数字赋能水平差距不太大，都低于全国平均水平。陕西省数字赋能水平高于中西部平均水平，但与全国平均水平相比还有一定的差距，与东部地区更是存在明显的"数字鸿沟"。未来一段时间仍要继续加强数字化建设，加大数字技术投资力度，鼓励各行业积极推进数字化转型，进一步提升陕西省的数字赋能水平。

进一步观察陕西数字赋能水平在全国所处的位置。图 2 和图 3 分别列示了 2013 年和 2020 年 30 个省份数字经济的排名情况。可以看到我国数字赋

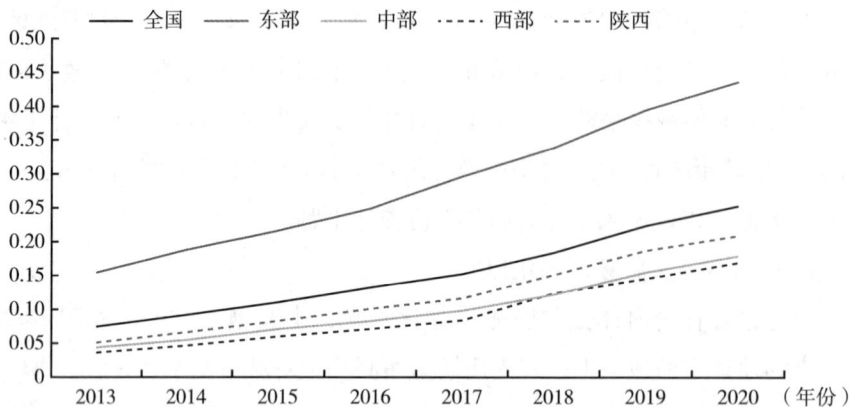

图 1 2013~2020 年中国各地区数字赋能指数变动趋势

能水平在不同省域间差异非常明显，2013 年全国数字赋能平均值是 0.074，陕西省数字赋能指数为 0.05，位列第 14 名，位于平均值以上的 9 个省份有 8 个位于东部地区，仅四川位于西部地区，东部地区与中西部地区之间出现了明显的"数字鸿沟"。

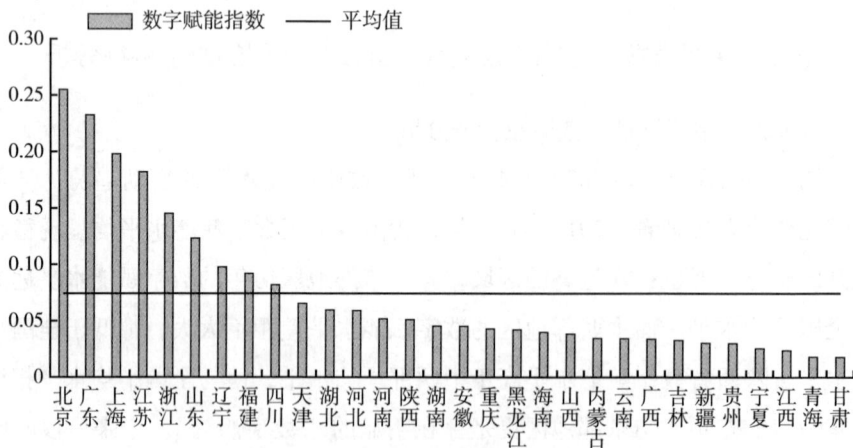

图 2 2013 年中国 30 个省份数字赋能水平排名

到 2020 年全国数字赋能指数有了大幅度的提升，平均值从 2013 年的 0.074 提高到了 0.25，排名第一的北京市更是高达 0.71，陕西省数字赋能指数为 0.21，列全国第 12 位，相比 2013 年提高了 0.16 个单位，提升了 2 个位次。可以看到东部地区和中西部地区的数字鸿沟依然很明显，高于平均值的 9 个省份仍然只有四川省属于西部地区，可见中西部发展数字经济任重道远。

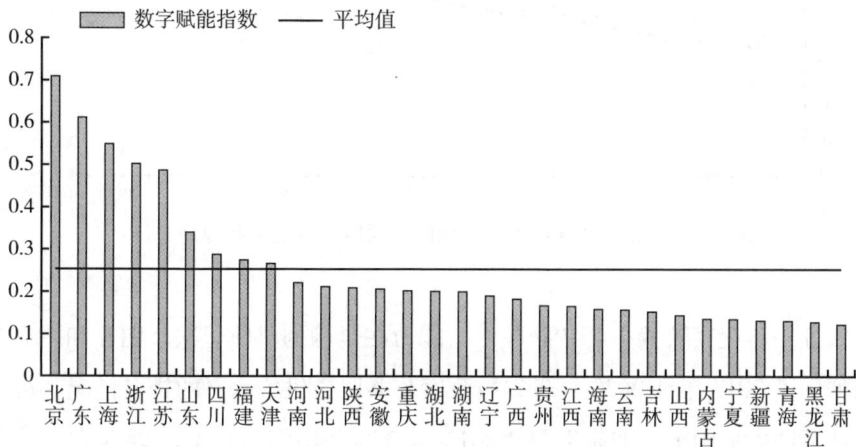

图 3　2020 年中国 30 个省份数字赋能水平排名

2. 陕西省公共服务供给指数时空特征分析

图 4 报告了 2013～2020 年中国各地区公共服务供给水平的变动趋势。从公共服务供给指数变化态势来看，2013～2020 年，我国各地区公共服务供给水平均呈现稳步上升的态势，2020 年可能受疫情的影响，上升趋势有所减弱或出现下降。同时也存在显著的区域差异，东部地区遥遥领先，中部地区发展最弱，西部地区比中部地区略强，但 2018 年后有所波动。另外和数字赋能水平一样，中西部地区的公共服务高质量发展指数也是低于全国平均水平。可见现阶段我国公共服务供给不充分、地区间发展不平衡的问题依然存在。陕西省历年的公共服务供给水平都超过了中西部地区的均值，近几年更是发展迅速，2017 年及以后陕西省公共服务供给水平已经超过了全国平均水平，在中西部地区遥遥领先，说明陕西省政府历年来都对公共服务给予了高度的重视，虽然与东部发达省份相比仍有一定的差距，但差距一直在缩小，政府在公共服务方面投入的精力和取得的成绩有目共睹。

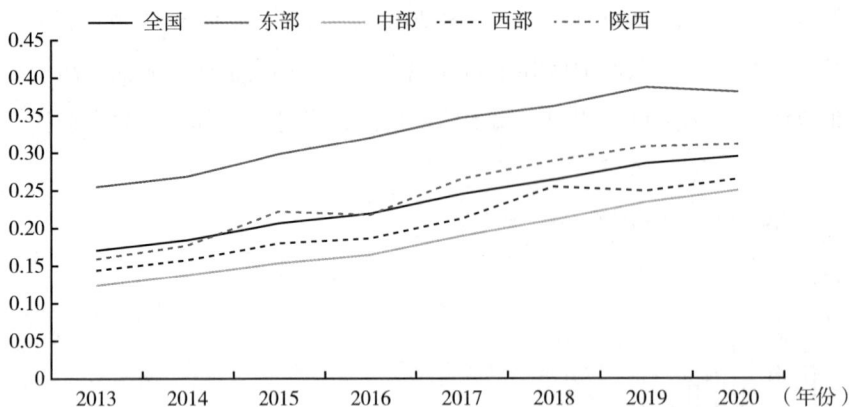

图4　2013～2020年中国各地区公共服务供给指数变动趋势

进一步观察陕西省公共服务供给能力在全国的具体位次。图5和图6分别列示了2013年和2020年各省域政府公共服务供给水平的排名情况。可以看到不同省域间差异非常明显,2013年全国平均值为0.17,陕西省公共服务供给指数为0.16,列第12名。2020年全国平均值从2013年的0.17提高到了0.29,陕西省公共服务供给指数为0.31,列全国第10位,超过全国平均值,相比2013年提高了0.15个单位,提升了2个位次,可见这8年来陕西省公共服务供给能力得到了很大提升。

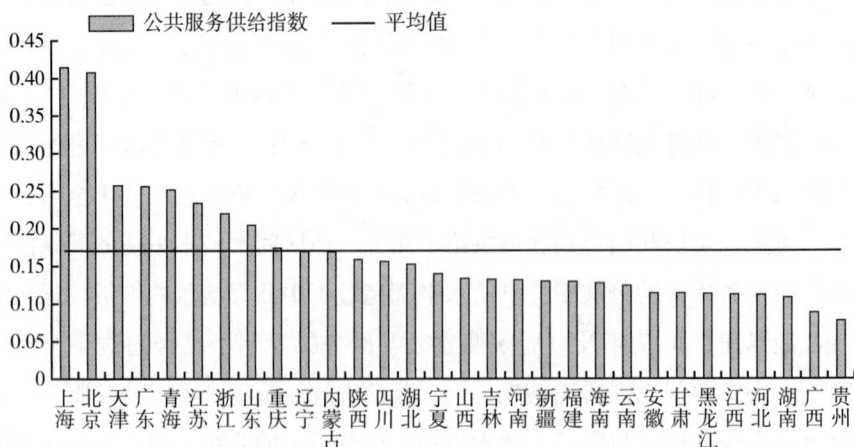

图5　2013年中国30个省份公共服务供给指数排名

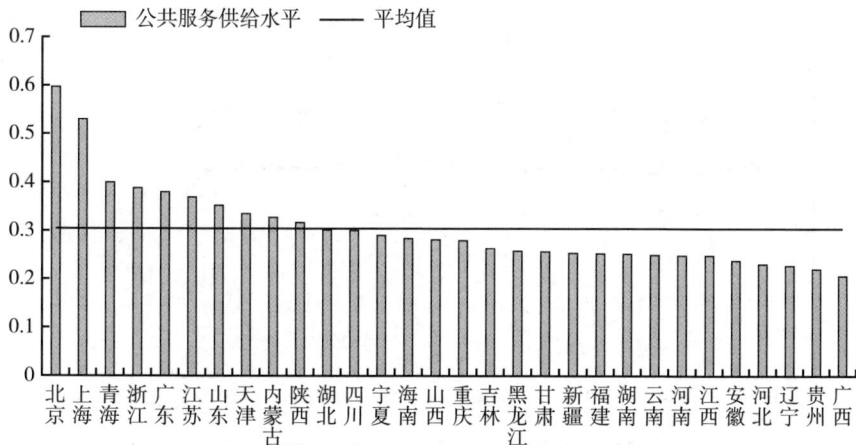

图6　2020年中国30个省份公共服务供给指数排名

3.陕西省基本公共服务均等化程度时空特征分析

图7报告了2013~2020年中国各地区基本公共服务均等化程度的变动趋势。可以看到2013~2020年我国各地区基本公共服务均等化并没有呈现明显的规律性，但总体趋势是下降的，尤其是2020年度各地区下降都非常明显。值得一提的是，基尼系数越小表明均等化程度越高，因此基尼系数的下降说明我国各地区公共服务均等化程度都有所提升。同时基本公共服务均等化程度也存在显著的区域差异，东部地区虽然公共服务供给水平很高，但均等化程度并不高，各省域内部依然存在发展不协调、公共资源分配不均衡的问题。西部地区基本公共服务均等化程度几乎与全国平均水平同步，中部地区均等化发展最优，基尼系数大大低于东部和西部地区。陕西省基本公共服务均等化水平虽有所波动，但总体上都处于比较高的水准，说明陕西省对公共服务均等化的落实给予了足够的重视，也做出了相当的努力，基本公共服务均等化的落实在全国范围内都非常突出。

进一步观察陕西省公共服务供给能力在全国的具体位次。图8和图9分别列示了2013年和2020年各省域内部基本公共服务均等化程度的排名情

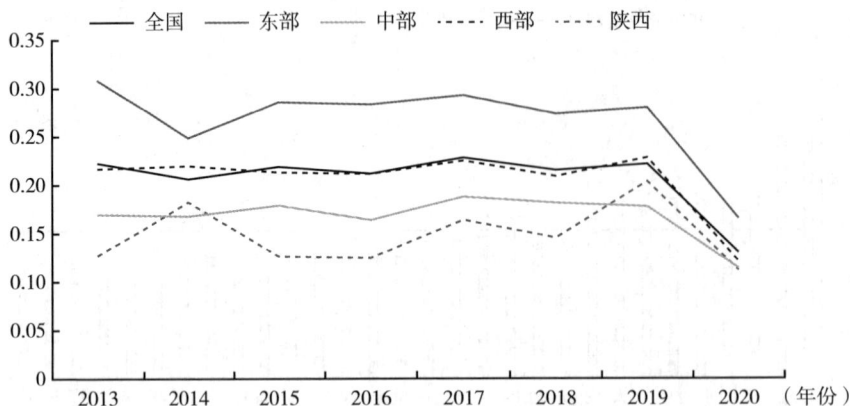

图7 2013~2020年中国各地区基本公共服务均等化程度变动趋势

况。可以看到陕西省在基本公共服务均等化方面的表现一直比较突出，2013
年陕西省基本公共服务的基尼系数为0.13，均等化程度列全国第3位，
2020年基尼系数进一步下降到0.11，但排名有所下降。没有均等化就谈不
上公共服务高质量发展，均等化的落实不容忽视。

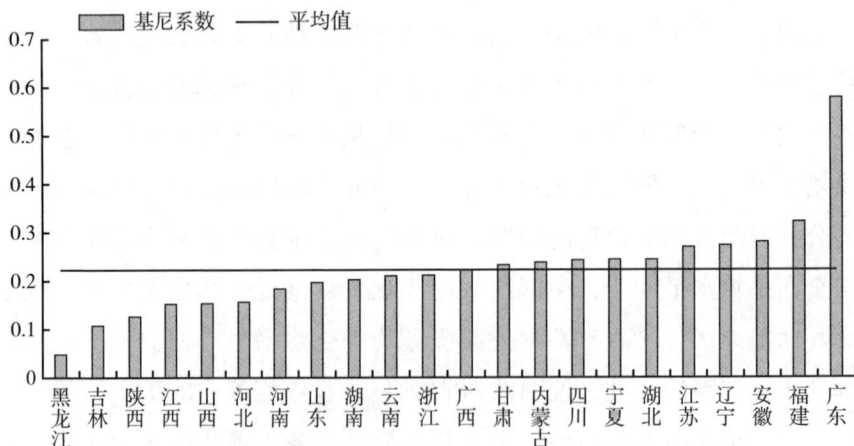

图8 2013年各省域内部基本公共服务均等化程度排名

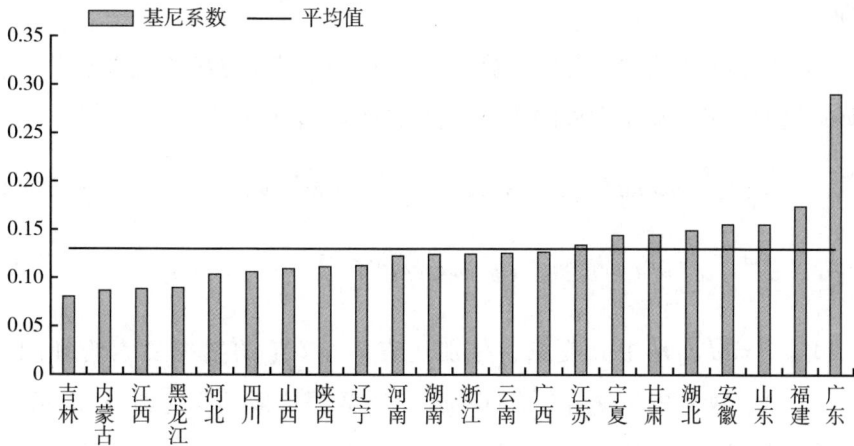

图9 2020年各省域内部基本公共服务均等化程度排名

四 数字赋能政府公共服务高质量发展的实证检验

（一）模型构建

在这里我们将数字技术因素纳入政府公共服务高质量发展框架进行研究。借鉴相关研究，选取对外开放水平、城镇化水平、基础设施水平、居民生活水平、人口密度作为控制变量；构建如下基准模型：

$$ca_{it} = \alpha_0 + \alpha_1\,dig_{it} + \sum_{j=2}^{j=6} \alpha_j Z_{it} + u_i + \varepsilon_{it} \tag{1}$$

$$eq_{it} = \beta_0 + \beta_1\,dig_{it} + \sum_{j=2}^{j=6} \beta_j Z_{it} + u_i + \varepsilon_{it} \tag{2}$$

式（1）、式（2）中，下标 i 表示省份，t 表示年份；ca_{it}、eq_{it} 是两个被解释变量，分别代表 i 省 t 年的公共服务供给水平和公共服务均等化程度；dig_{it} 是核心解释变量，代表 i 省 t 年的数字赋能水平；Z_{it} 是控制变量组；α_0、β_0 是截距项；α_1、β_1 是数字赋能水平变量系数，分别表示数字赋能水平对政府公共服务高质量发展的影响强度。u_i 是不可观测的个体固定效应；ε_{it} 是随机扰动项。

本文将借鉴温忠麟和叶宝娟提出的三阶段中介效应检验模型检验数字赋能政府公共服务高质量发展的传导机制。具体模型如下：

$$media_{it} = \varphi_0 + \varphi_1 \, dig_{it} + \sum_{j=2}^{j=6} \varphi_j \, Z_{it} + u_i + \varepsilon_{it} \qquad (3)$$

$$ca_{it} = \theta_0 + \theta_1 \, dig_{it} + \theta_2 \, media_{it} + \sum_{j=3}^{j=7} \theta_j \, Z_{it} + u_i + \varepsilon_{it} \qquad (4)$$

式中，$media_{it}$ 是中介变量，分别代表 i 省 t 年的数据要素管理能力（$manage_{it}$）、数据开发应用能力（$apply_{it}$）、数据传播共享能力（$spread_{it}$），其余变量与式（1）保持一致。其中，式（3）是检验数字赋能水平对三种关键能力的影响效应，式（4）是将关键能力与数字赋能水平共同纳入政府公共服务高质量发展中进行联合性检验。

（二）变量选取

被解释变量：本文设立了两个被解释变量，分别是公共服务供给指数（ca）和基本公共服务均等化程度（eq）。

核心解释变量：数字赋能指数（dig）。本文从数字基础设施建设情况、数字产业发展状况、产业数字化转型程度三个维度选取 15 个细分指标来构建数字赋能水平综合指标体系。

中介变量：数据要素管理能力（$manage$），这里采用城镇单位信息传输、软件和信息技术服务业就业人员数与城镇就业人数的比例来衡量。数据开发应用能力（$apply$），这里采用软件业务收入来衡量。数据传播共享能力（$spread$），这里采用移动电话年末用户数来衡量。

控制变量：政府公共服务高质量发展受到多种综合因素的影响，借鉴现有的文献研究，选取金融发展水平（fin），采用金融机构存贷款余额与地区生产总值的比值来衡量；经济发展水平（eco），采用人均 GDP 来衡量；政府干预程度（gov），采用财政支出与地区生产总值的比值来衡量；产业结构（str）：采用第三产业产值占地区生产总值的比重来衡量。

（三）实证分析

1. 直接效应分析

表3报告了数字赋能水平对政府公共服务高质量发展的直接影响效果。模型1~3考察了数字赋能水平对公共服务供给能力的影响，模型1采用了固定效应模型，模型2采用了随机效应模型，可以发现，数字赋能指数的影响系数均在1%显著性水平上为正，说明数字技术能够显著推动公共服务供给能力的提升。考虑到数字技术对政府公共服务高质量发展的影响可能存在非线性规律，因此，模型3在模型1中加入了数字赋能水平的二次项，结果显示，数字赋能与政府公共服务高质量发展二者之间存在显著的倒U形关系。2020年中国30个省份数字赋能的平均水平为0.25，陕西省2020年数字赋能指数为0.21，距离0.493的拐点还有很大的距离。未来应加快新型数字基础设施建设，鼓励积极推广数字技术应用，不断提高地区数字赋能水平。

模型4~6考察了数字赋能水平对基本公共服务均等化的影响。模型4采用了固定效应模型，模型5采用了随机效应模型，可以发现，无论采用哪种回归模型，数字赋能指数的影响系数均在1%显著性水平上为负，说明数字技术能够显著降低各省份内部基本公共服务的基尼系数，也就是说数字赋能可以显著提升基本公共服务均等化程度。模型6加入了数字赋能水平的二次项，其结果说明数字赋能水平与基本公共服务均等化之间暂时不存在显著的非线性关系，可以不予考虑。

表3　数字赋能水平对政府公共服务高质量发展的直接影响效果

变量	模型 1	模型 2	模型 3	模型 4	模型 5	模型 6
dig	0.581 *** (5.33)	0.598 *** (4.83)	3.454 *** (6.99)	−0.557 *** (−4.92)	−0.276 *** (−4.98)	0.818 (0.88)
dig^2			−1.747 *** (−6.38)			−0.829 (−1.60)
$\ln fin$	−0.056 ** (−2.20)	0.032 (1.06)	−0.017 (−0.7)	0.06 (1.25)	0.163 *** (3.09)	0.077 (1.60)

续表

变量	模型1	模型2	模型3	模型4	模型5	模型6
ln$pgdp$	−0.007 (0.77)	0.012 (0.86)	0.004 (0.71)	0.01 * (1.72)	0.006 * (1.74)	0.009 * (1.94)
lngov	0.043 ** (2.05)	0.057 * (1.94)	0.051 *** (3.30)	0.088 ** (2.29)	0.074 * (1.94)	0.093 ** (2.34)
lnstr	0.086 *** (3.02)	0.15 *** (4.76)	0.031 (3.46)	0.008 (−0.18)	0.027 (0.56)	−0.036 (−0.69)
常数项	−0.469 ** (−2.57)	−1.167 *** (−4.36)	−1.544 *** (−6.14)	−1.178 *** (0.151)	−0.621 (−1.55)	−0.503 (−0.98)
样本量	240	240	240	176	176	176

注：*** 、** 、* 分别表示在1%、5%、10%的显著性水平下显著；估计系数下方括号内的数值为t值。

2. 间接效应分析

表4报告了中介效应模型的回归结果。从数据要素管理能力传导路径检验结果来看，数字赋能变量显著为正，这与前文所得的结论"数字技术能够显著提升公共服务供给水平"保持一致。模型2a报告了数字赋能水平对数据要素管理能力的影响作用，结果说明数字赋能能够加强组织对数据的有效调控和配置，显著提升了数据要素管理能力。模型3a报告了数字赋能水平和数据要素管理能力对公共服务供给水平的联合性检验，检验结果说明数据要素管理能力能够成为数字赋能公共服务供给能力提升的有效渠道，其中介效应达到了0.307。

从数据开发应用能力路径检验结果来看，模型1b结果证明了数字技术能够显著提升公共服务供给水平。模型2b考察了数字赋能对数据开发能力的影响作用，发现数字技术虽然能够加快数据在生产生活中有效的转化，但是这种促进作用却不明显。将数字赋能变量和数据开发能力变量同时纳入模型，如模型3b结果显示数字技术不能通过提高数据开发能力促进政府公共服务高质量发展。

从数据传播共享能力路径检验结果来看，模型 1c 结果显示数字技术对公共服务供给能力提升有显著的促进作用。模型 2c 结果显示，数字赋能对数据传播共享能力具有正向的促进作用，但是不显著。当同时考虑数字赋能变量和数据传播共享能力对公共服务供给水平的联合作用时，模型 3c 结果说明数据传播共享能力能够成为数字技术推动政府公共服务高质量发展的有效途径，其中中介效应为 0.194。

表 4　数字经济对政府公共服务高质量发展的间接影响结果

变量	数据要素管理能力			数据开发应用能力			数据传播共享能力		
	模型 1a	模型 2a	模型 3a	模型 1b	模型 2b	模型 3b	模型 1c	模型 2c	模型 3c
dig	0.581 ***	3.493 ***	0.587 ***	0.581 ***	0.420	0.562 ***	0.581 ***	0.021	0.552 ***
	(0.109)	(0.538)	(0.085)	(0.109)	(0.340)	(0.091)	(0.109)	(0.125)	(0.039)
media			−0.005			−0.003			0.071 ***
			(0.003)			(0.003)			(0.020)
ln*fin*	0.056 **	−0.018	0.013 **	0.056 **	−0.015	0.014 **	0.056 **	0.016	0.012 **
	(0.026)	(0.037)	(0.004)	(0.026)	(0.029)	(0.024)	(0.026)	(0.013)	(0.004)
ln*pgdp*	0.007	0.018 **	0.003	0.007	0.056 ***	0.003	0.007	−0.004 **	−0.004
	(0.009)	(0.007)	(0.001)	(0.009)	(0.010)	(0.001)	(0.009)	(0.002)	(0.001)
ln*gov*	0.043 **	−0.615 ***	0.029 **	0.043 **	−0.247 **	0.036 **	0.043 **	0.031	0.032 **
	(0.021)	(0.144)	(0.012)	(0.021)	(0.110)	(0.011)	(0.021)	(0.024)	(0.010)
ln*str*	0.086 ***	0.115	0.074 ***	0.086 ***	1.106 ***	0.073 ***	0.086 ***	0.599 ***	0.139 ***
	(0.028)	(0.175)	(0.018)	(0.028)	(0.195)	(0.018)	(0.028)	(0.050)	(0.020)
常数项	−0.469 **	1.865	−0.361 **	−0.469 **	−12.064 ***	−1.203 **	−0.469 ***	−5.117 ***	−0.875 ***
	(0.182)	(1.407)	(0.152)	(0.182)	(1.677)	(0.153)	(0.182)	(0.431)	(0.171)
样本量	240	240	240	240	240	240	240	240	240
Sobel	P = 0.052			P = 0.340			P = 0.000		

注：***、**、*分别表示在1%、5%、10%的显著性水平下显著；估计系数下方括号内的数值为稳健标准误。

五　结论与对策建议

（一）数字赋能政府公共服务高质量发展的结论

本文从理论层面系统分析了数字赋能政府公共服务高质量发展的内在机理，并构建数字赋能水平综合指标体系和公共服务供给水平综合指标体系，利用熵值法测度了我国各省域数字赋能指数和公共服务供给指数，采用基尼系数法测算出了各省域内部基本公共服务均等化程度。着重分析了陕西省数字赋能公共服务高质量发展的时空特征。主要结论如下。

第一，陕西省数字赋能水平高于中西部平均水平，但与全国平均水平相比还有一定的差距。2013~2020年，我国各地区数字赋能水平均呈现稳步上升的态势，但也存在显著的区域差异。2020年陕西省数字赋能指数为0.21，列全国第12位，相比2013年提高了0.16个单位，提升了2个位次。

第二，陕西省历年的公共服务供给水平都超过了中西部地区的均值，近几年发展迅速。2013~2020年，我国各地区公共服务供给水平也呈现稳步上升的态势，2020年可能受疫情的影响，上升趋势有所减弱或出现下降。陕西省公共服务供给水平近几年发展迅速，2017年及以后陕西省公共服务供给水平已经超过了全国平均水平，在中西部地区遥遥领先，虽然与东部发达省份相比仍有一定的差距，但差距一直在缩小。2020年陕西省公共服务供给指数为0.31，列全国第10位，相比2013年提高了0.15个单位，提升了2个位次。

第三，陕西省基本公共服务均等化水平虽有所波动，但总体上都处于比较高的水准。2013~2020年，我国各地区基本公共服务均等化并没有呈现出明显的规律性，但总体趋势是在提升，尤其是2020年度各地区均等化程度提升都非常明显。2013年陕西基本公共服务的基尼系数为0.13，均等化程度列全国第3位，2020年基尼系数进一步下降到0.11，但排名有所下降，列全国第8位。

第四，2020 年中国 30 个省份数字赋能指数的平均水平为 0.25，而陕西省 2020 年数字赋能指数为 0.21，与 0.493 的拐点还有很大的距离。实证研究发现，数字赋能对公共服务供给水平的提高和对基本公共服务均等化程度的提升都有显著的驱动效应。

（二）数字赋能政府公共服务高质量发展的对策建议

1. 加强陕西省数字基础设施建设，不断提高数字赋能水平

一是兼顾需求与发展，加快科学规划建设步伐。结合陕西省地区发展实际、民生需求有步骤、有重点地推进，逐步实现数字基础设施的全面建设。二是探索市场主体投资模式，发动多元主体共参共建。要充分发挥陕西省政府资金前期建设的保障性作用，逐步激励市场发挥投资主体功能，集中建设一批网络类数字基础设施，为吸引市场主体创造优质的条件。三是加大资金保障力度，提升资金使用效率。陕西省各部门在保障合理资金支出的前提下合理提升在数字技术方面的建设资金比例。同时，数字资源分配比例适度向贫困地区和农村地区倾斜，加强农村地区、贫困山区的数字设备建设和对农民群众的技术指引。

2. 打通陕西省数字服务应用壁垒，构建多主体协同发展机制

一是建立数据资源利益共享机制。陕西省应建立一套既能够高效运转又能够保障数据安全的数据共享机制，明确数据来源、数据使用和数据共享交换管理这三方的权利和义务，确保数据共享交换过程中各方的权责利一致。二是建立主体间的责任分担机制。要基于"服务即系统"的观点创造新的问责形式，使"省政府内部"机制与"省政府外部"机制保持一致，从"关注内部组织"转向"外部对系统结果的评估"。三是陕西省建立公共服务全时透明机制。传统公共服务监管是事后的，而数字化公共服务则有望建立一套即时反馈的透明机制，将监管的作用发挥于无形，使高互动水平的"声音"可以不断改善服务。

3. 加强数字技能培训，全方位提高陕西省各类人群的数字素养

一是重点加强对企业管理者和政府工作人员的数字技能培训，要通过定

期培训计划，增强领导者理解和利用技术创新的能力，培养懂数据的公务员，并探索建立行业人才通向各级公务员的数字人才渠道。二是加大对陕西省老年人群、中西部和农村地区在数字素养方面的教育与培训力度，从源头上增强边缘地区信息弱势群体融入网络化、信息化、数字化以及智能化等现代科技的能动性和自觉性，避免因为"数字鸿沟"而产生新的不平等。三是陕西省公共部门、私营部门和第三部门之间要紧密合作，以协调一致的方式解决数字技能差距，支持人们在整个工作生涯中不断提高数字技能。只有个体的信息能力大大提高之后，才有可能与公共服务系统中的组织机构展开平等对话，个性化和多样性才有对接的可能。

参考文献

万晓榆、罗焱卿：《数字经济发展水平测度及其对全要素生产率的影响效应》，《改革》2022 年第 1 期。

盛斌、刘宇英：《中国数字经济发展指数的测度与空间分异特征研究》，《南京社会科学》2022 年第 1 期。

万永坤、王晨晨：《数字经济赋能高质量发展的实证检验》，《统计与决策》2022 年第 4 期。

詹新宇、王蓉蓉：《财政压力、支出结构与公共服务质量——基于中国 229 个地级市面板数据的实证分析》，《改革》2022 年第 2 期。

温忠麟、叶宝娟：《中介效应分析：方法和模型发展》，《心理科学进展》2014 年第 5 期。

权威报告·连续出版·独家资源

皮书数据库
ANNUAL REPORT(YEARBOOK)
DATABASE

分析解读当下中国发展变迁的高端智库平台

所获荣誉

- 2020年，入选全国新闻出版深度融合发展创新案例
- 2019年，入选国家新闻出版署数字出版精品遴选推荐计划
- 2016年，入选"十三五"国家重点电子出版物出版规划骨干工程
- 2013年，荣获"中国出版政府奖·网络出版物奖"提名奖
- 连续多年荣获中国数字出版博览会"数字出版·优秀品牌"奖

皮书数据库　　"社科数托邦"
　　　　　　　　微信公众号

成为用户

　　登录网址www.pishu.com.cn访问皮书数据库网站或下载皮书数据库APP，通过手机号码验证或邮箱验证即可成为皮书数据库用户。

用户福利

- 已注册用户购书后可免费获赠100元皮书数据库充值卡。刮开充值卡涂层获取充值密码，登录并进入"会员中心"—"在线充值"—"充值卡充值"，充值成功即可购买和查看数据库内容。
- 用户福利最终解释权归社会科学文献出版社所有。

数据库服务热线：400-008-6695
数据库服务QQ：2475522410
数据库服务邮箱：database@ssap.cn
图书销售热线：010-59367070/7028
图书服务QQ：1265056568
图书服务邮箱：duzhe@ssap.cn

社会科学文献出版社　皮书系列
SOCIAL SCIENCES ACADEMIC PRESS (CHINA)

卡号：354786488675
密码：

S 基本子库
UB DATABASE

中国社会发展数据库（下设 12 个专题子库）

紧扣人口、政治、外交、法律、教育、医疗卫生、资源环境等 12 个社会发展领域的前沿和热点，全面整合专业著作、智库报告、学术资讯、调研数据等类型资源，帮助用户追踪中国社会发展动态、研究社会发展战略与政策、了解社会热点问题、分析社会发展趋势。

中国经济发展数据库（下设 12 专题子库）

内容涵盖宏观经济、产业经济、工业经济、农业经济、财政金融、房地产经济、城市经济、商业贸易等 12 个重点经济领域，为把握经济运行态势、洞察经济发展规律、研判经济发展趋势、进行经济调控决策提供参考和依据。

中国行业发展数据库（下设 17 个专题子库）

以中国国民经济行业分类为依据，覆盖金融业、旅游业、交通运输业、能源矿产业、制造业等 100 多个行业，跟踪分析国民经济相关行业市场运行状况和政策导向，汇集行业发展前沿资讯，为投资、从业及各种经济决策提供理论支撑和实践指导。

中国区域发展数据库（下设 4 个专题子库）

对中国特定区域内的经济、社会、文化等领域现状与发展情况进行深度分析和预测，涉及省级行政区、城市群、城市、农村等不同维度，研究层级至县及县以下行政区，为学者研究地方经济社会宏观态势、经验模式、发展案例提供支撑，为地方政府决策提供参考。

中国文化传媒数据库（下设 18 个专题子库）

内容覆盖文化产业、新闻传播、电影娱乐、文学艺术、群众文化、图书情报等 18 个重点研究领域，聚焦文化传媒领域发展前沿、热点话题、行业实践，服务用户的教学科研、文化投资、企业规划等需要。

世界经济与国际关系数据库（下设 6 个专题子库）

整合世界经济、国际政治、世界文化与科技、全球性问题、国际组织与国际法、区域研究 6 大领域研究成果，对世界经济形势、国际形势进行连续性深度分析，对年度热点问题进行专题解读，为研判全球发展趋势提供事实和数据支持。

法律声明

"皮书系列"（含蓝皮书、绿皮书、黄皮书）之品牌由社会科学文献出版社最早使用并持续至今，现已被中国图书行业所熟知。"皮书系列"的相关商标已在国家商标管理部门商标局注册，包括但不限于LOGO（ ）、皮书、Pishu、经济蓝皮书、社会蓝皮书等。"皮书系列"图书的注册商标专用权及封面设计、版式设计的著作权均为社会科学文献出版社所有。未经社会科学文献出版社书面授权许可，任何使用与"皮书系列"图书注册商标、封面设计、版式设计相同或者近似的文字、图形或其组合的行为均系侵权行为。

经作者授权，本书的专有出版权及信息网络传播权等为社会科学文献出版社享有。未经社会科学文献出版社书面授权许可，任何就本书内容的复制、发行或以数字形式进行网络传播的行为均系侵权行为。

社会科学文献出版社将通过法律途径追究上述侵权行为的法律责任，维护自身合法权益。

欢迎社会各界人士对侵犯社会科学文献出版社上述权利的侵权行为进行举报。电话：010-59367121，电子邮箱：fawubu@ssap.cn。

社会科学文献出版社